★二战将帅传记丛书★

BRADLEY's BIOGRAPHY

布莱德雷全传

金史海 - 著

華中科技大學出版社
http://press.hust.edu.cn
中国·武汉

图书在版编目(CIP)数据

布莱德雷全传 / 金史海著. -- 武汉 : 华中科技大学出版社, 2018.5 (2023.7 重印)

ISBN 978-7-5680-3793-8

Ⅰ. ①布… Ⅱ. ①金… Ⅲ. ①布雷德利(Bradley, Omar Nelson 1893-1981)-传记 Ⅳ. ①K837.125.2

中国版本图书馆 CIP 数据核字(2018)第 032777 号

布莱德雷全传
Bulaidelei Quanzhuan

金史海 著

选题策划:亢博剑
责任编辑:康 艳 沈剑锋
封面设计:今亮後聲 HOPESOUND 2580590616@qq.com · 小九 白今
责任校对:曾 婷
责任监印:朱 玢
出版发行:华中科技大学出版社(中国·武汉) 电话:(027)81321913
武汉市东湖新技术开发区华工科技园 邮编:430223
印 刷:鑫艺佳利(天津)印刷有限公司
开 本:710mm×1000mm 1/16
印 张:20.5
字 数:345 千字
版 次:2018 年 5 月第 1 版第 1 次印刷 2023 年 7 月第 1 版第 2 次印刷
定 价:88.00 元

【序言】

美军的思想机器

在美国为数不多的五星上将中，布莱德雷的名气虽然远不如华盛顿、潘兴、杜威等人响亮，他的故事也不像马歇尔、艾森豪威尔那样为世人所津津乐道，但这并不代表他是一个“籍籍无名”的五星上将。事实上，在第二次世界大战的欧洲战场上，布莱德雷凭借卓越的智谋和出色的指挥才能，为反法西斯战争的胜利做出了巨大贡献——他统率美军将士在非洲长驱直入、鏖战西西里岛、登陆诺曼底，指挥美军史上规模最庞大的军队击败了西线德军，以至于有人这样评价道：“在第二次世界大战的欧洲战场上，艾森豪威尔是战争的组织指导者，巴顿是战场上的英勇斗士，而布莱德雷则是美军的思想机器。”

不过，布莱德雷的成功之路走得并不是很顺利。1893 年 2 月 12 日，布莱德雷出生于美国密苏里州中部伦道夫县克拉克村一个普通农民家庭。他的先祖从英格兰远涉重洋到美国来寻求发展，但直到布莱德雷的父亲这一代，脱贫致富的梦想依旧未能实现。

贫穷是最大的暴力，它使得布莱德雷小时候无法享受较好的教育；但贫穷也是最好的“磨刀石”，困苦的童年生活，培养了布莱德雷坚毅刚强、敢作敢为的性格。面对贫穷，他没有萎靡不振，而是尽最大的努力朝着心中的目标前进。

功夫不负有心人！1911 年，布莱德雷考入了西点军校，经过严格的军事训练和系统的文化学习，他越发显得出色、耀眼，同时，“责任、荣誉、国家”的校训也在他内心留下了深深的烙印。

1915 年 6 月，布莱德雷从西点军校毕业。当时第一次世界大战已经爆发，这对风华正茂、极其渴望建功立业的布莱德雷来说，是一个极为难得的机会。然而，由于美国尚未参战，他被分配到美国西北部服役，负责兵员的训练工作。直到 1916 年墨西哥政局出现动荡，美国出于维护自身利益考虑，派潘兴率军前去干涉，布莱德雷才得以参加实战，但在这次军事行动中，他寸功未建。

1917 年，美国介入了第一次世界大战，布莱德雷兴奋异常，以为可以远征欧洲，建立功勋。然而，他又一次与战争失之交臂。麦克阿瑟、马歇尔等人都因为过硬的关系得以随军出征，而他则被安排在国内驻防，负责训练新兵和守卫铜矿。

第一次世界大战结束后，布莱德雷觉得自己再也没有参战的机会了，将来最多“混”到中校，然后光荣退休。不过，他没有因为无缘参加“一战”而浑浑噩噩地虚度人生，而是保持高昂的战斗热情，持续不断地学习、提高，这种积极进取的精神为他后来的成功奠定了基础。

1920 年 9 月，布莱德雷被调到西点军校任数学教员，同时开始研究军事历史和军事人物，从而开启了人生的新旅程。同年，他得到了进入本宁堡步兵学校深造的机会，之后又到陆军指挥与参谋学校继续进修，为以后谋划和驾驭战争奠定了坚实的基础。

1929 年 9 月，布莱德雷到本宁堡步兵学校担任战术系教员。在这里，他迎来了人生中的一个重要转折点，遇到了一生中最重要的伯乐——马歇尔。由于出色的工作表现，他在第二年便被马歇尔任命为兵器系主任，成为马歇尔实施教学改革的主要助手之一。此后，他平步青云。

1938 年，布莱德雷进入陆军参谋部工作。马歇尔担任陆军参谋长后，将他挖过来担任助理秘书。这一时期，他在马歇尔手下处理了许多棘手问题，能力有了很大提升。1941 年 2 月至 1943 年 2 月，布莱德雷历任本宁堡步兵学校校长、第 82 师师长、第 28 师师长等职，并晋升为将军。

这个时候，第二次世界大战正在激烈进行，布莱德雷内心十分焦急，担心再次错过征战沙场的机会。幸运的是，在马歇尔的支持下，他终于实现了参战的愿望。为了支援北非战事，马歇尔决定派布莱德雷赶赴前线，协助艾森豪威尔指挥作战。1943 年 2 月，布莱德雷晋升为第 10 军军长。3 月，他参加了有生以来的第一次实战。在突尼斯战役中，他运用运动战理论，采取步兵与坦克兵协同作战的最新组合方式，出色地完成了作战任务，充分展示了自己的军事才能，也引起了艾森豪威尔的注意。随后，布莱德雷率部实施西西里岛登陆作战，又巧妙避开了蒙哥马利与美军因指挥权而产生的矛盾，利用岛上意大利守军的厌战情绪，及时调整部署，最终赢得了西西里战役的胜利。他杰出的军事才能再次发出耀眼的光芒，为日后担负重任奠定了良好的基础。

1944 年 6 月，在诺曼底登陆战役中，布莱德雷指挥部队肃清了科唐坦半岛的德军，随后实施“眼镜蛇”计划，突破德军防线，打破了登陆后一度出现的僵持局面。8 月 1 日，他出任第 12 集团军群司令，在法莱斯战役中重创德军，随后经法国北部解放卢森堡和比利时南部，并攻入德国境内；接着在阿登战役中击败德军，突破齐格菲防线，渡过莱茵河，在盟军第 21 集团军群的协同下歼灭了鲁尔的德军重兵集团。

战争结束后，布莱德雷先后担任退伍军人管理局局长、美国陆军参谋长、参谋长联席会议主席，并晋升为五星上将。他的军事生涯至此达到了巅峰，在当时世界军事界堪称独树一帜的人物。1981年4月8日，布莱德雷在纽约走完了他人生的最后旅程。

布莱德雷性格内向，沉稳持重，谨慎有加，为人低调；同时善于驾驭全局，精于组织策划，有大将之才。在作战中，他是艾森豪威尔的得力干将，是巴顿突飞猛进、横扫千军的可靠战友。

此外，作为一名高级指挥官，布莱德雷爱兵如子，无论是在战场上指挥作战，还是在和平时期抓军队建设，他都尽量照顾官兵们的利益，因而深受爱戴，被称为“大兵将军”。这一美誉无疑是对布莱德雷最高的褒奖！

目　录

Contents

第一章　贫寒少年谋生路

贫穷的家庭环境

19 世纪末，在美国密苏里州中部伦道夫县一带崎岖不平的低矮山坡处，散乱地分布着十几个乡村。1893 年 2 月 12 日，大地刚刚褪去她那粉妆玉砌的银装，迎来了姗姗来迟的春天，在克拉克村的一个普通农夫家里，随着一声婴儿的啼哭，奥马尔·纳尔逊·布莱德雷诞生了。2 月的天空中出现了一道红彤彤的云霞，似乎是在欢迎这个小生命的到来，久久不愿散去。

时间一晃而过，很快布莱德雷便到了上学的年龄。1899 年，布莱德雷 6 岁了，父亲送他到学校去上学。因为父亲的工作经常调动，他不得不跟着父亲到处奔波，先后在彭伯顿小学、洛卡斯特格罗夫学校、鲍德里奇学校上学。当时家里经济紧张，买不起马和轻便马车，他和父亲只能步行去学校。有的学校离得远，布莱德雷与父亲干脆提着篮子带午饭去学校。无论刮风下雨还是严冬酷暑，总能看到父子俩往返在蜿蜒崎岖的道路上。父亲走在前面，手里提着篮子，大步流星地往前走，过了一会儿，感觉孩子落下太远了，他就会回过头来，停下脚步，微笑着等待。布莱德雷几乎是一路跑着赶上来。

布莱德雷后来回忆说：“父亲的步子大，走得快，17 分钟就能走 1.6 公里。但对一个孩子来说，尤其是在寒冷的冬季，还真有点吃不消。不过，每天能有时间单独与父亲待在一起，在某种意义上也是一种精神鼓励。”

乡村学校的条件很简陋，学校里通常只有一间教室，布莱德雷的父亲是唯一的一位教师。学生们都在一个大教室里上课，大体按年龄和年级分组。上课时，教完一个年级后再转过头来教另一个年级，分别讲课和布置作业。

“望子成龙，望女成凤”是天下所有父母的夙愿，布莱德雷的父亲也有这样的情怀。他对自己的孩子要求很严格，还经常给布莱德雷开“小灶”，所以布莱德雷认识的字比其他孩子要多得多。有一次，几个孩子不解地问布莱德雷：“你怎么认识那么多字?”布莱德雷无奈地回答说：“假如你的父亲是老师的话，你也会认识很多很多的字。”

每天晚上，在布莱德雷上床钻进被窝之前，父亲总会给他出几道数学题，让他思考。就这样，布莱德雷经常带着各种数学问题进入梦乡。久而久之，他对数学运算渐渐入门，并产生了浓厚的兴趣。这对他日后的发展有着重要影响，后来他还在西点军校教过数学。更重要的是，对数学的浓厚兴趣，有效地锻炼了布莱德雷的思维。也正因为如此，在后来的“二战”中，他在制订作战计划时总是很有条理，严谨有度。

父母是孩子的第一任老师。在父亲的言传身教下，布莱德雷从小就养成了爱读书的好习惯。当他能够流畅地阅读后，经常如饥似渴地阅读所有能读到的书籍。他喜欢冒险类的故事，但最令他着迷的是历史，诸如有关法国和印度革命战争以及美国南北战争的书籍。他很小就开始崇拜那些正直、勇敢的英雄人物。他经常和同伴一起玩打仗的游戏，他们用骨牌筑城堡，用芦苇杆做成重型火炮，用蚕豆做炮弹。

父亲还是个优秀的猎人，家里的肉几乎都是他打来的野味。布莱德雷 6 岁那年，父亲给了他一支气枪，带着他一起去打猎。经过一段时间的训练，布莱德雷也成了一个神枪手，几乎弹无虚发。

尽管家里很穷，布莱德雷没有享受过父母的娇宠和溺爱，但他的童年依然充满了欢乐。经过父母的勤劳操持，家境渐渐有所好转。

1905 年，布莱德雷 12 岁时，全家由乡下迁入希比镇。希比镇是密苏里州中部伦道夫县的一个小镇，素有“煤城”之称。父亲在那里看中了一所价值 515 美元的小房子，但因为积蓄不够，父亲只得抵押家产贷款450美元，然后付了65美元现金，将房子买了下来。这样一来，家里欠了一笔不小的债务。迁居后，布莱德雷进入镇上的公立学校——希比中学读书。

希比中学的条件也不是很好，不过，相比条件简陋的乡村学校，布莱德雷已经感到很满足了，起码不用几个年级都挤在一个教室里上课。不过，父亲仍然在乡村学校教书，每天都要往返20多公里的路程，十分辛苦。

布莱德雷进入希比中学后，取得了很大的进步。在第二年的年终考试中，他取得了平均98.66分的好成绩，在班里名列前茅。学校给出的评语是“一个优秀的学生”。

1907年年底至1908年年初的冬天格外寒冷，希比小镇整天不是刮风就是下雪。父亲每天顶着凛冽的寒风，往返于家和学校之间，不幸患了感冒。由于治疗不及时，不久，父亲的病情加重了，转成肺炎，从此卧床不起。一天凌晨，饱受病痛折磨的父亲与世长辞，去世时还不足41岁。

这一年，布莱德雷未满15岁，他对父亲的突然去世毫无心理准备。父亲是那么的伟大，不仅吃苦耐劳，从不抱怨，而且对生活永远充满希望，总是坚强地面对生活中的各种困难和挑战。在他心中，父亲就像一座山，山怎么能倒下呢?！他后来回忆说：“父亲的死，对母亲，对我，对诸多亲朋好友，乃至邻里，都是一个无法形容的沉重打击。”

遭受不幸打击的布莱德雷一下子病倒了，一连几天高烧不退，迷迷糊糊。父亲出殡时，母亲因为担心布莱德雷的病情加重，没敢让他参加。与父亲有着深厚感情的布莱德雷，连父亲的最后一面都没有见到。他整天泪流满面，躺在床上，回忆着与父亲在一起的点点滴滴……

父亲去世后不久，母亲迫于生计，带领全家迁往莫伯利。这是一个比希比镇稍大的镇，镇上有沃巴什铁路工厂和布朗制鞋公司等很多厂家，可以找到一些零活。母亲在街上租了房子，每天为别人裁剪衣服。为了增加收入，家里还接纳了两名交费的住宿学生。生活的巨大变故，使布莱德雷一下子长大了许多。学习之余，他总是尽力帮助母亲做一些家务。

转眼到了 1908 年的秋天，布莱德雷如愿考入了莫伯利高级中学。在校期间，他对体育运动产生了很大的兴趣，并且参加了田径队和棒球队。相对来说，他更喜欢棒球，经过一段时间的训练，他不仅接球熟练，而且投球远而有力。学校的 1909 年年鉴写道："尽管（布莱德雷）外表不像运动员，但实际上他已经成了一个优秀的棒球运动员。"

对布莱德雷来说，他在莫伯利高级中学最大的收获是邂逅了他未来的人生伴侣。当时有个老师名叫尤多拉（多拉）·奎尔，是个寡妇，她有两个女儿，分别叫玛丽·伊丽莎白、莎拉·简。由于两家离得很近，而且经常去同一个教堂做礼拜，布莱德雷渐渐与玛丽熟悉起来。

不过，布莱德雷并没有多少时间与朋友外出玩乐。为了贴补家用，他不得不去兼职打工，叫卖《莫伯利民主报》。每天放学后，他就走街串巷，分发报纸，早早走上了自强自立的道路。

投考西点军校

俗话说得好，穷人的孩子早当家。1910 年 5 月，布莱德雷以优异的成绩从高中毕业，他的平均成绩是 91.25 分，其中，自然科学 96 分、数学 94 分、英语 90 分、历史 85 分。他的英语和历史成绩稍差，自然科学和数学却学得很好，同学们都喜欢叫他"计算学家"。

高中毕业以后，布莱德雷不得不考虑自己的前途问题。他的理想是当一名律师，但要想当律师，必须先去大学深造。可是，母亲含辛茹苦地干活，也只能勉强养家糊口。另外，父亲在世时买房所欠的债务还没有完全还清。所以，向来懂事的布莱德雷暂时放弃了上大学的念头，决心自己打工攒钱，等攒够钱后再去圆自己的大学梦。

不久，布莱德雷找了一份修理蒸汽机的差事，每周工作 6 天，每天工作 9 个小时，一个月可挣到 40 美元。

同年秋天，玛丽去了明尼苏达州圣克劳德投奔她的姑妈，她的姑妈在圣克劳德师范学校教书，玛丽决定在那里上2年大学，如果经济允许，再回密苏里继续上大学。因此，接下来的几年，布莱德雷几乎没有和玛丽见过面。

圣诞节时，布莱德雷的母亲再婚了，对方是一个贫苦的农夫，有两个幼小的儿子。母亲的再婚，使布莱德雷下定决心离家去上大学。因此，他工作更加努力了。

这年年底，一个偶然的机会改变了布莱德雷的命运。一天，他像往常一样去教会办的主日学校上课。课后，他向学校负责人约翰·克拉森倾诉自己的苦恼。

见多识广的约翰·克拉森在外地上过学，听了布莱德雷的话，他兴奋地对布莱德雷说："你为什么不去报考西点军校呢?"

西点军校！布莱德雷一下子懵了。作为一个从乡村走出来的孩子，他从来没有听说过西点军校，根本不知道它是一所什么样的学校。因此，他低着头，慢悠悠地说："我交不起西点军校的学费。"

克拉森笑了起来，坦诚地告诉布莱德雷："西点军校是一所军事院校，学校不仅免交学费，而且每个月还会发少量的零花钱。"

他告诉布莱德雷，西点军校就是美国陆军军官学院，学制4年，学员毕业后即可获得理学学士学位和少尉军衔。该校曾为美国培养了大批陆军中高级指挥官，在军界享有很高的知名度。

布莱德雷听了好像看到了希望，他几乎不敢相信天下竟有这样的好事，急忙又问道："那我怎样才能进入西点军校呢?"

"你必须首先得到一位国会议员的提名推荐，然后再去参加西点军校的智力考试。"克拉森耐心地说。

此后几天，无论工作还是休息，西点军校一直在布莱德雷的脑海中回旋。他把这件事告诉了母亲，但母亲并不是很支持，因为西点军校离莫伯利太远了。布莱德雷却认为西点军校好像是专门为自己这样的穷小子设立的，决定去赌一把，碰碰运气。他鼓起勇气，给密苏里州的议员威廉·M.拉克写了一封言辞恳切的信，表明了自己想报考西点军校的愿望，希望他能帮帮忙。

光阴似箭，时间一晃就到了 1911 年。这年 6 月 27 日，布莱德雷惊喜地收到了拉克议员的回信，信中说布莱德雷可以作为当年向西点军校选送的学生。但是，拉克议员告诉布莱德雷，他们已经正式选送了一个名叫登普西·安德森的男生。如果布莱德雷确实想去西点军校，可以作为候补对象。也就是说，如果登普西·安德森的智力测验和体格检查不合格，而布莱德雷两项都合格的话，他就可以成为选送对象。考试定于 7 月 5 日在圣路易斯的杰斐逊兵营进行。

也就是说，现在离考试仅有 8 天的时间，布莱德雷心里毫无把握。在此之前，他曾经查阅西点军校的相关资料，知道西点军校的考试科目包括地理、几何、代数，以及他最没有把握的英语。自从离开希比中学后，他一直让代数课本“睡大觉”。而他一年前从莫伯利高级中学毕业后，因忙于生计，其他的功课也几乎荒废了。

布莱德雷一时举棋不定，不知道该怎么办。他拿着这封可能改变自己命运的信，来到莫伯利高级中学，找到父亲原来的朋友——学校的负责人李利，向他说明了情况，希望听听这位长辈的意见。李利明白布莱德雷的急切心情，他帮布莱德雷分析了利弊，像父亲一样劝说布莱德雷：“不妨去试一试。即使落榜了，经验也是十分可贵的。”

布莱德雷终于安下心来临阵磨枪，他翻出课本，废寝忘食，没日没夜地加紧复习。几天的时间匆匆而过，考试前一天，7 月 4 日一大早，布莱德雷提着手提箱和一包考试用的书，坐上了开往圣路易斯的火车。他怀着忐忑不安的心情来到了杰斐逊兵营。报考西点军校的应试生共有 12 人，都是来自各选送区的正式考生和候补生，其中包括布莱德雷和他的直接竞争者登普西·安德森。

登普西·安德森颇有来头，他的继父是基特斯维尔的前任司法长官，与拉克议员交往密切，正是拉克向西点军校推荐了登普西·安德森。而且，安德森这一次也是有备而来，为报考西点军校足足准备了 1 年时间。

7 月 5 日，考试正式开始，一共要考 4 天，每天考一个科目，每个科目 4 个小时。也许是心理负担和思想压力过大，布莱德雷考第一科代数时，刚打开卷子，一下就晕了，脑子里一片空白。但是，越着急越不会，时间一分一秒地过去了。按照规定，这门功课要想及格，至少要做完 67% 的试题。然而，考试时间已经过去了一半，布莱德雷才完成不到 20%。这样下去，不管他怎样努力，也无法做完或达到及格分数。想到这里，他万念俱灰，沮丧地收起试卷，准备提前退出考场，尽快回莫伯利去上班。可是，当他走到监考官那里准备交卷时，监考官正在全神贯注地看书。为了不打扰考官，他只得回到自己的座位上，心想不妨再试试看。

当他放下紧张的情绪后，奇迹发生了，他的思路变得清晰起来，终于想起了与考试有关的许多定理。4 个小时的考试结束后，他竟然奇迹般地做完了 67% 的题目！尽管不太顺利，但这给了他莫大的鼓舞，他决定坚持考完剩下的科目。接下来的考试虽然不太容易，但他基本上都顺利地完成了。

考完试后，布莱德雷马上赶回莫伯利，继续在沃巴什铁路的锅炉车间里上班。他对于考上西点军校几乎不抱什么希望了，因为他不仅考试准备不足，而且毫无人脉资源。凡是报考西点军校的考生，多多少少都有点关系，尤其是布莱德雷的竞争对手安德森，不仅是官员的孩子，而且还是拉克议员正式推荐的。

出乎意料的是，7 月 27 日，布莱德雷收到了一份电报。电文中写道：

布莱德雷先生，我们很荣幸地通知您，您已经被西点军校正式录取，您必须在 8 月 1 日中午以前到西点军校报到。

西点军校招生办公室

突如其来的好消息，让布莱德雷几乎不敢相信自己的眼睛。他认真地把电报看了一遍又一遍，怀疑对方是不是发错了。他还给住在基特斯维尔的安德森打了一个电话，以验证事情的真实性。安德森也刚刚收到电报，他在电话里有些沮丧地对布莱德雷说，他没有被录取。

第二天，布莱德雷收到了拉克议员的贺信。拉克议员代表官方通知布莱德雷说：“登普西·安德森因为有些科目不及格而落选了，你的所有考试科目都合格，已被西点军校录取。”

第二章　无缘参战意阑珊

初尝军旅生涯

一切都是那么猝不及防，布莱德雷来不及细细品尝胜利的滋味，赶紧准备出发，以便按时到西点军校报到。

7 月 30 日下午，布莱德雷带着仅装有一套换洗衣服的手提箱，兜里揣着 100 美元，独自向莫伯利车站走去。8 月 1 日中午前，布莱德雷准时来到了西点军校的新生接待处。值班的是一名中士，布莱德雷大声对他说："先生，考生布莱德雷前来报到。"

西点军校全称为美国陆军军官学院，位于纽约市北郊哈德逊河上"肘状"的三角岩石坡地上，这里是橙县西点镇，西点军校由此得名。西点军校在哈德逊河"S"弯之中，在两边的河岸上，只需两挺机关枪就可以封锁整个"S"弯河段，是一个很好控制的军事要塞。该地三面环水，一面傍山，景色宜人。美国独立战争期间，大陆军总司令乔治·华盛顿发现了西点的价值，把它建成了要塞，以阻扼英国舰队。西点军校就是在这个要塞的基础上创办的。自创办之日起，西点军校一直被视为"美国陆军军官的摇篮"，培养了许多著名的优秀将领。

1911 年的西点军校已经步入成熟阶段，一座全新的体育馆即将建成，世界上最大的跑马场也在修建之中。灰色的学员大教堂刚竣工不久，高高地矗立在山上，镶着彩色玻璃的窗户在阳光下闪闪发光，厚实坚固的大理石拱门透出一股典雅古朴的味道。色彩斑斓的战旗迎风飘扬。校园里专门设有学校培养的伟大将领的纪念室，如格兰特[①]纪念室、罗伯特·李[②]纪念室、谢尔曼[③]纪念室等。一踏入西点军校的大门，这些醒目的建筑就映入眼帘。布莱德雷没有想到，半个世纪后，他的雕像也会高高地耸立在西点军校！

当时西点军校的规模还不大，总共有600名学员。布莱德雷这一届学员就占了245人，正式报到日期是6月14日。像布莱德雷这样8月1日报到的，属于特殊情况下招收的候补学员，共有14人。布莱德雷来到西点军校时，正式报到的学员已经在被称为“大平原”的西点军校校阅场上，开始了为期7周的野营军事训练。

由于候补学员以前从未接触过军事，档案资料也不全，因此，学校首先对他们进行了简单的军事生活和基本知识的教育，同时补齐了他们的各种手续。最初几天，布莱德雷不停地填写各种表格，领取服装、床铺和用具，剪短头发，进行各项体格检查。完善了必要的手续后，他们还要等后来的学员都被正式编入班级后，才能前往“大平原”接受正规的军事训练。

19世纪90年代，西点军校因培养了许多伟大的军官而充满荣耀，但在光环的笼罩下，西点军校学员的生活与当时大城市贫民窟的生活在某种程度上没有多大区别。低年级的学员一般是4个人一间屋。大家放好制服、步枪和刺刀后，便无法同时站起来。宿舍里也没有洗澡间，学员必须“每周至少一次”到澡堂洗澡。每天早上，他们用一个5升的水桶去打洗漱用水。冬天，当他们打水上楼时，难免将一些水洒在楼梯上，结一层冰，这样早上6点点名时在黑暗中跑下楼梯就有危险了。宿

---

① 格兰特（1822—1885）：即尤里西斯·辛普森·格兰特，美国陆军上将、第18任美国总统，是美国历史上第一位从西点军校毕业的总统。他在美国南北战争后期任联邦军总司令，屡建奇功。

② 罗伯特·李（1807—1870）：美国军事家，美国南北战争期间担任南方联盟军总司令，在公牛溪战役、腓特烈斯堡战役及钱瑟勒斯维尔战役中大获全胜。1865年，他在联盟军弹尽粮绝的情况下率部投降，从而结束了内战。

③ 谢尔曼（1820—1891）：即威廉·谢尔曼，美国南北战争期间官至美国西部战区司令官，在北军中的地位仅次于格兰特。战后担任美国陆军司令，上将军衔。

舍里没有电，用煤油灯照明。每个屋子里有一个火炉，但不许生火，而是用水暖气供暖。火炉主要用于“吸烟”，但抽香烟又是不允许的，因此学员只得靠近火炉，把头伸进烟筒“吸烟”。

作为一所军事学校，西点军校的教学结合了雅典精神与斯巴达精神，既要完成普通大学的本科生教育，又要实现军事训练机构制定的训练目标，目的是为陆军培养合格的军官。西点军校的校训是“责任、荣誉、国家”，通过灌输这一观念，使学员们养成职业军人特有的纪律观念、责任观念、荣誉观念，以及自我牺牲精神和集体主义精神。西点军校的准则包括无条件服从、工作无借口、以上司为榜样、视荣誉为生命、以敬业为灵魂、自发自动、立即行动等，其严酷性超过了作战部队的22条军规。为了达到上述目标，西点军校事无巨细，制定了各式各样的规章制度。

在课程安排上，西点军校侧重于土木工程和军事工程，内容较为狭窄，仅开设少量的文科和社会科学课程。上课也是采取多年来形成的方式，极少有创新。日常训练主要是铺床叠被、打扫卫生、整理内务和放置步枪，甚至连何时刮脸、擦鞋等生活细节也有明确规定。

为便于管理，每600个学员被编成一个营，分成6个连，每连100人。从第1连到第6连，都是按学员的身高统一编队。这样，当队伍行进时，学员的帽子、步枪和大衣才能排成直线，不至于参差不齐。高个子学员一般编在第1、第6连，这两个连在行进时总是排在两侧，又称为“翼侧部队”。矮个子学员被叫作“小牛”，编在第2、第3、第4、第5连，行军时排在中间。布莱德雷因为身材高大魁梧，第一年当新生时就被编在第1连。

在西点军校，为了培养学员的军人品质，所有事情都要按照规章制度来执行。起床、睡觉、运动的时间都是固定的，甚至连上楼梯也规定了必须一步迈两级台阶。早上6点吹号后，学员们就匆忙起床，接着是连队室外点名；6点半吃早饭，然后打扫卫生；8点至中午12点上课，接着吃午饭；下午1点至4点上课，4点至6点是体育活动或自由支配时间，然后吃晚饭；晚饭后是学习或自由支配时间；晚上10点吹号熄灯。所有学员在活动时都是以连或者学习小组为单位，排队进食堂或教室，不允许单独行动。即使周末也管得很严。除了少数有组织的体育活动，一般不允许学员外出。

西点军校要求学员们牢记它的光荣历史和座右铭“责任、荣誉、国家”。不管是什么事情，忠诚可靠是第一位的。学员要敢于揭发一切违法乱纪的行为，同时不得说谎或欺瞒，一经发现立即开除。

西点军校这样做的目的是把出身不同、性格迥异的学员锤炼成为职业军人的固定模式，把他们的棱角和个性都无情地削掉、磨平。在西点军校，任何人都不能有个人英雄主义，也不能奢望做一个“特殊学员”，即使他是总统的儿子。

一向安分守己的布莱德雷十分珍惜这个来之不易的机会，他很快就适应了西点军校的生活。虽然学习和训练都很枯燥，但是西点军校的业余生活还算丰富多彩。学校里有各种代表队，院校间有很多体育比赛，如摔跤、拳击、马术、击剑、游泳、足球、篮球和棒球。大家都很崇拜那些优秀的运动员，称之为“明星”。而体育尖子也享有普通学员享受不到的“待遇”。

从一年级起，布莱德雷就参加了西点军校的棒球队，不久成为“击球正确，掷球准确，擅长打曲线球，臂力好”的优秀选手。这给布莱德雷带来了很多好处，比如迅速与高年级学员打成一片，不再受他们欺负，这一点很重要。当时在西点军校，高年级学员欺负新生是家常便饭。这也使布莱德雷很快就明白了地位与权势的含义，知道了要无条件服从命令。

在伙食上，学校还给所有棒球队员开小灶，在专用桌上用餐，这是一种让其他学员都羡慕不已的特殊待遇。

布莱德雷日后的上司艾森豪威尔当时也是西点军校的棒球队成员。他是德国裔，与布莱德雷的家境大体相同，高中毕业后因家里经济拮据而不能直接考大学，想靠打工挣点钱再上大学。后来，在好友哈兹利特的鼓动下，艾森豪威尔报考了安纳波利斯海军学院，但因超龄而未能如愿。而西点军校对学员的年龄限制没有那么严格，于是，在州议员的推荐下，艾森豪威尔报考了西点军校。

在校期间，布莱德雷和艾森豪威尔经常在球队见面，偶尔也会说上几句话。他们都没有料到，第二次世界大战爆发后，他们会亲密合作，共同书写世界的一段历史。

当时，学员按成绩编成学习小组，每组 12 人，一共有 28 个小组。成绩好的被编在第 1 组，依此类推，最差的在第 28 组。根据入学考试的成绩，布莱德雷的数学被分在第 24 组，英语和历史则被分在第 27 组。一向不甘落后的布莱德雷经过一年的刻苦努力，终于把成绩追了上来。到 1912 年 6 月，他的成绩在全年级排第 49 名。

1913 年夏，布莱德雷得到了一次休假的机会，他回到莫伯利，过了一个悠闲的假期。其间，他还和莫伯利的半职业体育运动代表队一起打棒球。这时，玛丽已经从圣克劳德师范学院毕业，在明尼苏达州艾伯特利的一所中学当老师。她也正在休暑假。这使他们有了很多相处的时间，两人开始约会，有时和亲友一起外出野餐，有时到教堂参加集会，有时去看戏……玛丽计划再当一年老师，攒点钱，然后去上大学。玛丽的妹妹也快要从莫伯利高级中学毕业了，奎尔夫人打算带着两个女儿搬到哥伦比亚去，让她们一起走读上大学。假期结束后，布莱德雷和玛丽开始了频繁的书信往来。

1914—1915 学年，是布莱德雷在西点军校的最后一个学年。毕业前夕，作为当初的 14 名候补学员之一，布莱德雷第一个被提升为中士，后来又晋升为少尉。

与布莱德雷同届的 245 名学员中，仅有 164 名学员顺利毕业。经过 4 年的严格训练和艰苦学习，布莱德雷已经从一个乡村小子成长为一名合格的军人。对他来说，如果真要说有什么遗憾的话，那就是他参加了大量的体育活动，影响了毕业成绩。在毕业的 164 名学员中，他排第 44 名。不过，他对此并不后悔，在有组织的体育运动中，他懂得了集体配合的重要性。没有一种课余活动会比有组织的体育活动，更有助于军人适应未来战场的需要。

无数的事实证明了布莱德雷的说法，西点军校 1914 年的全体棒球队员，凡是留在该校的，后来都成了将军。布莱德雷所在的班级，后来也成为西点军校历史上最负盛名的“群星荟萃之班”。在这个将星闪耀的群体中，艾森豪威尔成了五星上将和美国总统，约瑟夫·塔格特·麦克纳尼和詹姆斯·奥尔沃德·范佛里特等人成了四星上将，约瑟夫·迈克尔·斯温、乔治·爱德华·斯特拉特迈耶等 7 人则成了三星中将。真可谓：数风流人物，还看今朝！布莱德雷所在的这一届学员改写了西点军校的历史！

布莱德雷在校期间并不是很引人注目，但也是一个充满理想和信念的年轻人。当时负责撰写西点军校《榴弹炮年鉴》的艾森豪威尔写道：“真理的价值像一条大河，静水流深，布莱德雷就是这样一个人。他最重要的特点就是‘不达目的誓不罢休’。如果他能够始终坚持下去，那么我相信，终有一天，我们当中的一些人会向自己的子孙夸耀：不要忘记，布莱德雷将军是我的同班同学。”

无论是在军事专业，还是在社会交往方面，布莱德雷都得到了锻炼，成熟了许多。更为重要的是，他在日常生活和学习中充分显示了谨慎自律、勤学上进、办事公允的性格和作风，而且他稳健沉着、头脑清醒，这些品质使他结识了很多朋友，同时也得到了很多人的尊重和信任，为他日后平步青云打下了良好的基础。

英雄无用武之地

1915 年，满怀壮志的布莱德雷顺利从西点军校毕业，成了一名步兵少尉。他得到了 3 个月的假期，终于可以和少年时期就暗恋的“邻家女孩”玛丽长时间相处了。玛丽在密苏里大学念书，在此之前，他们只能通过书信倾诉相思之苦。这次假期，他们有很多时间聚在一起，感情迅速升温。假期快要结束的时候，布莱德雷鼓起勇气，用了一个比较俗套的东西——一枚镶着钻石的白金戒指向玛丽求婚，玛丽欣然同意，两人还约好在玛丽 1916 年毕业时结婚。

长假期间，布莱德雷还面临着毕业后选择哪个兵种服役的问题，这关系到他日后的前程。当时美国军队的规模还很小，陆军共有士兵 10 万人，军官 5000 人。相对来说，在晋升速度上，最热门的兵种是工程兵和野战炮兵。于是，布莱德雷依次向工程兵、炮兵和步兵提出了申请。但是，由于毕业成绩和名次比较靠后，他没能如愿成为工程兵或炮兵，只好到步兵部队服役。名次比布莱德雷还要靠后的艾森豪威尔也进了步兵部队。

因为没能加入理想的兵种，布莱德雷失望了好长一段时间，甚至有点后悔自己不够努力，没有取得更好的成绩，否则毕业时就能选择心仪的兵种，从而尽快得到晋升。但现在后悔也来不及了，他只能收拾心情，投入到新的工作中去。

布莱德雷被分到了第 14 步兵团，该团由 3 个分散配置的营组成，各营分散执勤，都不满员。第 1 营在荒无人烟的阿拉斯加州执行派遣性勤务，第 2 营驻扎在华盛顿州西雅图附近的劳弗顿堡，第 3 营驻扎在落基山脉西麓斯波坎郊外的乔治 · 赖特堡。

奥马尔 · 布莱德雷画像

布莱德雷属于第 3 营。从乔治·赖特堡到斯波坎市里大约有 5 公里的距离，一列有轨电车往返其间。乔治·赖特堡是斯波坎市刚刚扩展出来的郊区，不过才几年历史，看着这个鸟不拉屎的地方，布莱德雷内心的失落感油然而生。

第 3 营的营长是 A. J. 哈里斯。布莱德雷来到第 3 营后，根据工作需要，又被派到下属的第 11 连，连长是威尔伯·A. 麦克丹尼尔。麦克丹尼尔原本是一所军校的教员，早在 17 年前美西战争时就开始服役了，由于陆军晋升缓慢，他至今还是上尉军衔。第 11 连只有六七十人，多数士兵都是服役多年的老兵。这些人参加陆军，主要是看中了待遇。当时陆军的津贴很高，入伍当年每个月能拿到 13 美元。如果继续干下去，还有机会晋升为下士。除此之外，陆军还流行一种物质刺激方法。为了培养射手，各个陆军部队通常会根据情况实行奖励制度，一个优秀射手每个月可以多拿 3 美元，如果枪法更准，还可以被评为神枪手，那么每个月就可以额外拿 5 美元。这些物质刺激措施，在一定程度上吸引了部分人参加陆军。不过，布莱德雷并不赞同这些临时性的举措，他认为如果陆军不进行改革，根本吸引不到真正有才能的人。

部队的工作十分轻松愉快。连队每天早晨 7 点布置当天的任务。早饭后，一般会进行 4 个小时的队列训练，或者进行步枪射击练习，偶尔也有一些排进攻或班进攻的模拟训练。11 点左右，全连召集一次军官“碰头会”，一起讨论各种执勤问题，或交流一下各自的看法。午饭后基本就没有集体活动了，由个人自由支配。这些工作都十分简单。布莱德雷来这里不久，连长麦克丹尼尔便让他负责上午的训练。

冬天很快便来临了，刺骨的寒风整天刮个不停，似乎要把大地上的一切事物撕个粉碎。部队正常的训练和野外演习被打断了，士兵们无法到户外活动。每当这个时候，部队都会组织室内体育比赛，以保持部队的活力。按照惯例，第 3 营所属的 4 个连都要组织室内体育比赛，项目包括拳击、摔跤、跳高和棒球等。布莱德雷在西点军校时就是体育活动的积极分子，他也很喜欢这些活动，于是，连长麦克丹尼尔指定他担任第 11 连的体育教练。这项任务对布莱德雷来说既是一次机会，也是一个挑战。因为当时陆军很重视体育比赛，在体育比赛中能够获胜的部队，通常会被认为是一支优秀的部队。《走向未来》是一本专门描写美国军人生活的书，其中有一章就生动地记述了体育运动对美国军人的影响。在和平时期，体育比赛在陆军中是非常严肃认真的事情。一场比赛的胜利，可以使部队指挥官赢得崇高的声誉。比赛结果会被记录在案，在军官军衔、职务晋升、部队评奖等关键时刻，成为一个重要的参考因素。

布莱德雷认为，连长把如此重要的任务交给自己，表明他对自己非常信任。他很高兴能够担任业余体育教练，后来他回忆说："当时我真的很开心接受这项任务，这标志着我由此踏上了陆军和平时期升官的阶梯。很多人想要争取这项工作，但都没有成功。在后来的20多年里，我总是在部队的体育运动中充当教练或亲自参加比赛。积极参加体育运动，使我的身体保持着良好的状态，适应了紧张的军营生活。参加运动，使我有机会了解下属的情况，同时也使别人有机会了解我。"

就在这个时候，美国和墨西哥的矛盾逐步激化，两国面临发生战争的危险。

1912 年，伍德罗·威尔逊[①]出任总统几个月后，与美国相邻的墨西哥爆发了声势浩大的资产阶级民主革命，严重冲击了美国在墨西哥的利益，而当时控制墨西哥政府的是罪行累累的维克多里安诺·韦尔塔将军。威尔逊总统非常气愤，1914 年 4 月，美国政府以墨西哥当局扣留美国水兵为借口，派弗兰克·F. 弗莱彻海军上将攻占了墨西哥东海岸的最大城市——韦拉克鲁斯。

1916 年 3 月 9 日，墨西哥人弗朗西斯科·维拉率兵袭击了美国新墨西哥州哥伦布城，打死了 8 名美国士兵和 9 名老百姓，多人重伤。美国

---

① 伍德罗·威尔逊（1856—1924）：美国第 28 任总统。1919 年因倡导国际联盟而获得诺贝尔和平奖。

对此自然无法容忍。威尔逊总统命令约翰·潘兴①负责追捕维拉。墨西哥的维努斯蒂亚诺·卡兰萨总统也想借美国之手铲除自己的“眼中钉”，于是默许了这一行动。

3月中旬，潘兴率领5000人马跨过边境，追击维拉。墨西哥人对于美军的入侵愤怒不已，使得追击行动十分艰难。与此同时，墨西哥军队也开始阻击美军。面对这种情况，美国陆军部赶紧向墨西哥增派了7000人。

4月12日，潘兴率部与墨西哥军队在帕拉尔发生了小规模的战斗，墨军要求美军撤退。潘兴的参谋长斯科特少将等人在埃尔帕索与墨西哥军事首领阿尔瓦罗·奥布雷贡②会晤，同意在墨军控制住维拉后，逐步撤走部队。但维拉根本没把这个协议放在眼里，很快又率部袭击了得克萨斯州的格伦斯普林斯。墨军要求美军撤回部队，否则只能刀兵相见，但美国政府以维拉威胁美国的城镇为由而不愿撤走美军。这样一来，战争是不可避免的了。

5月9日，美国陆军部开始进行战争动员，征召得克萨斯、新墨西哥和亚利桑那三个州的国民警卫队归入现役部队，与陆军的战斗部队一起准备进攻墨西哥。同时紧急抽调在国内其他地区驻防的正规军，开赴与墨西哥接壤的边境地区。

5月11日，布莱德雷所在的第14步兵团接到了立即开赴前线的命令。当天12时45分，部队带着全部装备，包括马匹、载重车辆和武器等，登上列车向南部边境地区出发。每隔24小时，就要把战马从火车上拉下来遛一遛。战马是部队的主要装备，任何人都不敢粗心大意。

5月16日，第14步兵团抵达边境地区，马上在荒漠中支起帐篷，开始挖掘工事。不久，一个炮兵营、一个骑兵中队和亚利桑那州的一个

① 约翰·潘兴（1860—1948）：美国著名军事家、陆军特级上将，又称“铁锤将军”“黑桃杰克”。参加过美西战争、墨西哥战争、第一次世界大战。1921年出任美国陆军参谋长。

② 阿尔瓦罗·奥布雷贡（1880—1928）：墨西哥军人、国务活动家和改革家，墨西哥总统。他使墨西哥摆脱了1910年革命后长达10年的政治动荡和内战，1928年再次当选总统，但还没来得及就职就被暗杀了。

国民警卫团也陆续抵达。整个边境顿时沸腾起来，人喊马嘶，热闹非凡。布莱德雷第一次见到如此多的部队集结在一起。他和玛丽本来打算在她毕业时完婚，战争的突然来临使他们不得不推迟婚期。

在边境事件的压力及威尔逊的竭力调解下，参众两院和陆军立法会议的人员最终达成了妥协，《国防法》分别于1916年5月17日和29日在参众两院通过。这个法律规定：和平时期的正规陆军兵力，在5年内增至17.5万人；在战时，正规陆军可扩充到28.6万人。其基本力量编为65个步兵团、25个骑兵团、21个野战炮兵团、7个工程兵团、2个机动工程兵营、263个海岸炮兵连、8个航空中队和支援部队。该法批准了战术师和战术旅的编制，即每师3个旅，每旅3个团。

美国已经做好了全面开战的准备，大批部队源源不断地被派往边境地区。一个月后，边境地区的美军兵力已经达到15.9万人。墨西哥政府见大事不妙，被迫改变态度，答应与美国和谈。于是，边境的紧张局势逐步缓和下来，战争的阴云逐渐消散，驻扎在边境地区的美军除了必要的战备活动外，只是在宁静的环境中处理例行公务。

9月20日，第14步兵团奉命从道格拉斯西移，前往亚利桑那州的尤马。此后，边境进一步平静下来，发生战争的可能性几乎不存在了，部队陆续解除临战状态。

同年10月，由于陆军人数急速上升，军官人数无法满足现有需要，陆军部决定将原有军官自然晋升一级，留出职位给新的军官。一直不满于加入步兵的布莱德雷因祸得福，升为中尉，月薪也从141.67美元一下子涨到了206美元。也就是说，他才服役17个月就从少尉升为中尉，而同在一个连队服役的哈丁已经干了7年少尉，现在才升任中尉。

墨西哥战事平息后，驻扎在边境的美军无所事事。在这期间，布莱德雷终于抱得美人归。刚开始是墨西哥的战事使他不得不推迟婚期，之后不久，玛丽又得了伤寒病住进医院，身体十分虚弱，因此，他们直到1916年12月才喜结良缘。婚后，他们在堪萨斯城小住了几天，又去得克萨斯州探望了布莱德雷在西点军校时的老朋友。1917年1月17日，布莱德雷带着玛丽回到尤马，从此开始了长达几十年的婚后部队生活。

尤马地区遍地风沙，草木不生，生活枯燥乏味。为了排解寂寞，军官们轮流请客去喝茶或喝咖啡。这种生活让布莱德雷感到无聊透顶，他决定换一个地方，调离这里。不久，他向上级提出申请，要求去阿拉斯加的第 1 营。很快，他的申请得到了批准。但是，驻阿拉斯加的部队一般在夏天时换防，布莱德雷只得耐心等待夏天的到来。

这时已经到了 1917 年春季，第一次世界大战到了决战关头。1917 年 4 月 6 日，美国不再保持中立，宣布对德开战，正式介入了战争。

自第一次世界大战爆发以来，美国一直作壁上观，采取中立政策，这主要是因为美国处于太平洋、大西洋两洋之间，几乎不用担心本土受到威胁。同时，保持中立使得美国可以同时向交战双方输送武器，用一个简单的比方来形容美国："一边卖武器，一边卖棺材。"而且美国还可以在两大军事集团相互削弱之后，实现自己称霸世界的野心。

但是，威尔逊总统没想到对墨西哥的一次小小战争会使局势变得如此复杂。他反对卷入持久战，但又没有说服两院的理由，而马上就要进行总统大选，他必须做出选择。就在这时，英国客轮"卢西塔尼亚"号在爱尔兰海域被德国潜艇当成英国商船，用鱼雷击沉，造成了 1100 多人死亡，其中包括 115 名美国人。这使美国舆论开始转向支持协约国（英、法、俄、意等国），人们开始关注欧洲战场。于是，原定由伍德、潘兴率军进入墨西哥的计划在这年夏天被撤销了。但毫无疑问，无论是应对墨西哥战场还是第一次世界大战的欧洲主战场，美国都必须扩军，而且不容拖延。

1917 年 3 月 1 日，威尔逊总统公布了一份德国外交大臣发给德国驻墨西哥公使的密电，这份密电被英国截获并破译后，转交给美国，内容是引诱墨西哥参战，如果美国由于潜艇战而对德宣战，墨西哥就与德国结成反美联盟，作为参战的报酬，德国答应帮助墨西哥夺回新墨西哥等三州。密电公布后，美国舆论大哗，反德情绪骤然升温。拉丁美洲一直是美国的后院，德国人的手显然伸得太长了，加上欧洲战事即将结束，威尔逊总统决定对德国开战。全国各地马上掀起了一股爱国主义宣传热潮。"武装起来，最大限度地武装起来，毫无限制地武装起来！"这是威尔逊总统向美国人民发出的战斗号召。

5 月 18 日，国会颁布了美国有史以来规模最大的兵员动员法令，规定 21 ~30 岁的男子都要登记应征，正规陆军将扩编到 17.5 万人；国民警卫队则扩编到 50 万人，由联邦政府控制。威尔逊总统认为，应当再征召 50 万人加入“国民陆军”作为预备队。短短几个月之内，美国陆军和国民警卫队就招了近 70 万名志愿者，另有 300 万人被征召入伍。

5 月 26 日，战争部部长牛顿 · 迪尔 · 贝克[①]签署了授权潘兴指挥美国远征军的命令。7 月 4 日，潘兴率领第一批美国大兵出现在巴黎街头。

布莱德雷从西点军校毕业以后，一直渴望参加战斗，到战场上杀敌立功。现在看到很多同学所在的部队相继开往欧洲，他也跃跃欲试。但这并不容易，当时整个阿拉斯加州只有第 14 步兵团第 1 营驻防。不到万不得已，美国不会轻易动用这支守卫北大门的部队。此外，向国外派出的部队必须满编。这就意味着缺少第 1 营的第 14 步兵团根本没有出国参战的机会。

就在布莱德雷为了参战而绞尽脑汁之际，5 月 20 日，他所在部队突然接到了新的命令：把防务交给第 35 步兵团，第 14 步兵团撤回太平洋沿岸的华盛顿州温哥华兵营，接受新的任务。

这一命令使布莱德雷原本准备在夏季到阿拉斯加执勤的事情化为泡影。他们到达温哥华兵营后，仍旧执行驻防任务，整天无所事事。布莱德雷不甘心就这样在这里平庸地待下去，便四处活动，希望能加入一支前往欧洲战场的部队，但事情仍然没有什么进展。

时间继续平平淡淡地流逝着，转眼到了 1918 年 1 月中旬，布莱德雷所在部队再一次调动到了蒙大拿州，任务是警卫蒙大拿州各地的铜矿。铜是重要的战略物资，蒙大拿州盛产铜，但社会秩序一直不太安定，经常发生骚乱，工人们也隔三岔五闹罢工，这使该州正常的生活和

---

① 牛顿 · 迪尔 · 贝克（1871—1937）：美国律师、政治家，民主党成员。“一战”时任美国战争部部长，向国会提出了普遍征兵计划，大战期间动员了 400 万人参军。

生产秩序遭到了极大破坏。因此，陆军部决定派正规部队去警卫这个地区。第 14 步兵团所属部队被分派到安纳康达、大瀑布城和其他秩序不好的地区。布莱德雷担任第 6 连连长，率部驻扎在比尤特。

比尤特是一个非常荒凉的边远城镇，带有典型的西部风格。这里枪支泛滥成灾，社会秩序混乱，经常发生械斗。不管有事没事，大家都整天背着枪。

当时玛丽已经怀有七个半月身孕，来到比尤特不久，她生下了一个男孩，但没能存活下来。当时比尤特的气温降到了零下 40℃，使得这个原本人烟稀少的边远小镇显得更加凄凉。孩子夭折后，痛苦的往事一件件在布莱德雷的脑海中闪现，小弟弟的夭折，父亲的早逝，生活的艰难，所有这些都让他痛苦不已，不由得失声痛哭起来。这个时候，玛丽温柔的陪伴和安慰，使他逐渐从痛苦中平静下来。

1918 年 3 月 17 日，比尤特发生骚乱，主要街道上挤满了数以千计的罢工者，许多人手里拿着铜钩和铜刀，气势汹汹。布莱德雷因为无缘参战，内心十分懊恼，于是下决心好好教训一下这些罢工者。在他的指挥下，士兵们荷枪实弹，在城镇的主要街道上一步一岗，步枪上的刺刀发出耀眼的光芒。骚乱者从来没有见过这种阵势，害怕极了。这天，除了偶尔发生几起骚乱事件外，再也没有发生大规模的骚乱。到了傍晚，比尤特又恢复了往日的平静。

这次较量以后，布莱德雷的部队在比尤特牢牢地站稳了脚跟，树立了威信，再也没有人敢冒险制造骚乱了。长期动荡不安的比尤特小镇终于迎来了和平，铜矿生产照常进行。

1918 年 8 月，布莱德雷顺利晋升为临时少校。一个月后，又传来了一个激动人心的消息。第 14 步兵团包括驻阿拉斯加的第 1 营，奉命调往艾奥瓦州得梅因附近的道奇兵营。全团作为主力编入新组建的第 19 步兵师，准备开赴欧洲参战。为此，部队进行了大规模整编，布莱德雷升任第 2 营营长。他立即带领部队，按照战争要求进行紧张的军事训练。

然而，这个时候，第一次世界大战已经接近尾声，协约国和同盟国都在谋求和谈。一天，布莱德雷正在执勤，突然听见到处都是口哨声，人们疯狂地涌到大街上。他询问后才知道第一次世界大战结束了!

不能参战的郁闷加上丧子之痛，令布莱德雷伤心不已，觉得自己从此再也没有在战场上立功的机会，至多只能“混”到中校，最后退休了事。他说：“从职业方面来说，那是我在美国陆军中最沮丧的时候。当时我热切地期望前往法国，在真正的战争中证明自己的军事才能……为了能去法国，所有能想到的办法我都试过了。”无论如何，参战的希望已经破灭了，而且他不得不面对部队解散的现实。仅仅 6 个月时间，便有 260 多万名士兵和 12. 8 万名军官陆续收到了退伍证明书。

值得庆幸的是，布莱德雷所在的第 14 步兵团被保留了下来。不久，他们奉命移防到伊利诺伊州罗克福附近的格兰特兵营，协助关闭那里的营房，同时负责政府机关的警卫。不过，格兰特兵营同样混乱，数以千计的士兵正在被遣散，军事训练和日常工作都无法正常进行。布莱德雷和玛丽在洛克雷德租了一套房子，在那里度过了一个寒冷的冬天，并考虑接下来何去何从。

进入部队 4 年以来，布莱德雷几乎每年都换一个地方驻防。他厌倦了这种颠沛流离的生活，希望能够稳定下来。因此，他打算到院校去当军事教员，这样生活会安定一些，而且还有发展的余地。他下定决心后，马上写信给老熟人和同学，请他们帮忙。一年以后，事情终于有了眉目。

1919 年 8 月 25 日，布莱德雷被调到设在布鲁金斯市的南达科他州州立学院，担任军事科学与战术学的助理教授。这使他摆脱了空虚、乏味的驻防生活，可以追求更高的目标。他很珍惜这次来之不易的机会，决心尽职尽责做好自己的工作。

当时，华盛顿对于陆军的未来发生了激烈的争论。陆军参谋长佩顿・马奇①提议组建一支 50 万人的常备军，同时训练一支兵员数量庞大

---

①　佩顿・马奇（1864—1955）：美国第 9 任陆军参谋长，总理美国远征军回国与复员事务，直至 1921 年以陆军少将军衔退役，由约翰・潘兴接任其职。1930 年在退役名单中位列上将。

的预备队和一支人数为 43.5 万人的国民警卫队。而战斗英雄潘兴则建议把常备军削减为 28 万，再加上一些受过正规训练的预备队和国民警卫队。1920 年 6 月 4 日，国会采纳潘兴的大部分意见，通过了《国防法修正案》，但否决了任何形式的军事训练草案。不过，修正案只是一纸空文。1921 年，国会再次裁减了大概一半的常备军，最终减少到 15 万人，并强行解除了 1000 名军官的职务。此后，和平主义思潮深入人心，国会对正规军进行了毫不留情的裁减，从 1922 年到 1929 年，常备军的平均人数是 13.72 万人。与此同时，国民警卫队也减少为不到原计划 43.5 万人的一半。到 1935 年，美国已经没有一支成规模的能立即投入战斗的部队。

布莱德雷来到南达科他州州立学院任教后，随预备役军官训练队到密执安州进行了夏季野营训练，之后又在明尼苏达州休了 3 周的假期，然后带着玛丽返回布鲁金斯。

1920 年 8 月，布莱德雷正准备投入到新学年的教学工作中，突然接到了一封电报，命令他立即辞去布鲁金斯的职务，马上到西点军校接受新的任务，担任数学系教员职务。

重返西点执教

布莱德雷这次被调到西点军校，是因为西点军校数学系主任查尔斯·P·埃科尔斯上校的推荐。他是布莱德雷就读西点军校时的数学教员，对布莱德雷印象很深。当布莱德雷来到西点军校后，他高兴地说："我之所以选择你来教授数学，是因为你的数学好。"确实，在西点军校学习期间，布莱德雷的数学成绩一直很好。但他之所以能到西点军校任教，最深层的原因却是道格拉斯·麦克阿瑟①在西点军校实施的教学改革。

---

① 道格拉斯·麦克阿瑟（1880—1964）：美国著名军事家，陆军五星上将。"二战"期间历任美国远东军司令、西南太平洋战区盟军司令，战后出任驻日盟军最高司令、"联合国军"总司令等职。

第一次世界大战的爆发，给西点军校带来了很大影响，把西点军校的日常工作全打乱了。为了向法国前线输送军官，西点军校的学员们都提前毕了业。在5000名正规军军官中，有50%是西点军校的毕业生。在校生只有一年级学员，教程也被缩短为一年；有些已经毕业并任职的学员，又被召回西点军校接受进一步的训练，这使西点军校成了一个不伦不类的训练班。同时，西点军校还降低了新生的录取标准，这使新学员的素质普遍较低。

教员方面同样存在许多问题。教学质量的下降，使得学校秩序混乱、纪律松弛，学员酗酒闹事、打架斗殴的事件时有发生。西点军校牢不可破的历史、习惯和信仰基石面临着危机。

在这种情况下，国会的某些议员提议撤销西点军校，并为此举行了一次听证会，争论的焦点是：假如不再发生第一次世界大战这样规模的战争，是不是还有必要保留一所需要政府巨额拨款的军官学校？有人主张停办，有人建议将学制缩短为2年。其中，哈佛大学校长、杰出的教育家查尔斯·伊利亚特对西点军校僵化的教学内容和因循守旧的教学方法进行了猛烈抨击。不过，最后的结论是——西点军校仍旧保留。

为了挽救西点军校，第一次世界大战结束不久，陆军参谋长佩顿·马奇亲自选定麦克阿瑟担任西点军校校长。这一年，麦克阿瑟年仅39岁，他也是西点军校的毕业生，年轻有为，敢想敢干。他在第一次世界大战中率领彩虹师出征欧洲，是美国家喻户晓的战斗英雄。佩顿·马奇对他寄予厚望，希望他能整顿西点军校，消除混乱，使其尽快回到正常的轨道上。

麦克阿瑟一上任就下令对军校各方面的工作进行全面调查研究。他每天深入教员中了解情况，与学术委员会的成员沟通交流。经过一段时间的努力，他于1920年提出了改革西点军校的目标：

第一，西点军校的优良传统必须发扬光大。“没有任何借口”是西点军校建校100多年来奉行的最重要的行为准则，即使遇到战争，军校学员也必须完成必修的学业，“每一位学员都要想尽办法去完成任何一项任务，而不是为没有完成任务去寻找借口”。其核心是敬业、责任、

道格拉斯·麦克阿瑟画像

服从和诚实，强调主动、创造、执行，“如何达到 100% 的结果”。做事要有责任感，不要寻找任何借口，对每一个学员来说，只要勇往直前，就没有什么不可能。“责任、荣誉、国家”是麦克阿瑟治校的宗旨。

第二，废除不合理的制度，提倡民主精神。那些落后的传统和惯例对麦克阿瑟并不起作用，相反，他热衷于向它们挑战。“去他的条例，”他常说，“制定它们的目的就是在需要顾全大局时打破它们。”他强调实践和现代化的方法，但他没有削弱西点军校服从上级的信条。他所做的是让学员相互评价领导才能，而不再由战术教官单独进行。当然，他认为，纪律是任何一个团队取胜的根本保证，但纪律不只是行之于文字，而是每个人内心的尺度。按照西点军校的传统惯例，学员在校期间不许吸烟，不许看晨报，不许收邮包，不许在周末离开营房，等等。麦克阿瑟废除了这些不合理的形式主义的东西，要求学员按照自己的道德、行为准则建立一个不需要立诸文字的纪律标准。他还领导修改了西点军校的条令条例，要求在其中体现民主精神，指出："条令条例应包括高年级和低年级学员的责任与义务，应规定低年级学员和学员队的基本利益。班级之间应以礼相待。在西点军校，必须提倡民主精神，提倡个人为国家做贡献，与此相对立的东西绝不允许存在。"

第三，精选课程，使教学内容现代化。过去西点军校的任务是培养能够带领一支部队的军官。内战并没有改变这种对待其功能的狭隘观点，那是一场一半美国人打另一半美国人的战争。《内战研究》课程被取消，代之以《世界战争研究》。麦克阿瑟坚信第一次世界大战一定会让人们改变这一观点。在传统战争中，将军往往要身先士卒。麦克阿瑟本人在法国战场上的表现正是如此。20 世纪的战争是大规模的冲突，现代国家派往战场的集团军不会由职业士兵组成。就像刚刚结束的这场战争一样，这些集团军将由业余的、娃娃脸的年轻人组成，他们被政府从工厂、农场、教室和办公室征召过来，急需每个士兵动用自己的大脑。西点军校不仅要为学员将来任职打下坚实的基础，而且应当培养学员广阔的视野，并教育学员树立随时准备参战的思想。除了服从外，学员还要有自己的战略战术头脑。传统的教学内容必须革新，使学员所学知识能够适应日趋复杂、不断变化的世界形势，适应未来战争的需要。在麦克阿瑟的倡导下，西点军校增设了空气动力学、内燃机学和演讲艺术等课程。他还说服学术委员会开设一门综合研究政府和经济的新课。这是学术委员会面对社会科学这一 20 世纪突飞猛进的学术领域的兴起所做出的唯一让步。

第四，增加体能训练课程，使学员更能适应实战要求。麦克阿瑟认为，体能训练对现代军官的培养及其今后的发展，具有极其重要的作用。因此，在教学计划中，他把体育锻炼提高到与文化学习、军事训练同等重要的地位，而不是可有可无、可多可少的东西。他要求每个学员每学年必须用 6 周的时间进行各种球类和田径训练，并组建了 11 个校级体育代表队，其中有足球队、橄榄球队、马球队、篮球队、田径队和游泳队等。他提出的口号是：今天，在竞技场上播下种子；明天，在战场上收获胜利果实。

另外，他坚信跳舞是训练军官的一个基本内容，因而要求所有学员都必须学会跳华尔兹和两步舞。为此他还雇了一名专业舞蹈教练，声称："跳舞是每个男人都应该具备的素质。"周末，爵士乐队震耳欲聋地奏着《是的，我没有香蕉》以及其他流行打击乐，无拘无束的少女们给茫然无措的学员们表演怎么走骆驼步和盘步。

第五，减少对学员的体罚，以优良的传统教育来养成学员自动自发的行为。西点军校的建校宗旨是，未来战争的主体将主要是一小批职业军人，军官将依赖严格的纪律和严厉的惩罚来控制战场上的士兵。麦克阿瑟认为，体罚是幼稚无能的表现，这种做法与其说是培养性格的一种手段，倒不如说是用来对付那些不受欢迎、调皮捣蛋的学员的一种武器。他不相信用肉体折磨的办法能将纪律和服从观念强加到学员的头脑中去。因此，他对各种体罚方法进行了调查，之后下令取消那些野蛮残忍的惩罚手段，强化思想政治工作，以提高学员的自觉性和责任感，使西点军校继续发扬"责任、荣誉、国家"的光荣传统，沿着先辈的光荣足迹前进。

麦克阿瑟雷厉风行的工作作风、思路敏捷的判断能力以及口若悬河的雄辩口才，很快赢得了西点人的敬佩。

在麦克阿瑟的大力整顿下，到 1920 年 9 月，西点军校恢复了正常秩序，高年级毕业生仍然是 3 年制和 4 年制混合编班。这一年招收了大约 400 名学员，一年级教员紧缺。因此，西点军校决定选调一批人，布莱德雷便是其中之一。

当时西点军校数学系有 37 名教员，大多是新调进来的。数学系主任埃科尔斯让布莱德雷去教一年级的数学，主要是几何和代数。他每周上 6 天上午的课，或 5 天下午的课。为了提高自己的业务水平，他白天经常参加由埃科尔斯或其他有经验的教员开设的数学进修课，晚上则抓紧时间备课，日子过得非常充实。

工作之余，布莱德雷还经常参加在职人员举行的非正式集会，与同事和朋友进行交流。他生性严肃，克己谨慎，不抽烟，不喝酒，不过他并不介意朋友们抽烟喝酒。但是因为玛丽厌恶喝酒和吸烟，所以他们过着相对简单平静的生活。

有的时候，布莱德雷也会邀请一些军官到家里来打牌。他打牌一向以保守著称，若非十拿九稳，绝不贸然出牌，因此成了“常胜将军”。由此我们也可以看出布莱德雷做事稳重，他的这个性格特点在第二次世界大战中表现得十分突出，也是他后来跃居要职的重要因素之一。

西点军校是一个人才汇聚之地，在西点军校任教期间，布莱德雷结识了很多朋友，1917 届毕业的马修 · 李奇微①就是其中的一位。李奇微是一名上尉军官，但是颇有来头，与陆军部的许多官员都有私交。在西点军校求学期间，布莱德雷和李奇微曾经同在一个连队服役，而且一起参加了秘密联谊会，算是老熟人。李奇微也是最近才被调到西点军校担任教官的，负责教授西班牙语。这次在西点军校再次相遇，他们之间的友谊得到了进一步的发展，经常结伴去打猎或打高尔夫球。后来，高尔夫球成了布莱德雷十分热衷的一项体育运动。

布莱德雷本人热爱体育活动，但他对麦克阿瑟过于推崇体育运动颇有微词。当时有个新生学习成绩很差，但很擅长足球和棒球，因此，麦克阿瑟一直不下令将其除名，反而觉得这个学生对学校的体育活动帮助很大。这让布莱德雷很不满。

另外，对于西点军校的纪律问题，布莱德雷认为应该恢复在“大平原”上举行夏令营活动的制度，只有“大平原”上的磨炼，才能培养军人的气质和打造军人的坚强意志，不应轻易废除这种制度。

或许是因为对麦克阿瑟在西点军校的举措同样有些不满，1922 年 6 月，陆军部部长潘兴把麦克阿瑟调往菲律宾，变相解除了他的西点军校校长职务。随后，西点军校校长由弗雷德 · 斯莱登接任。斯莱登上任以

---

① 马修 · 李奇微（1895—1993）：美国陆军上将。“二战”期间任第 82 空降师师长，参加了西西里岛登陆战、诺曼底登陆战、“市场 – 花园”行动、阿登战役、鲁尔战役。战后担任过地中海战区总司令、加勒比地区美军司令、驻日盟军最高司令、远东美军总司令、北大西洋公约组织武装部队最高司令、陆军参谋长等职。

后，终于使西点的纪律重新变得严格起来。

美好的时光总是易逝。在紧张而愉快的生活中，布莱德雷在西点军校已经度过了两个年头，到第三年时，他成了老教员，不必每天下午去参加系里组织的进修课，可供自己支配的时间更多了。但是不久，学校又增加了一门新的课程——画法几何，所有教员都必须参加学习。

来到西点军校不久，玛丽流产了，这对很想要孩子的他们来说无疑是件难过的事情。1923 年 12 月 3 月，玛丽终于生下了一个女儿，取名伊丽莎白。这也是他们唯一的孩子。女儿出生后，布莱德雷的薪金十分紧张，只得利用假期去附近的桥梁工地上干活，每天干 12 个小时，换来 10 美元的报酬。直到他买入的股票大涨，收入增加，他才结束了假期打工的生活。

在教学过程中，布莱德雷的数学水平也有了很大提高。第四年，他升任数学系的副教授，肩上的担子更重了，除了给学生上课外，还要指导新教员的进修课。

教学之余，布莱德雷开始浏览和研究军事史著作和军事人物传记。他对南北战争时期有“运动战大师”之称的威廉·谢尔曼将军的才能和军事思想很感兴趣。

20 世纪 20 年代，美国陆军盛行战壕争夺战术，很多人把在法国的作战战术视为永不可变的经典。颇有军事才能的布莱德雷先行一步，意识到谢尔曼的战术思想是符合未来潮流的，而战壕争夺战术将会被抛弃。他认为，在未来的战争中，运用大部队迅速穿插进入敌方腹部的方法，才是摧毁敌人的最佳方式。运动战将成为主宰未来战争的战术主流。这一大胆的想法与谢尔曼的军事思想不谋而合。

通过大量阅读，布莱德雷从前人的失误和成功中学到了许多东西。非常巧合的是，根据后来的资料，我们可以知道，就在布莱德雷关注未来战争的同时，与他同时代的巴顿和艾森豪威尔也意识到了机械化、装甲部队的威力。从这一点来看，像布莱德雷这一代青年军官能在第二次世界大战中迅速崛起并主宰战场上的指挥权，是有着深远的思想和历史根源的。

第三章 坎坷路上逢知己

破例进入步兵学校

1924 年春，布莱德雷在西点军校任职期满。从西点军校毕业至今，他已经在本土服役 9 年。按照规定，他需要去海外执行任务。但他内心并不情愿，因为他职务很低，到海外根本不能担任实职，更谈不上发展前途。他的打算是，如果一定要去，那么就到波多黎各的步兵团，那里距离美国本土很近，一旦有事，可以随时回来。

就在布莱德雷硬着头皮准备去海外服役之际，他得知与他关系不错的李奇微到佐治亚州本宁堡步兵学校去进修了。按说一个军官不到部队或海外服役一段时间，不能直接从一所军校到另一所军校去任职或进修。李奇微利用他在陆军部的关系，没有到部队服役，而是直接从西点军校去了本宁堡步兵学校深造。

布莱德雷顿时看到了一线希望，他马上找到李奇微，向对方说明自己的想法，并请求帮助。李奇微对布莱德雷很有好感，于是答应帮他试一试。在李奇微的帮助下，布莱德雷向陆军部提出了去本宁堡步兵学校学习的申请，不久便获得了批准，去本宁堡步兵学校进修高级军官的高等课程，时间为 1 年。

回想自己在西点军校任教的时光，布莱德雷感觉收获良多。跻身著名学府的教员队伍，使他不仅增长了才智，而且大大开阔了眼界，变得更加成熟。可以说，西点军校任教的经历，为他日后飞黄腾达打下了坚实的基础。

1924 年秋，布莱德雷如愿进入本宁堡步兵学校学习。本宁堡步兵学校建校时间并不长，但它的教学质量在美国军校中首屈一指，许多青年军官都希望来这里深造。创建初期，该校主要从事步枪教练，后来因为炮兵学校扩建，从俄克拉何马州西尔堡迁了过来，开始从多方面培养世界上最有军事素养的步兵军官，后来被誉为“美国步兵之家”。

这次与布莱德雷一起到本宁堡步兵学校进修的有 73 名军官，这些人的最低军衔是上尉，最高军衔是中校，其中有 23 人毕业于西点军校，48 人来自其他军校，还有 2 人是来自海军陆战队。来自西点军校的学员中有 3 人是布莱德雷的同班同学，还有他在西点军校任教时的老朋友马修・李奇微。更让布莱德雷感到惊喜的是，他在这里遇见了乔治・赖特堡第 14 步兵团第 3 营第 11 连的连长威尔伯・A. 麦克丹尼尔，他已经晋升为少校，也来本宁堡步兵学校学习。这次相见让他们都感到很高兴。后来，这 73 个人中出了很多将军，其中最有名的是布莱德雷、李奇微和马克・韦恩・克拉克。

当时本宁堡步兵学校正在大举扩建，住房十分紧张，只有资历深的人才能住营房，其余的人只能到附近的哥伦布自找住房。布莱德雷和玛丽租了一幢简陋的木屋，夏热冬冷，条件十分艰苦，不过，布莱德雷在本宁堡步兵学校学到了很多东西。

本宁堡步兵学校的教学质量很高，针对性也很强。因为从来没有参加过战争，加之离开部队已经有 5 年时间，刚到本宁堡步兵学校时，布莱德雷对新型的机枪、迫击炮、自动步枪和 37 毫米手枪都一无所知。因此，他入校后便开始认真学习这些武器的相关知识。学校还建立了专门的兵器科，并配备了相关教员来上课。经过一段时间的培训，学员们完全掌握了陆军的各种标准武器，成了合格军人。所有这些，为布莱德雷 5 年后重返本宁堡步兵学校执教，以及在重大的军事演习中表现出优秀的组织才能打下了基础。

一分耕耘一分收获。完成基础性的学习后，布莱德雷和其他进修人员一起，开始学习学校开设的运动战或野战课程等更高一级的战术学和战略学课程。这些是本宁堡步兵学校的重点课程。在西点军校任教时，布莱德雷便对运动战产生了浓厚的兴趣，来到本宁堡步兵学校后，他更是如鱼得水，充分发挥了自己的军事才能。为了配合野外教学，本宁堡步兵学校里驻扎着陆军第 24、第 29 步兵团。进修期间，布莱德雷大约 70% 的时间都在野外作业。他和步兵团、演练部队一起，进行从排到旅级规模的战术演练。

演练时常常会出现种种不可预料的情况，布莱德雷经常被告知："布莱德雷少校，敌人已经占领了某某山头，你带领一个连，迅速把它夺回来。"

由于经常进行演练，就像是一场实战一样，布莱德雷渐渐学会了将战术和地形、火力和机械巧妙地结合起来，熟练地组织指挥。

和平时期，军官要想晋升是件非常不容易的事情，竞争十分激烈。要想获得发展的机会，必须在学校里成绩突出。布莱德雷格外珍惜这次进修的机会，比平时更加勤奋努力，以期在将来有更好更多的晋升机会。

1925 年 5 月，布莱德雷进修期满，成绩在 73 位同学中名列第二。进修结束后，他心里明白，如果再找借口不去海外服役，于情于理都说不过去。因此，他主动申请到海外服役。不久，陆军部正式下达命令，安排他去夏威夷，时间为 3 年。

夏威夷是美国重要的军事基地之一。位于夏威夷州瓦胡岛的珍珠港，是太平洋海空交通枢纽和重要港口、美国太平洋舰队司令部所在地、美国海空主要军事基地。作为"太平洋的十字路口"，1898 年美国吞并夏威夷后，就一直在那里修建大型的海空军事基地。

布莱德雷在夏威夷服役期间，日本已经成长为一个地区性的军事强国，在太平洋地区步步紧逼。"一战"结束后，经国际联盟同意，日本侵占了加罗林群岛和马绍尔群岛，这使美国感到了日益逼近的威胁。在这种情况下，美国将日本视为潜在的敌人，并暗中制定了以日军为作战对手，代号为"橙色计划"的作战方案。设在夏威夷的珍珠港海军基地是"橙色计划"中的关键一环，更是反击日军进攻的主要基地。

是金子总会发光

到达夏威夷后，布莱德雷最初被安排在第 19 步兵团，过了一段时间，他被正式安排到第 27 步兵团，担任第 1 营营长。第 27 步兵团是美军驻夏威夷的主要步兵部队之一，共有 57 名军官和大约 1000 名士兵。他们的日常工作是按照级别进行战术训练。本宁堡步兵学校的正规学习，使布莱德雷掌握了各级战术训练知识，因此他在这里组织起训练来得心应手，经常获得上级的赞赏。

和平时期在夏威夷驻防无疑是件愉快的事情。布莱德雷每天只需工作半天，周末双休，这使他有了充足的休闲时间。每个星期，他有四五个下午去打高尔夫球，他还经常去游泳、郊游。有时他和玛丽一起开车到 50 公里之外的威克海滩欣赏地道的夏威夷音乐、观看迷人的草裙舞。

当时布莱德雷手下有 4 个精明能干的连长，他充分给予他们发挥自身才能的机会，让他们在自己的防区内进行野战训练。另外，他还制作了整个地区的大型沙盘，以便军官们熟悉当地的地形。

这一期间，布莱德雷还遇见了后来长期共事的乔治·巴顿。尽管他之前对巴顿知之甚少，但两人相遇后，他就非常肯定地断言巴顿是他“曾经见过的军人或老百姓之中最特殊的一个人”。

巴顿出身于富裕家庭，他的曾祖父曾担任弗吉尼亚州的官员，他的祖父是弗吉尼亚军事学院的毕业生，后来在指挥联邦军队的一个团进行战斗时不幸牺牲。之后，巴顿的父亲随母迁到加利福尼亚州，在政商两界都混得很不错，而且因为做葡萄酒生意发了一笔横财。巴顿的母亲也来自富豪之家。巴顿先后在弗吉尼亚军事学院、西点军校求学，毕业后当了一名骑兵。后来，他和一位波士顿商人的女儿结了婚，育有两女一子。两个家庭的强强联合，使巴顿成了美国陆军中最富有的军官。

墨西哥战争爆发后，巴顿随潘兴出征，给潘兴留下了良好的印象。第一次世界大战期间，当潘兴离开墨西哥赴法作战时，他让巴顿担任自己的随从副官。但巴顿一心想到前线去与敌人作战，于是，潘兴让他指挥一个步兵营，但巴顿并不满足，最后，潘兴让他去指挥一支初建的坦克部队。巴顿没有辜负潘兴的期望，在圣米耶尔和默兹－阿尔贡战役中，他率领的部队所向披靡，赢得了辉煌的胜利。战后，巴顿荣获铜十字英勇勋章和荣誉勋章。

在夏威夷，巴顿和布莱德雷同在一个师里服役，担任师里的情报处处长，同样是少校军衔。他们两家的住所离得很近，就隔着一条大街。不过，巴顿社交广泛，对马情有独钟，经常骑马、打马球，一副上流社会的公子派头；而布莱德雷并不喜欢过分广泛的交际生活，也很少骑马。因此，他们开始并没有什么来往。

有一天，巴顿决定组织一个飞靶射击队，他听说布莱德雷的射击水平不错，于是邀请他到射击队来试一试。布莱德雷对射击也很感兴趣。比赛那天，他一共打了 25 枪，除了开始两枪脱了靶，其余 23 枪全打中了。巴顿见他射击水平很高，心里很高兴，以赞赏的口吻说："你行!"

谁也没有料到，这段经历竟然开启了他们长期交往的历史。在后来的第二次世界大战中，他们在同一个战壕里无数次相见，并肩战斗，最终赢得了战争的胜利，为美国赢得了荣誉。

在第 27 步兵团第 1 营营长的位置上，布莱德雷干了一年多的时间。这是他早年军旅生涯中最充实、最有收获的一段时光，这里有宜人的气候、漂亮舒适的住宅以及良好的野战训练条件，所有的一切都很理想。

1926 年 5 月下旬，由于团长被调到师部，布莱德雷临时担任代理团长职务。这是一个具有实权的职务。就在他准备在团长的位置上大展身手时，6 月 9 日，他被调离第 27 步兵团，去主管国民警卫队夏威夷卫戍区的事务，为后备役和预备役军官训练队制定训练标准，同时负责国民警卫队的一些行政事务。

这项工作并不繁重，要求也不是很高。然而，布莱德雷对后勤方面的事情并不感兴趣，觉得干这种工作毫无前途，他喜欢在正规部队担任指挥员。在此之前，他本来打算任职期满后延长期限，继续在夏威夷服役。但是，现在在国民警卫队显然没有出路，所以，到 1928 年，他在夏威夷服役期满后，立即申请回国任职。

1928 年 4 月 8 日，布莱德雷接到了陆军部的命令，获准回国到堪萨斯州利文沃斯堡陆军指挥与参谋学校进修。这是一所供美国高级军官学习研究生课程的军事院校，一直是美国陆军军官的主要训练中心之一。利文沃斯堡陆军指挥与参谋学校在美国享有极高的声望，被誉为“未来将军的摇篮”。只要顺利通过考核，便很有可能当上将军。该校开设的课程分为两个级别：第一个级别是培训师级和军级课程，第二个级别是学习军、集团军或集团军群的后勤支援课程。

5 月 28 日，布莱德雷带着妻女搭乘陆军的“卡布瑞亚”号运输舰回国。因为他在夏威夷没有休过假，按规定有 3 个多月的假期，因此，他到莫伯利去探望了亲友。

9 月初，布莱德雷正式到利文沃斯陆军指挥与参谋学校报到，并住进了学员宿舍。随后，他开始了第一阶段的学习。当时大家都不甘落后，学员之间的竞争十分激烈，有些考分不高的学员甚至出现了精神分裂和自杀的现象。在入学第一天的大会上，校长直截了当地对他们说：“鉴于学员之间竞争激烈，以后学员的成绩和全班的名次都不会在年终进行公布。但是，学员的成绩将在毕业时被装进档案，作为晋升的重要依据。”

对此，布莱德雷感到压力很大，他专门找到以前在本宁堡步兵学校进修时认识的老朋友山蒂·切尔顿，了解有关情况及应对办法。切尔顿刚刚在利文沃斯堡陆军指挥与参谋学校进修完毕，他以过来人的身份劝告布莱德雷说：“别把事情看得太严重。晚上学到 10 点就睡觉，在课堂上头脑清醒，比通宵苦学而第二天昏昏欲睡要好得多。”

听了切尔顿的劝告，布莱德雷开始琢磨学习的窍门。经过反复考虑，他意识到良好的思维方法最为重要。当复杂的军事问题用一般的方法无法解决时，不妨去找一找不寻常的办法，反向思维往往更有效。就这样，布莱德雷在短短的时间内掌握了谋划战争、驾驭战争的基本能力，指挥才能有了很大提高。

为了提高学员的身体素质，校方规定每个星期要锻炼 2 个小时。这对布莱德雷来说并不难做到。这一期间，他经常去打高尔夫球，球技有了很大的进步。不过，就在这年冬天，他的牙齿出现了严重的问题。自从 17 岁那年滑冰摔倒，牙齿松动后，他的牙龈总是感染发炎。医生说，牙齿里带病毒的细菌可能会侵入心脏的瓣膜，从而引起致命的心脏病。因此，他在 35 岁那年拔掉了满口牙齿，全部换成假牙。

不管怎样，在利文沃斯堡陆军指挥与参谋学校的进修令布莱德雷获益匪浅，使他学会并掌握了一种更高水平的作战计划与指挥管理方法。

第四章　表现出色受赏识

结识福星马歇尔

从利文沃斯堡陆军指挥与参谋学校结业后，布莱德雷幸运地收到了两个邀请：一个来自他在夏威夷服役时的史密斯师长，史密斯已调任西点军校校长，他邀请布莱德雷到西点军校担任司库；另一个来自本宁堡步兵学校，邀请他去那里担任教员。经过认真思考，布莱德雷最终选择了本宁堡步兵学校。

布莱德雷没有想到，正是这个决定改变了他的一生。他承认，这个决定是他一生中做出的最无意识、最重要的决定，因为他幸运地走到了乔治·马歇尔这棵“大树”下。马歇尔拥有“伯乐”天赋世人皆知，可以说，布莱德雷无意中为自己铺就了光明大道。他曾经说：“我和马歇尔的接触开始于本宁堡步兵学校，在随后的40多年间，我与他断断续续地保持着联系。在我生命之河中，没有哪个人会像他那样对我产生如此大的影响。”

布莱德雷到本宁堡步兵学校任教时，马歇尔是主管校务部工作的助理校长。马歇尔出生于宾夕法尼亚州尤宁敦镇，曾在弗吉尼亚军事学院求学。第一次世界大战时，他赴法参战，就职于总司令部，在美国远征军总司令潘兴手下任职，并得到了潘兴的赏识。

1918年11月，第一次世界大战以德国战败而告终。潘兴成为美国和欧洲的英雄，马歇尔继续担任他的助手，并陪他在巴黎参加了一系列的庆祝活动。

1919 年 9 月 1 日，美军得胜回国，受到了美国人民的热烈欢迎，之后一切归于平静。马歇尔的战时临时上校军衔被取消了，继续当他的上尉。不过，他仍然在潘兴手下任职，不久便晋升为正式少校。对于这次晋升，他十分感慨，他已经当了整整 18 年的军官，现在还只是一名少校。

潘兴在 1921 年 8 月出任陆军参谋长后，马歇尔作为其首席助手，终于又升一级，领中校军衔。1924 年 7 月，在潘兴即将退休之际，马歇尔被派到中国天津，先后担任美军第 15 步兵团副团长、代理团长，因表现突出，受到了上司的一致好评。在这次驻外工作中，他发现手下的军官严重缺乏领兵作战的能力，由此产生了到本宁堡步兵学校任职的想法，以便亲自培养和发现有才能的青年军官。

1927 年 6 月，马歇尔被调回国内担任陆军军事学院的教员；同年 9 月，他的妻子因心脏病去世，这使时年 47 岁的马歇尔“成了美国陆军中最孤独的人”。不久，马歇尔被调到佐治亚州本宁堡步兵学校担任副校长，但军衔没有得到提升。当时马歇尔已年近五十，而美国也正处于经济大萧条时期，天空一片灰暗，他的军旅生涯似乎完全没有希望了。不可否认的是，马歇尔在本宁堡步兵学校任职的几年，成了他一生中最重要的时期之一，对美国陆军也具有十分重要的意义。

从外表上看，马歇尔态度严肃，冷漠孤僻，沉默寡言，审慎拘谨。他没有至亲好友，看到听到喝酒等愚蠢的行为、下流的故事和夫妻间不忠诚的丑闻时，总是眉头紧皱。当然，他的内心充满了激情，也很热爱生活。工作之余，他喜欢骑马、打猎、筹划露天演出和举行演奏会，召集下级军官和他们的妻子举行聚会，和相识的孩子们一起娱乐。曾任美国国务卿的艾奇逊[①]这样描述马歇尔：“他进入房间的一刹那，屋子里的每个人都会感觉到他的到来，这是一种惊人的感染力。

---

① 艾奇逊（1893—1971）：美国律师、法学家、政治家，民主党人，曾任助理国务卿、国务卿、总统顾问、民主党外交委员会主席。“冷战”时期美国外交政策的主要制定者之一。参与了杜鲁门政府的历次重大外交活动，在制订杜鲁门主义、马歇尔计划和建立北大西洋公约组织的过程中扮演了重要角色。

他的形象使他具有极大的魅力，他说话的声音低沉，抑扬顿挫，观点尖锐深刻，重点突出，令人由衷地感到敬佩。他总是镇定自若，有着一种自然的权威感。”

马歇尔担任本宁堡步兵学校的助理校长职务后，买了一个小黑皮本，他把这个小本称为“我的小黑本”，专门记载他认为比较杰出的军官的姓名。他一直保持着这一习惯，每到一处都要在本子上记一笔。

谁也没有想到这件不足为奇的小事，后来却变成了影响历史的大事，当马歇尔在第二次世界大战时期挑选集团军指挥官的时候，便经常查阅那个小黑皮本子。于是，这个小黑皮本上记载的军官们，陆续成为掌管盟军指挥大权的将领。实际上，马歇尔在本宁堡步兵学校时，也没有想到自己将来会成为美国陆军的头号人物，他当时之所以记录那个小本子，仅仅是为了“供将来参考”。

布莱德雷对这个小黑皮本的秘密毫不知情，更不知道自己的名字是什么时候进入这个小黑皮本的。第二次世界大战期间，当马歇尔选中布莱德雷担任要职的时候，布莱德雷一脸迷茫地说：“他（马歇尔）竟然记得我是本宁堡步兵学校来的，真是太令人吃惊了！”

1929 年 9 月，布莱德雷又回到了他熟悉的本宁堡步兵学校。此前他在这里学习高级课程时，学校正在扩建，现在已经竣工了。整个学校的环境有了很大改善，紧凑而大方，舒展而惬意，成了一座永久性的军营。布莱德雷还分到了一套宽敞的复式结构公寓，不过，由于 1929 年股市崩盘的影响，他不得不在经济上节约一些。

这时，马歇尔已经逐步对校务部工作进行了大胆改革，起用了几个才能出众的人担任系主任，其中，战术系主任为约瑟夫 · 史迪威[①]，后勤系主任为莫里森 · 斯特耶中校，兵器系主任为拉尔夫 · 金曼中校，军史和出版系主任为福雷斯特 · 哈丁。马歇尔认为，这几个人身上有着一个共同的特点，那就是为人坦率、眼光敏锐、善于分析、智谋过人，同

---

① 约瑟夫 · 史迪威（1883—1946）：美军四星上将。“二战”爆发后指挥部队在东南亚地区和中国战场与日军作战，历任中国战区参谋长、中缅印战区美军总司令、东南亚盟军司令部副司令、中国驻印军司令等职。

时具有高度的创造精神和强烈的改革欲望。

经过改革，本宁堡步兵学校的实战演习近乎完美。学校拥有了自己的坦克部队，还有施放烟幕的飞机，装备十分齐全，场面宏大的训练场几乎和实战一样。布莱德雷被分配在史迪威的战术系，负责教授高级军官的“营进攻”课程。布莱德雷个性和善、做事认真，很快就与史迪威建立了良好的个人关系。

史迪威赞同并支持马歇尔实行的一系列改革措施。布莱德雷认为，史迪威是“最富煽动性、最难相处和最有趣的人物之一”，也是本宁堡步兵学校实施革命性变革的“主要倡导者之一”。

本宁堡步兵学校的课堂改革打破了传统的教学模式，要求教员必须脱离讲稿给学员授课，讲课内容必须是即席演说，简洁明了。这种授课方式对布莱德雷来说并非易事，因为他从来不善于演说，当众说话让他感到紧张。上第一节课前，他进行了精心的准备，但还是觉得有所不足，于是，他把讲课的内容用大号字母写了几张卡片，放在脚下的地板上，偶尔看两眼。

所幸战术课的重点是野外演习，布莱德雷对此并不陌生。不过，他在本宁堡步兵学校进修时，演习都是按照书本上条例规定的标准方法进行，现在马歇尔对野外训练和演习也进行了改革，要求彻底废除那些拖沓、复杂的程序，鼓励学员大胆地进行独立、创造性的思考，尽量采用不同的方法来解决问题，以便适应战场形势的千变万化。马歇尔还经常亲自来到演习现场，故意制造混乱，加进一些意想不到的情况，这就大大增加了教员的教学难度。

此外，马歇尔和史迪威都大力提倡运动战，而运动战的关键在于行动敏捷、反应迅速。战场上的形势瞬息万变，营和营以下的分队根本没有时间向上级进行请示，等待具体的命令后再采取行动。所以，一旦战场形势有利于自己，指挥官应抓住机会马上采取行动；而在遇到意外的挫折时，则应随机应变，设法摆脱困境。至于请示报告的文书工作，可以事后补充。

为了搞好演习，每次演习之前，布莱德雷都要花几个周末的时间仔细勘察地形，做好充分的准备。由于他的精心准备，马歇尔在几次演习中都没有挑出什么问题，感到非常满意。

这一期间，布莱德雷一家在本宁堡生活得很愉快，居住环境良好，还请了一个厨艺很好的黑人保姆。不过，因为拔掉了全部牙齿，布莱德雷对谷物、小麦、海鲜和巧克力开始有过敏反应，只要吃了这些东西，马上会长出荨麻疹，脸也肿得厉害。

经过一段紧张而又充实的工作后，1930 年 6 月，布莱德雷得到了第一次休假的机会，回自己的母校西点军校参加同学聚会。

转眼毕业已经十几年，大家的脸上都或多或少地留下了岁月的痕迹。聚会时，大家的话题天马行空，从个人际遇聊到美国的经济危机，最后聚焦到了大家都很关心的陆军参谋长的人选问题，因为这关系到每一个人的前途和命运。

当时陆军参谋长查尔斯·萨默罗尔即将退休，麦克阿瑟成了这一职位的主要竞争者之一。麦克阿瑟是个极具争议性的人物，不少人反对他出任陆军参谋长，认为他太年轻，不适合出任这一职务，而且他在闹离婚。更重要的是，陆军的铁幕人物潘兴并不赏识麦克阿瑟。但胡佛①总统最终选择了麦克阿瑟。麦克阿瑟的上台，让潘兴的手下爱将如马歇尔等人几乎得不到发挥自身才能的机会，更别提得到晋升了。

不过，这些都不是布莱德雷需要操心的事情，现在的他只是个无足轻重的角色，对他来说，脚踏实地、好好工作才是最重要的。付出了总会有回报，因为布莱德雷在工作中表现出色，第一学年快要结束的时候，马歇尔任命他为兵器系主任。这是马歇尔第一次提拔布莱德雷。这样一来，布莱德雷成了马歇尔在本宁堡步兵学校的主要助手之一。

接到任命后，布莱德雷跟相处不错的系主任史迪威告别。史迪威鼓

---

① 胡佛（1874—1964）：美国第 31 任总统，曾任美国救济委员会主席、美国粮食总署署长、商务部部长。在总统任内，帮助恢复德国军事工业的实力，纵容日本侵略；在国内推行保护大资本家的“放任政策”，1932 年经济大危机时命令武装军警镇压失业工人和失业退伍军人的示威游行，造成美国历史上臭名昭著的“星期四血腥大屠杀”。

励他说："大胆地去担任新的职务吧，你是我见过的最优秀的人之一。"

大胆改革战术系

本宁堡步兵学校有一个传统惯例：每个学期开始时，战术、后勤、军史和出版三个系都要用一天的时间，简单介绍各系的教员和教学情况，以及每个系的教学打算。不过，兵器系通常不这么做，因为人们一般认为兵器对所有军官来说都是第二位的，不要求做详细说明，而且全是老式武器。在人们看来，射击并不是多么复杂难懂的技术。

在经历了不同形式的实战演习后，布莱德雷改变了以往对兵器系的看法。他在调查后发现，兵器也有许多可以展示的新东西，值得向全校人员做一次表演。于是，他直接找到马歇尔，表明了自己的想法。马歇尔同意分配给兵器系一个上午的时间，进行野外综合表演。为了让这次表演尽善尽美，布莱德雷亲力亲为，制订了详细的计划。他预定在表演当天，用大轿车将参观人员从一个靶场运到另一个靶场，然后在指定的4个小时内，向参观人员表演14个不同的项目。时间安排得十分紧凑，每个项目只有10分钟左右，还包括转移场地的时间。另外，他还安排操作每一个科目的武器专家回答大家提问。

表演当天，布莱德雷和系里的13名教员以及几十名士兵准备就绪。参观的教员们和马歇尔等登上大轿车，来到了表演现场。表演项目包括机枪的直接瞄准射击、37毫米野战炮的活动靶射击、迫击炮射击，以及其他步枪射击等。靶场上枪声四起，热火朝天。当参观人员乘车去下一个表演场地时，布莱德雷利用这个间隙对武器进行简要介绍。到达表演场地后，他给大家引见了刚刚介绍过武器的专业人员。最终，布莱德雷仅用两个半小时就完成了全部表演项目，时间衔接十分完美，引起了全体参观者的一阵阵喝彩声。

马歇尔兴奋地跳下轿车，满面笑容地说："布莱德雷，这是我看过的最好的一次表演。我要求你为本宁堡步兵学校的每一届学员都表演一次。"从马歇尔的话可以看出，他很欣赏布莱德雷的组织才能和有条不紊的工作作风。

这次表演之后，布莱德雷又做了一件令马歇尔非常满意的事情。在一次飞靶射击活动中，布莱德雷注意到了一位名叫沃尔特·比德尔·史密斯[①]的高年级学员。史密斯才华出众，技艺超群，非常引人注目。在飞靶射击中，布莱德雷仔细观察了史密斯的一举一动，发现史密斯很像史迪威，才思敏捷，善于分析问题，头脑非常冷静；但他有些妄自尊大，有时又坦率得令人惊讶。经过一段时间的了解，布莱德雷觉得史密斯为人真诚、心地善良，而且富有幽默感。

布莱德雷断言，史密斯将成为一名优秀的教员。他满怀信心地向行政处提出报告，请求将史密斯留在兵器系任教。当时，马歇尔经常在事先没有通知的情况下，悄悄地到各个教室去查课。一天，史密斯正聚精会神地在班里作专题发言，碰巧马歇尔来查课，他那精彩的演说、清晰的思路深深地吸引了马歇尔。

马歇尔一回到办公室，就对布莱德雷说："咱们这里将来会有一个学员成为出色的教员，我敢断定还没有人要求留下他。"

"您指的是史密斯?"布莱德雷不假思索地脱口而出。

马歇尔愣了一下，没有再说什么，等布莱德雷走后，他开始翻阅文件，突然发现布莱德雷已经写过要求留史密斯在兵器系任教的报告。他终于明白布莱德雷在自己之前便发现了史密斯的才能，两人的想法可谓不谋而合。这件事更加深了马歇尔对布莱德雷的印象。他相信布莱德雷是个可用之人，将来一定可以承担更重要的职务。

1930 年 10 月中旬，马歇尔再婚了，他的新婚妻子叫凯瑟琳·博伊斯·塔珀·布朗，曾经是一个很有抱负的女演员，与前夫生有 3 个子女。马歇尔在一位朋友家中遇见她后，很快便坠入情网无法自拔。

新婚后，马歇尔夫妇参加了许多社交活动。马歇尔夫人待人亲切和蔼，极富个人魅力。大家都为马歇尔的选择由衷地高兴，同时也期盼着

---

① 沃尔特·比德尔·史密斯（1895—1961）：美国陆军上将。"二战"期间担任欧洲战场美国陆军参谋长，参加北非战役，并任北非盟军参谋长。战后历任驻苏联大使、第 1 集团军司令、美国中央情报局局长。

马歇尔再婚后能够变得有人情味一些。但大家显然要失望了，马歇尔依然保持着以往的冷漠态度，离群索居。新婚的喜悦过去之后，他和妻子便基本没有在社交场合露过面。

生活难免会有一些遗憾，但到目前为止，布莱德雷的生活和事业都还算顺利。他的家庭和睦、温馨，女儿伊丽莎白已经 7 岁，非常活泼可爱。也许一切都太圆满了，就在布莱德雷尽情地享受生活的美好时，传来了一个不幸的消息。

1931 年 5 月初，布莱德雷收到了继父从莫伯利写来的信，说他的母亲得了中风，而且病情严重。5 月 22 日，布莱德雷向学校请了 10 天假，匆匆赶回莫伯利探望。看着被中风折磨的母亲，他心里十分难过，以往和母亲一起经受的种种苦难一一涌上心头。此时此刻，他只能尽心尽力地照顾母亲。6 月 2 日，假期结束了，他强忍悲痛告别母亲，回了学校。6 月 23 日，他的母亲再次中风，并且再也没有醒过来，之后她和布莱德雷的父亲及其早年夭折的小弟弟葬在了一起。因为工作繁忙，布莱德雷没有回家奔丧。

在本宁堡步兵学校任教的 4 年中，布莱德雷参加了马歇尔的改革活动，成了马歇尔最有力的支持者和最赏识的人物之一。他们思想相近、作风相承，建立起了牢固的友谊，一起对本宁堡步兵学校的改革做出了不可磨灭的贡献。更为重要的是，在这 4 年当中，布莱德雷恢复并巩固了与许多步兵军官的友谊，比如史迪威、史密斯、柯林斯、李奇微、哈丁等人。这些人在第二次世界大战以及后来美国所经历的战争中，都成了杰出的军事指挥官。可以说，正是因为有了马歇尔的赏识和提携，以及柯林斯、李奇微等战友的辅佐，布莱德雷才能在日后所向无敌。

曾经有人戏称，马歇尔任职的本宁堡步兵学校是“为第二次世界大战的将军们办的幼儿园”。根据后来的统计，马歇尔在本宁堡步兵学校主持工作期间，包括布莱德雷等人，他的属下以及学员有 200 多人在第二次世界大战中成了将军。而布莱德雷显然是这些将军中的佼佼者。

1932 年，马歇尔离开本宁堡步兵学校，被调到佐治亚州萨凡纳附近的斯克雷文堡，担任一个步兵营的营长。不久，他又在陆军参谋长麦克阿瑟的推荐下，成为驻芝加哥的伊利诺伊州国民警卫队的高级教官。麦克阿瑟在推荐信中写了这样一句话：“在步兵上校中，他没有什么突出的才能。”

这一任命，意味着马歇尔不可能再得到晋升的机会，他对于离开美国正规陆军感到十分绝望。因此，他不顾后果，直接找到麦克阿瑟，要求他重新考虑此事。与此同时，他还请老上司潘兴出面说情。潘兴也认为这一调动对马歇尔不公平，于是亲自给麦克阿瑟打电话，要求将马歇尔提升为准将。但麦克阿瑟丝毫不给潘兴面子，坚决拒绝收回任命，并信誓旦旦地向马歇尔保证，伊利诺伊州国民警卫队面临着许多问题，对于陆军来说，解决这些问题意义重大，而这也将使马歇尔成为一个极为关键的人物。

麦克阿瑟之所以这样做，也许是因为他和潘兴的关系一向不是很好，而马歇尔被认为是“潘兴的人”。所以，马歇尔除了感叹自己运气不好之外，也别无他法，只得乖乖服从命令。

马歇尔离开后，布莱德雷觉得在本宁堡步兵学校继续待下去也没有多大意义，因此，任职期满后，他主动提出调往其他部门。不过，他不想去基层部队，仍然希望去院校工作。陆军几个比较重要的学校，西点军校、本宁堡步兵学校和利文沃斯堡陆军指挥与参谋学校他都去过了，唯一没有去的是陆军军事学院。

陆军军事学院是陆军的最高学府，是埃利胡·路特为了给总参谋部提供各种作战方案和研究成果而创建的。从某种意义上说，它是专门为陆军参谋部培养人才的。但它也有一个弊端，从那里毕业的学员，最好的出路无非是在统帅机关或野战部队担任高级参谋军官，而不能担任实际的指挥官。所以，很多人不愿去陆军军事学院。当布莱德雷把自己的想法告诉史迪威后，史迪威也用一种鄙视的口吻说：“布莱德雷，你为什么要进学校而不去部队？”他的言外之意是希望布莱德雷摆脱参谋工作，到部队里担任主官，将来才有指挥部队作战的机会。

布莱德雷听了史迪威的话，觉得很有道理。马歇尔在法国时屈尊当参谋，不能在前线直接指挥部队作战，部分原因就是因为他在利文沃斯堡陆军指挥与参谋学校接受参谋教育的时间过长，结果被认为只擅长参谋业务。

但布莱德雷一时又找不到更合适的地方，他左右为难，拿不定主意。最后，他决定找好友福雷斯特·哈丁谈谈。哈丁不同意史迪威的看法，认为上陆军军事学院深造，选择统帅机关并非坏事，他本人也在申请去陆军军事学院深造。

哈丁的一番话给了布莱德雷很大的鼓舞，经过反复思量，他决定做一个战略级的军官，而选择陆军军事学院将是一个良好的开端和光荣的经历，等到战争爆发，他再申请到部队任职也不迟。他递交入学申请后很快就得到了批准，获得了到陆军军事学院深造一年的机会。

这年暑假，布莱德雷本来打算和玛丽一起回莫伯利，但新任总统富兰克林·罗斯福①说服国会成立民防团，号召无业青年参加植树造林，防止水土流失，以安排人员就业，并使国防复苏自强。陆军虽然很不情愿接受这项任务，但仍然出色地执行了这项计划。这样一来，一切假期都被取消了。报名参加民防团的大约有 30 万人，本宁堡成了民防团活动的中心，布莱德雷负责指挥 6 个黑人连队。这是一次很好的锻炼，还使陆军渡过了财政预算危机。罗斯福和国会打算砍掉 33% 的陆军预算，经麦克阿瑟一再强调陆军在民防团计划中的重要作用，最后砍掉了 11%。尽管如此，新飞机、新坦克和新武器的发展不得不中止了，部队的训练经费也被大幅削减。另外，所有军人每年都必须休一个月的无薪假期，而且月薪也要下调，布莱德雷的月薪被降为 290 美元。值得庆幸的是，他们的住房、医药等诸多福利待遇得到了保留。

1933 年秋，布莱德雷依依不舍地离开本宁堡，前往位于华盛顿的陆军军事学院。

陆军军事学院坐落在华盛顿波托马克河畔林木葱郁的汉弗莱斯堡（后改为麦克奈尔堡），它不同于其他军事院校，不从事专门的教学，

---

① 富兰克林·罗斯福（1882—1945）：美国第 32 任总统，美国历史上唯一连任超过 2 届的总统（连任 4 届，病逝于第 4 届任期中），美国迄今为止在任时间最长的总统。

而更像高级的研究生院或智囊机构。

学校里没有学员公寓，布莱德雷和玛丽只得在学校附近租了一套公寓。他所在的班级共有 84 名学员，来自全军各个部队和院校。开学后，全班每 6 个人分成一组。学校的教学方法很特别，给每个小组提出不同的研究内容，具体的课题名称由小组自己确定。然后，每个小组根据校方提出的研究内容，准备和收集相关资料，等掌握足够的资料后，便向全班正式论述自己的研究课题，请全班进行评议。研究课题一经同意，小组成员就要开始准备论文，多方搜寻资料，拜访政府及工业、学术界的专家，去听各种主题的演讲。

学校的各种测试不计入成绩，学员在学习期间也不排列名次。学员和教员之间没有多少差别，大家总是平等地发表意见，探讨有关问题。因为陆军军事学院已经不再向陆军参谋部提供作战计划，所以也不允许学员接触参谋部拟订的作战计划，学员们只好在广泛而又虚构的背景和理论上制订作战计划，对时局发表看法。但从另一方面来看，学校提倡研究性的探讨，大大开阔了学员们的眼界。

布莱德雷及其他学员就世界形势和军队作战进行了广泛而深入的探讨，进一步提高了从战略高度看待问题的能力，为即将到来的第二次世界大战的指挥思想的变革做好了准备。

当时，陆军军事学院并不强调体育活动，只允许学员在中午进行运动。布莱德雷参加了棒球队，经常在午间打球。他还利用闲暇时间，悠然自得地参观了国会大厦、华盛顿纪念碑、阿灵顿国家公墓等名胜古迹。

这一年，布莱德雷的女儿伊丽莎白 10 岁了，就读于陆军军事学院附近的公立学校。她聪明伶俐，认真好学，使布莱德雷夫妇省了不少心。由于学业优秀，她还跳级了，这让布莱德雷十分高兴。

1934 年 2 月 6 日，布莱德雷和其他学员一起，受邀参加了在白宫举行的一个高级军官招待会。招待会规模盛大，有很多社会名流参加，当人们簇拥着罗斯福总统夫妇来到现场时，全场掌声雷动。这是布莱德雷第一次近距离见到罗斯福总统。作为一名军官，他虽然从不过问政治，但时刻关心着国家的前途和命运。他赞成罗斯福总统的大部分新政策，认为国家采取措施适当照顾工人、农民等社会底层人员是正确的，是得民心的。

不过，布莱德雷对罗斯福偏爱海军则有一点小小的不满，这可能是因为罗斯福曾经在海军待过。因此，他在削减陆军预算的同时，又颁布了一个新的海军造舰计划，这样一来，海军的舰艇在大萧条时期越造越大，而陆军几乎没有什么发展。

1934 年春，布莱德雷在陆军军事学院的进修即将结束，又一次面临选择。当时，他可以到部队任职，也可以到军校任教员。他在西点军校的老同事巴克纳上校在西点军校担任学员团团长，邀请布莱德雷去西点军校的战术系任高级教员。

西点军校的战术系对外是保密的，有军校“部队”的称号，教授的课程与野战部队的训练内容完全一致。因此，如果能在西点军校战术系任职，便可以得到野战部队的类似锻炼。布莱德雷权衡再三，最终选择了西点军校。

1920 年至 1924 年，布莱德雷曾经在西点军校的数学系担任教员。到现在，他离开西点军校已将近 10 年，西点军校发生了巨大的变化：新盖了几座宏伟的教学楼和学员楼，学员食堂得到了改善，体育设施比较完备，还新建了一个滑冰场。为了方便教员生活，又建了一所专供军人子女上学的附属学校。另外还有一些新的建筑正在兴建。西点军校正在蓬勃发展之中。

可以说，西点军校见证了布莱德雷的初始军事生涯，他曾在这里度过最宝贵的学生时代，迈开从军的脚步。这是他第三次踏进西点军校的大门，他对这里的一切都感到那么熟悉、那么亲切，就好像又回到了家里。按照资历，布莱德雷在西点军校任教还可以分到一套漂亮的住房。这让玛丽十分高兴。

现任西点军校校长是威廉·德沃德·康纳少校。学校的气氛相对开放，不再像以前那样保守。当然，相对于整个社会而言，西点军校仍然不能完全消除保守的烙印，教学内容仍以工程技术为主。不过，课程的设置比布莱德雷当学员时要广泛得多，与现实世界的联系也更加密切。

战术系的任务是培养“军人的素质、士兵的勇气”，以“严明的纪律、高雅的举止”养成军人的气质，把学员训练成体格健壮、思维敏捷的战场指挥官。每个学员都要掌握各种战术原则和理论，学会调动士兵的总体实力，掌握作战的主动权。战术系传授的内容主要包括武器常识、小分队机动演习等基础课程，这些课一般在课堂、训练场和演习场进行。布莱德雷负责介绍机枪、迫击炮、火炮等武器知识，他以丰富的经验、娴熟的技艺帮助学员熟练掌握这些武器的用法。与此同时，他在教学中也很注意制作大沙盘，以帮助学员熟悉地形，将地形与战术运用有机地结合起来。

1936 年 7 月，也就是布莱德雷到西点一年以后，当了 12 年少校的他终于晋升为中校，之后仍然负责战术系的训练工作。

接手战术系的训练工作后，布莱德雷进行了大胆的改革创新。他采用本宁堡步兵学校的教学经验，废除了照搬书本的教学方式，取消严格监督学员的做法，给予学员更多的行动自由和发挥余地，培养学员自己解决实际问题的能力。而他广博的知识和生动的教学方法，也赢得了学员们的尊敬和喜爱。

有一次，当一年级新生整好行装，准备去参加野营训练的时候，系里的一位军官给布莱德雷送来了一份精心制订的行动计划，详细说明每个连的战术军官应如何监督学员搭建和拆除营地设施、帐篷等物件。布莱德雷合上计划书，郑重其事地对那个军官说：“不，营地里一名军官也不要，把这事交给学员去做。你们在事后检查一下就可以了，看他们做得对不对。让他们学会自己管理自己。”布莱德雷正是以这种方式来培养学员们独立作战的能力。

正如布莱德雷预料的那样，全体学员都出色地完成了任务，比军官在身边监督做得还要好。由此可见，这种新式训练更有利于学员们挖掘自身潜能。

布莱德雷这次在西点军校任教，大约有 1100 名学员从他的班级毕业，后来，这些学员大都成为第二次世界大战和朝鲜战争中的初级军官。1936 级的上尉学员威斯特摩兰回忆道：

“对于指挥员来说，最重要的是先发制人，这是行动的基本原则。在我当学员期间，一位战术教员将这一点的必要性深深铭刻在我的脑海里。他是一位性格文静的中校，善良友好，授课时循循善诱，诲人不倦，后来成了全国为数不多的五星上将之一。他就是奥马尔·布莱德雷。

“在夏季的军事训练中，我负责指挥一个营，保卫一个山头。由于指挥失误，这个山头被‘敌人’占领了。学员们继续演练时，演习裁判布莱德雷少校骑马来到公路边等我。我策马来到他身边。‘你现在回过头去，以敌人的角度观察一下那座山。’他说。我按他说的做了，并发现‘敌人’其实是通过一条隐蔽的路线发起进攻，而我没有安排兵力守好这条路线。最后，布莱德雷判定对方获胜，他说：‘这是战争的基础，一定要学会站在敌人的角度考虑问题。’”

布莱德雷来到西点军校的第二年，巴克纳的学员团团长职务由邓尼斯·麦康尼夫接任，因此，布莱德雷是在麦康尼夫的直接领导下负责战术系的训练工作。1937 年至 1938 年是布莱德雷在西点军校任职的最后一年，当时麦康尼夫的 4 年任职期满，按照惯例，布莱德雷可以升任学员团团长。但是，因为这一职位具有较强的政治色彩，新任校长选择了自己的亲信、布莱德雷的同学多克·赖德来担任，并晋升多克为中校。

大家都为布莱德雷感到不平，但布莱德雷却不太在意，乐于当“二把手”。为了安抚大家的情绪，他说，多克年轻有为、精力充沛，而且他在法国作战时虽然负了伤，但仍然坚持作战，至今背上仍留有弹片，由他出任学员团团长是再合适不过的了。这件事充分表现了布莱德雷宽厚仁慈、处事公允、善于忍让的性格特点。

后来，有些作家形容布莱德雷“有学者风度”，这也难怪，他在南达科他州布鲁金斯、本宁堡步兵学校、西点军校任教长达 13 年。也就是说，在他军旅生涯的前 23 年中，有一半的时间是在当教员。这些经历使他掌握了扎实的专业知识。

走进参谋部的大门

1938 年春，麦克阿瑟的陆军参谋长一职任期已满，被压制多时的马歇尔终于迎来了事业的春天，被调到参谋部担任作战计划部部长。这标志着他带兵职务的结束，步入了美军高层领导集团。这个时候，布莱德雷在西点任职也已期满，又一次面临选择。尽管他从来没有在参谋部工作过，但他的上司们都认为他很适合这项工作。而马歇尔也一直很欣赏布莱德雷。1938 年 6 月，在马歇尔的帮助下，布莱德雷被调到了参谋部人事部，如愿以偿地走进了陆军参谋部的大门。

在过去十几年，不管是深造、进修，还是担任教员，布莱德雷都没有介入过政治，但是陆军人事部的工作与政治息息相关。布莱德雷为此十分忐忑，他怀着不安的心情带着妻女来到华盛顿，租了一栋砖木结构的二层楼房，开始了全新的工作和生活。

此时，世界局势进一步恶化，美国加紧了战争准备。1937 年罗斯福连任总统成功，他批准了美国陆军逐渐扩编的计划。当年美国陆军的总人数增加到 17. 8 万人，第二年增加至 18. 5 万人。随着陆军规模的一再扩编，很多长期以来被忽视的问题也暴露出来。人事部的工作任务逐渐繁重起来，人事部部长洛伦佐・加塞将军正在修订计划，准备将陆军的总人数再扩充 4 万。布莱德雷成了加塞的主要助手之一。

这一期间，布莱德雷按照参谋部的要求，草拟了一份有关提高部队战斗力和增加预算费用的新国会立法建议，涉及上百项相关事宜。在高级机关工作，使布莱德雷学到了许多整理、处理文件的方法和技巧，大大提高了自身的专业素养。

在布莱德雷努力适应陆军参谋部工作的同时，世界局势继续发生变化。

1938 年 3 月，德国吞并奥地利，英、法推行绥靖政策，在一定程度上助长了法西斯主义的嚣张气焰。9 月，德国与意大利结为同盟，随即向捷克斯洛伐克提出要求政治接管，要求捷克斯洛伐克将苏台德地区划归德国。英国首相亚瑟·内维尔·张伯伦[①]和法国总理爱德华·达拉第[②]不仅同意了希特勒的无理要求，还劝说捷克斯洛伐克政府屈从于希特勒。张伯伦认为，此举带来了“我们时代的和平”。

在远东，日本继“七七”事变后加紧了在中国的侵略步伐，占领了中国东北三省100多万平方公里的国土，相当于日本本土面积的3倍。之后，日本继续北上的计划受到了严重挫折，于是将侵略计划调整为北上南进。南进的主要目的是夺取包括东南亚在内的亚太地区资源，最重要的是石油、钢铁、橡胶等。菲律宾刚好在日本南下的路线上，这预示着将发生一场无法避免的战争。

对于英、法的绥靖政策，罗斯福总统深为忧虑，频繁地与他的主要军事顾问交换意见。他们最担忧的是德国迅速发展壮大的空军力量。为此，罗斯福下令将美国飞机的年产量增加到2.4万架。当然，由于这种“一边倒”的要求受到责难，后来也被推迟了。但是，这也反映了一个事实，以空军、海军为主的军队集结已经迫在眉睫，军事动员工作的序幕已经拉开了。

陆军人事部的人手本来就不够，布莱德雷等人被日常的文案工作压得几乎喘不过气来。马歇尔和陆军参谋长马林·克雷格要求他们有问必答，还要起草向国会提交的兵力和军费报告，并处理没完没了的有关事务。

与此同时，陆军参谋部还面临着一场人事风波。当时，陆军部部长哈里·伍德林和助理部长路易斯·约翰逊[③]之间有着很大的矛盾。伍德林曾任堪萨斯州州长，是鸽派[④]孤立主义者；约翰逊则是鹰派分子，他

---

① 亚瑟·内维尔·张伯伦（1869—1940）：英国政治家，1937—1940年任英国首相。因在“二战”前夕对纳粹德国实行绥靖政策而备受谴责。

② 爱德华·达拉第（1884—1970）：法国政治家、总理，激进社会党领袖。1938年代表法国和希特勒签署《慕尼黑协定》。1940年被维希政府逮捕，1945年释放后任国民议会议员。

③ 路易斯·约翰逊（1891—1966）：“二战”前夕出任陆军部部长助理，反对孤立主义，主张修改中立法案。曾制订扩充美国空军的计划。战后接替自杀的詹姆斯·福雷斯特尔任杜鲁门政府的国防部部长。

④ 鸽派：一个广泛用于政治领域的名词，用以形容主张采取柔性温和的态度及手段处理外交、军事等问题的人士、团体或势力。反义词为“鹰派”。

是律师出身，脾气暴躁，野心勃勃，而且有强大的后台。陆军参谋长克雷格夹在他们中间，十分为难，勉强维持着陆军部的正常运转。

1939 年 4 月，在克雷格任职到期前夕，陆军参谋长的下一任人选成了最紧迫、最敏感的话题，华盛顿盛传罗斯福总统正在广泛物色克雷格的接班人。在美国陆军中，几乎没有人认为马歇尔会有中选的可能，因为他在陆军部工作的时间并不长，而且他的上面还有 21 名少将和 11 名准将，因此，马歇尔要中选，还得超过 32 位将军。不过，马歇尔也有自己的优势，他的品德、才能、经验，尤其是在军事战略与谋略方面并不比任何将军逊色。他到陆军部工作的时间虽然不长，但表现得稳健而出色。1939 年年初，作为陆军副参谋长的任务之一，马歇尔负责落实罗斯福总统制造飞机的计划，同时为陆军增加人员和武器争取更多的拨款。结果，他干得相当不错，并得到了负责此项工作的商业部部长哈里·霍普金斯①的赏识。

4 月 27 日，罗斯福总统经过多方考虑，决定任命马歇尔为陆军参谋长。这样一来，马歇尔从准将一跃而升为临时四星上将，也成为第二位没有进过西点军校而担任陆军参谋长的人。这让布莱德雷万分欣喜。此前，他和其他人一样，对马歇尔能否担任参谋长抱有怀疑态度，原因是马歇尔一直反对罗斯福总统片面发展飞机生产的做法，同时外界也盛传马歇尔身体欠佳。

现在一切尘埃落定。7 月 1 日，马歇尔正式执掌了陆军参谋部的大印。出任陆军参谋长一周后，马歇尔在办公楼的楼道里遇见加塞，坦诚地对他说："请原谅，你那里有一个我想要的人。"

"我想你指的是布莱德雷！"加塞微笑地看着马歇尔说。

"正是！"马歇尔一点也不含糊。

随后，布莱德雷怀着紧张而又兴奋的心情，搬到了马歇尔办公室的外间。马歇尔很喜欢有独创性的人，从来不向部属交代调动的原因。对

---

① 哈里·霍普金斯（1890—1946）：美国政治家，民主党人，曾任美国商务部部长。"二战"期间担任罗斯福的首席外交顾问，参与和英国、苏联之间的所有重大战略决策，实际上是白宫的第二号人物，有"影子总统"之称。

布莱德雷来说，这次调动极其富有挑战性，只有干好本职工作，得到马歇尔的赏识，他才可能在将来日益扩充的陆军中有个美好前程。

接手陆军参谋长的工作后，马歇尔虽然感到步履艰难，但是仍然竭尽全力推动参谋部快速运转。首先，他精简了部一级编制，代之以严谨、有效的参谋班子，这个班子也称作“秘书处”；其次，提拔加塞为副参谋长，处理75%的例行公务。他本人则集中精力处理兵力动员和有关重新装备部队等迫在眉睫的问题。

秘书处的主要负责人是奥兰多·沃德上校。沃德是西点军校1914届毕业生，与布莱德雷是老相识。他曾随潘兴将军赴法参战，是一位坦克专家。沃德手下有一个名叫斯坦利·R.米克尔森的高炮专家，曾在利文沃斯堡陆军指挥与参谋学校、陆军军事学院深造，也是一位统计能手。沃德的另一位助手就是布莱德雷。

沃德的正式职务是参谋部秘书，布莱德雷和米克尔森则是助理秘书。他们的任务是接收流水般的文件、研究报告，经处理后再决定是呈给马歇尔还是加塞批阅。有许多文件，经处理后打印在一张纸上送给马歇尔，而对每天的决策和行动只进行口头汇报，以便马歇尔了解全局。在工作上，他们的分工并不明确，可以相互替换。

布莱德雷虽然在本宁堡步兵学校时就与马歇尔很熟，但是他总感觉马歇尔有些令人敬畏。马歇尔平日沉默寡言，喜欢挑剔，经常因为手下人的失误而生气地独自走开，令场面十分尴尬。每逢这时，布莱德雷等人谁也不敢吭声。布莱德雷到秘书处一周后，马歇尔将他们三人叫到办公室，说：“我对你们都很失望！”

他们三人大吃一惊，不知道马歇尔为什么这样说，因为他们谁也没有犯错。他们你看看我，我看看你，半天没有说话。最后，沃德鼓起勇气，结结巴巴地问道：“为什么，先生？”

“你们对我一周来做的所有事情都毫无异议！”

布莱德雷似乎听出了弦外之音，他明白马歇尔的意思，于是站出来为大家辩护：“这一周来，我们确实没有什么不同看法，要是有的话，我们肯定会提出来。”

马歇尔希望自己的助手能放手工作，提出独到的见解，哪怕是反对意见也好。马歇尔认为，只有不断地提出问题，才能让自己变得更完美一些。几天后，参谋部送来了一份研究报告，报告中存在明显的问题。布莱德雷经过谨慎研究，向马歇尔作了汇报。

“好！这才是我想要的东西。要是你们对我将要采取的行动不提赞成或反对意见，我就难以验证我做得是否正确。假如我听到了全部意见或争论，仍然感到我的决定是可取的，我将不顾一切地去实施。”马歇尔说完，对布莱德雷报以满意的微笑，一种罕见的赞赏他人的微笑。布莱德雷不由得心花怒放。

其实，秘书处的三个人每天都被文件压得喘不过气来，经常是独自处理，根本没有时间讨论给马歇尔送的材料对错与否。一天，米克尔森向马歇尔汇报情况，内容是布莱德雷不太了解的一份材料。马歇尔听完汇报，突然转身问道：“布莱德雷，你有什么想法？”

“我不喜欢这样的事情，先生！”布莱德雷的回答让屋里鸦雀无声，大家都不知道马歇尔会有什么反应。三人屏住呼吸，听候发落。“我也不喜欢！”马歇尔肯定了布莱德雷的判断。

在秘书处，三位秘书需要经常起草电文，由马歇尔签发。沃德和米克尔森的文字能力并不比布莱德雷强，而布莱德雷也不是合格的主笔人。他向来擅长数学，英语水平较差，在西点军校上学期间，他的英语成绩就拖了后腿。布莱德雷一生舞文弄墨的时候极少，就连晚年写回忆录也是请人代笔。因此，马歇尔对他们撰写的电文经常不太满意，往往要重新改动后再发出去。布莱德雷为此十分羞愧，决定向马歇尔推荐本宁堡步兵学校那位朝气蓬勃、文思敏捷的史密斯。

布莱德雷产生了这一想法后，小心谨慎地向马歇尔说明了调用史密斯的理由。没想到当年颇为赏识史密斯的马歇尔，已经全然不记得史密斯的名字，他反问道：“史密斯！我怎么不认识他？”

布莱德雷只好帮马歇尔回忆往事，叙述了史密斯的特长及当年在本宁堡步兵学校发生的事情。马歇尔一直很信任布莱德雷，于是答应让史密斯到参谋部来工作，专门负责联络白宫和财政部等事务。

布莱德雷越来越受到马歇尔的信任。很多时候，马歇尔都让布莱德雷独自做决定。一天下班前夕，马歇尔把一位少校的履历表交给布莱德雷。这位少校曾经得到过马歇尔的赏识，马歇尔这次想提携他："要是不违反陆军的规定，我想让这个人上陆军军事学院。但要研究一下他的履历，这件事由你来做决定。"

在那个雷雨交加的夜晚，布莱德雷仔细研究了这个少校的履历，认为他根本不适合去上陆军军事学院。但是，对于马歇尔"内定"并签过字的人，他又不好反驳。这让他十分苦恼，夜里还做了噩梦。他要么违背良心让那位少校去陆军军事学院深造，要么冒着得罪马歇尔的危险阻止这件事。

第二天早上，布莱德雷来到马歇尔的办公室，对马歇尔说："先生，我已经研究过此人的履历，建议不要派他去陆军军事学院进修。"

马歇尔听了脸色一沉，用灰蓝色的眼睛盯着布莱德雷说："谁让你到这里提建议的?"

听了马歇尔的训斥，布莱德雷脑子里嗡的一声，顿时满脸通红。没等他反应过来，马歇尔又开口道："难道我没有说过由你来决定吗?"

布莱德雷如释重负，他迟疑片刻，大声对马歇尔说："是！先生，他不能去!"

可以说，每处理一件事，都使布莱德雷对马歇尔有了新的了解。同时，他每处理一件事，也会使马歇尔对他多一分信任。因为布莱德雷总是站在真理一边去办事，从来不会为了阿谀奉承马歇尔而违背做人的基本原则。

第五章　战云密布望参战

不可一世的希特勒

布莱德雷在马歇尔的秘书处任职还不到两个月，1939 年 8 月 23 日，希特勒与斯大林签订了《苏德互不侵犯条约》。9 月 1 日，希特勒派兵入侵波兰，苏联军队则从东边开进波兰。英、法被迫对德宣战。此时，美国陆军大部分人都相信法国能抵挡住德国的进攻，马其诺防线[①]坚不可摧。英国匆忙中派出一支远征军参战，第二次世界大战在欧洲爆发了！

很快，纳粹德国的铁蹄踏遍了波兰。9 月 8 日，罗斯福闪烁其词地宣布美国进入“有限的”紧急状态，但对外仍宣称严守“中立”。陆军不会参战，因而正规陆军只增加到 22.7 万人，国民警卫队增加到 23.5 万人。

1939 年秋，美国陆军部开始确定 1940 年的预算。这对陆军来说是一个绝好的扩张机会。但是，孤立主义势力也十分强大，国会的争论异常激烈。罗斯福对陆军步兵仍然不太感兴趣，继续慷慨地支持海军和陆军航空队的发展。

在陆军部，助理部长约翰逊与部长伍德林之间的矛盾已经白热化。约翰逊忙于攻击伍德林，美化自己。马歇尔小心谨慎地推行着陆军预

---

① 马其诺防线：法国在第一次世界大战后，为防止德军入侵而在其东北边境构筑的防御工事。造价 50 亿法郎，防线主体有数百公里，主要部分在法国东部的蒂永维尔。

1939 年 8 月 23 日，里宾特洛甫和斯大林在莫斯科签署《苏德互不侵犯条约》

算。布莱德雷等人则忙于处理文件，整理和分析材料，给马歇尔提供可行的报告。

马歇尔预计，希特勒将于 1939 年冬天后在欧洲采取下一步行动。而罗斯福总统和国会只有在希特勒采取行动后，才会同意进一步扩编陆军。他最终确定的预算金额为 8.53 亿美元。马歇尔坦率地对议员们说，预算经费其实并不够用，但他也不打算追加预算，只是希望国会不要再减少这个预算。同时，他还引用了一个比喻：“如果欧洲的战火在春末夏初扩散开来，我们必须在火星飞到西半球之前，处理好内部事务。”这也意味着，在不久的将来，他将提出进一步的要求。

1939 年冬，罗斯福总统和国会批准了预算，但这远远不能满足马歇尔真正需要的数字：8.53 亿美元。

1940 年是第二次世界大战战火蔓延得最快的一年。1940 年 4 月 9 日，希特勒将战火烧到了丹麦、挪威。一个月后，荷兰、比利时、卢森堡被攻占。纳粹的拳头绕过马其诺防线，挥向法国。德军以强大的装甲部队从阿登山区杀出，至 5 月 20 日已经抵达英吉利海峡，英、法、荷、比联军约 40 万人被困于敦刻尔克海岸地区。

由于担心装甲部队孤军深入会遭遇危险，并考虑要保留实力南下，加之德国空军元帅赫尔曼·戈林[①]保证用空军即可消灭被困的联军，希特勒下令装甲部队停止推进。英国抓住机会，从 5 月 26 日晚到 6 月 4 日，从敦刻尔克将约 33.6 万名将士撤至英国。

6 月 10 日，意大利向英、法宣战，战火烧到了地中海和非洲。6 月 22 日，法国与德国签订“停战协定”。

1940 年 5 月，德军攻入法国北部，法兰西溃败，德军耀武扬威于巴黎凯旋门下

① 赫尔曼·戈林（1893—1946）：纳粹德国的一位政军领袖，与希特勒关系极为亲密，担任过德国空军总司令、“盖世太保”首长、“四年计划”负责人、国会议长、冲锋队总指挥、经济部部长、普鲁士邦总理等党政军三部门的诸多重要职务，曾被希特勒指定为接班人。

仅仅两个半月时间，欧洲西部全部落入希特勒的魔掌，英国岌岌可危。在欧洲战场上，纳粹德国采用的战术取得了令人惊讶的成功。布莱德雷曾经研究过运动战，但对德国空军与地面坦克、摩托化部队配合所产生的巨大威力仍感到十分震惊。他认为，美国如果参战，将不堪一击。

面对如此危险的世界形势，1940 年 5 月，美国也开始行动了。陆军组建了三团制的师，举行了第一次军级规模的步兵演习。5 月 19 日至 22 日，布莱德雷奉马歇尔之命，陪两位参议员去路易斯安那州参观演习，结果，他看到的是将军们近乎无组织、无章法的指挥。在这次演习中，航空队战斗机应地面指挥官的要求，进行了 34 次“近距离空中支援”，但只成功执行了 2 次。布莱德雷对这次演习十分失望，他敏锐地意识到，步兵师需要更多的坦克、反坦克武器、装甲车以及威力和机动性能更强大的火炮等装备。

与此同时，希特勒提出愿与英国在重新瓜分世界的基础上进行和谈。英国的处境十分艰难，但在英国首相丘吉尔①的领导下，英国军民同仇敌忾，士气高昂，坚决不向希特勒屈服。同年 7 月，希特勒发布“海狮计划”，准备入侵英国，他首先要做的是夺取制空权。这样一来，为争夺制空权而展开的空战就成了不列颠之战的主要方式。正如丘吉尔所言：“在人类战争的领域里，从来没有过这么少的人对这么多的人做过这么大的贡献（指英国空军飞行员）。”

从 7 月 10 日起，德国集中约 2400 架飞机，连续不断地大规模空袭英国本土，英国皇家空军奋力抵抗。9 月上旬，德军又转而对伦敦等大城市不分昼夜地狂轰滥炸，企图瓦解英国人民的斗志，但仍然没有奏效。9 月 17 日，希特勒被迫下令不定期推迟实施“海狮计划”。同时，德、意两国先后在北非、巴尔干采取行动。

---

① 丘吉尔（1874—1965）：英国政治家、历史学家、画家、演说家、作家、记者，1940—1945 年和 1951—1955 年两度出任英国首相，被认为是 20 世纪最重要的政治领袖之一，领导英国人民赢得了第二次世界大战。

7 月至 9 月，意大利从东非的埃塞俄比亚和北非的利比亚向英属索马里、肯尼亚、苏丹和埃及进攻。年底，英军在东非展开反击。

在远东，日本的近卫文麿[①]再次出山组阁，于 7 月 26 日确定了《基本国策纲要》，即“建设以日本皇国为中心，以日满华的牢固结合为主干的大东亚新秩序”。其方针是南进政策及强化与德、意的政治联合，把英、荷、法的太平洋属地，以及菲律宾、澳大利亚、新西兰等囊括在所谓的“大东亚共荣圈”里。9 月 23 日，日军开始进占法属中南半岛北部，迈出了南进的第一步。9 月 27 日，德、意、日在柏林签订《三国同盟条约》，德意和日本分别承认对方在欧洲和亚洲建立新秩序的领导权，同时将矛头直指美国，准备大举南进。

欧洲战场形势危急，再次连任总统的罗斯福认识到，如果英国被德国打败，那么美国将成为它的下一个侵略目标；与其到时孤军奋战，不如现在援助英国使之免于灭亡，以牵制德国。他决定以“租借”的方式为英国提供军火，为了说服国会通过“租借法案”，他用了一个生动的比喻：邻居家失火了，我们应该立即把水龙带借给他，等火熄灭后把水龙带拿回来就是了！1940 年年底，罗斯福再次发表谈话，告诫美国人民：“危险就在眼前……大不列颠一旦崩溃，我们整个美洲的人都将生活在枪口之下……我们必须竭尽全力就我们所能支配的人力和物力，生产武器和舰只……我们必须成为民主国家的大兵工厂。”这次谈话标志着美国对英国的公然支持和中立主义的结束。

不过，美国对日本则奉行了截然不同的政策。在打击德国的同时，美国在亚洲和太平洋地区采取防御战略，稳住太平洋局势，推迟或避免与日本发生直接军事冲突。为了让日本放弃南进计划，美国还试图牺牲中国的利益，表面上资助中国抗日，实际上是宁可让日本继续北上，也不愿意日本南下。

---

① 近卫文麿（1891—1945）：日本第 34、38、39 任首相，五摄家之一近卫氏的第 30 代当主，日本侵华祸首之一，法西斯主义的首要推行者。

这个时候，美国公众的情绪也有了一个180度的大转变，他们热情地支持发展陆军，马歇尔渴望的时刻终于到来了。每天，拨款单如雪片般飞到陆军部，更多的飞机、坦克、车辆、枪炮和弹药被送到陆军。马歇尔委托手下人去征召国民警卫队，先建立拔选征兵制，他本人则着手解决武器装备不足和训练薄弱的问题。

罗斯福总统也开始重视起陆军来。他首先采取措施，解决陆军部的内部矛盾，免除了伍德林和约翰逊的职务，并任命72岁的亨利·斯廷森为陆军部部长。斯廷森思想敏锐，德高望众，具有丰富的工作经验。他任命贾奇·帕特森为陆军部副部长，律师兼情报专家约翰·麦克洛伊[①]和银行家罗伯特·洛维特[②]为助理部长。这四个人组成了陆军最佳领导班子。这个新的领导班子受到了马歇尔及其手下的欢迎。这一期间，由于马歇尔的信任，布莱德雷接触到了许多绝密信息。

到1940年秋，希特勒又侵占了匈牙利和罗马尼亚，苏联也占领了波罗的海沿岸的立陶宛、拉托维亚和爱沙尼亚。9月下旬，德、意、日轴心国缔结了三边条约，形成了德、意、日轴心国。为了迎接随时都有可能发生的战争，美国积极地进行扩军备战。不过，马歇尔不像斯廷森那样热衷于征兵，反而担心国会会削减陆军的预算。

当时，四年一度的美国总统选举正在如火如荼地进行着，罗斯福为了争取连任而四处奔忙，根本顾不上陆军部的事情。9月间，在美国民众的情绪感染下，国会颁布了《征集国民警卫队和陆军预备队法案》，并开始实施选拔征兵制，征募男子入伍。

布莱德雷一向敬重马歇尔，但是他知道自己不能一辈子在马歇尔手下干一些鸡毛蒜皮的小事，因此，他决定离开马歇尔，去接受新的挑战。他是步兵出身，一直对统率部队训练和作战很感兴趣，参谋工作并

---

① 约翰·麦克洛伊（1895—1989）：美国律师、银行家，政府官员，曾任世界银行行长。他是从罗斯福到里根历届美国总统的顾问。

② 罗伯特·洛维特（1895—1986）：历任陆军部副部长的空军助理、国防部副部长、国防部部长。1961—1963年任约翰·肯尼迪总统的顾问。

不能充分发挥他的才能和智慧。鉴于目前的国际形势，部队正急需他这样有着丰富阅历的职业军人，因此，他决心下去指挥部队。

本宁堡步兵学校的准将校长

当布莱德雷想方设法寻找机会时，马歇尔新任命的西点军校校长罗伯特·劳伦斯·艾克尔伯格[①]准将突然来到了陆军参谋部。艾克尔伯格在 1934—1935 年曾任西点军校副校长、校务委员会秘书长，并于沃德之前在参谋部担任秘书。他是一个知识分子型的步兵专家，与布莱德雷秉性相投。

当时，艾克尔伯格在马歇尔的外间办公室等候召见，突然，他问布莱德雷："你想到战术系当主任吗？"

这真是天遂人愿！布莱德雷迅速考虑了这一突如其来的建议。几年前他在西点军校战术系担任教员时，就想干这一职务，但是一直未能如愿。不过，他认为战术系主任是一个中校干的事情，是去接同班同学赖德的班，虽然是平调，但弄不好会被人认为是降职。但他转念一想，又觉得这个职位至少可以使自己脱离现在的参谋工作，有机会对那些即将担任初级军官的人施加影响，或许他们将来会成为将军，意义也颇为深远。于是，布莱德雷接受了艾克尔伯格的邀请，并向马歇尔禀报了这件事，然后就开始准备赴任。

几天后，马歇尔改变了布莱德雷的命运。"布莱德雷，你真的想去西点军校吗？"马歇尔直截了当地问道。

"是的，先生，这样我可以离部队更近一点。"布莱德雷鼓足勇气，说出了想带领一支部队的心愿。

---

① 罗伯特·劳伦斯·艾克尔伯格（1886—1961）：美国陆军上将，人称"残忍的普鲁士人"。曾主持训练和重整撤至澳大利亚的美、澳军队。参加过巴布亚半岛战役、收复新几内亚和新不列颠群岛登陆战役。1944 年升任第 8 集团军司令，参与指挥反攻菲律宾的战斗，发展了以小分队进行两栖挺进的战术。后率第 8 集团军占领日本。

马歇尔听了显得漫不经心，两眼瞥向窗外，说：“去接替霍奇斯[1]怎么样?”

布莱德雷闻言，激动得心都快跳出来了。霍奇斯是本宁堡步兵学校的准将校长，曾随潘兴到墨西哥清剿维拉。“一战”时，他战功赫赫，得到过铜十字英勇勋章、银星勋章和青铜勋章。布莱德雷在西点军校曾经见过他，当时霍奇斯是一名少校，在战术系任职。后来，他们在本宁堡步兵学校的校务部再次共事。1933—1934 年，他们再次成了陆军军事学院的同班同学。布莱德雷发自内心地敬重霍奇斯。这次接替霍奇斯，意味着他将升任本宁堡步兵学校的准将校长，从中校一下子跃升为准将。

“先生，这是一个新情况，我当然愿意。”布莱德雷开心地回答。

“把布赖登找来，我们来敲定这件事!”马歇尔非常认真地说。

威廉·布赖登是陆军部负责行政事务的副参谋长。布德雷赶紧把布赖登找来，兴高采烈地陪同他走进马歇尔的办公室。

马歇尔对布赖登指示道：“让现任步兵司令乔治·A. 林奇任期满后马上休假，晋升考特尼·霍奇斯为少将步兵司令，布莱德雷任本宁堡步兵学校校长。”

不过，马歇尔并没有提到布莱德雷的军衔问题，或许他想和布赖登在布莱德雷不在场时再讨论。这让布莱德雷多少有些失望。

接着又发生了一件意外的事情，让布莱德雷对自己的工作调动问题十分忧心。一天，他感到耳朵很疼，于是到医院去检查，结果医生说他患了乳突炎，需要马上做手术。布莱德雷十分着急，马歇尔显然不可能任命一个病号去当校长。因此，他决定暂时不做手术，先用药物来控制病情。不幸的是，他药物过敏了，引发了荨麻疹，脸部肿胀得像个气球，不得不住进了医院。

他可以忍受病痛的折磨，却无法接受病情耽误自己的前程。在医院

---

① 霍奇斯（1887—1966）：即考特尼·希克斯·霍奇斯，美国陆军上将。“二战”时先后担任第 10 军军长、美国南部防御司令部司令、第 3 集团军司令、第 1 集团军司令。参加过诺曼底登陆战役，解放巴黎、阿登战役，莱茵河中游左岸战役等。

待了大概半个月后，他再也无法忍耐，决定马上出院，并回到参谋部继续工作。

1941 年 2 月 23 日，马歇尔终于下达了命令：布莱德雷任本宁堡步兵学校校长兼驻地指挥官。福星高照的布莱德雷马上带上妻子，马不停蹄地赶往本宁堡。就在抵达本宁堡当天，他收到了一份电报，陆军部通知他，参议院已批准他升任临时准将。

布莱德雷这下真是好运连连了。他仅仅当了 5 年中校便一跃成为准将，成为同届同学中第一个升为将军的人，比艾森豪威尔还要早一些！

德怀特·艾森豪威尔画像

就在布莱德雷成为本宁堡步兵学校校长时，美国陆军已经拥有 50 万人，包括正规陆军、国民警卫队以及招募的新兵。这样一来，训练各级军官成了当务之急。陆军部的一些人认为，到 6 月 30 日，陆军人数将扩充到 140 万，现有军校加上各种规模的军事演习，可以培养出足够使用的 10 万名各级军官。但马歇尔认为基层军官远远不够，力主陆军应利用现有的学校开办更多的速成班，专门训练现役军官和只接受过 6 个月基本训练的新兵，以培养大量基层军官，满足战争所需。而且，如果这些应征入伍的新兵知道要从他们中间选拔军官，士气将更加高涨。然而，陆军参谋部人事部及步兵司令乔治·林奇都坚决反对建立预备军官学校，也不相信马歇尔关于步兵基层军官紧缺的说法。

布莱德雷来到本宁堡步兵学校时，霍奇斯已经开始在校内筹备预备军官学校的事情，不过他并不热心，认为这样做毫无意义。当时学校里只有两个班的预备军官学员，而且组织松散，教导无方。教员大部分是注册的应征入伍者和志愿者，毕业于常春藤联合大学。

布莱德雷则坚决支持马歇尔的观点。到任才几周，他便制订了一个综合计划，打算将本宁堡预备军官学校扩大 24 倍。他带着计划去找步兵司令霍奇斯和参谋部人事部，但一无所获。人们还因此嘲笑预备军官学校的毕业生是“90 天神童”。后来，布莱德雷绕过所有人，将计划直接送给马歇尔。马歇尔当然赞同这种做法，而且异常兴奋，很快便为布莱德雷开了绿灯。

这是布莱德雷到本宁堡步兵学校办的第一件大事。后来，本宁堡步兵学校培养预备军官的方法得到了美国军界的认同，成了美国预备军官学校的样板。它培养的军官源源不断地输送到欧洲和太平洋战场。布莱德雷立下了一个大功。

按照美国法律，进行战争动员后，一个地区的最高军事长官为地区的驻地指挥官，统管该地区的一切军事工作。布莱德雷既是本宁堡步兵学校的校长，还兼任本宁堡地区的驻地指挥官，负责统管整个地区组编和训练新的坦克及空降部队的任务。

第二次世界大战爆发前，由于经费不足，美国陆军的坦克部队发展缓慢。纳粹德国对荷兰、比利时和法国实施大规模坦克作战并迅速取得战果后，美国才开始重视坦克部队的建设，决心以更快的速度追赶时代步伐。

布莱德雷抵达本宁堡时，巴顿已经把本宁堡的装甲部队搞得像模像样，并形成了一定规模。

1941 年春，陆军部决定举行大规模的军事演习。当时英国的坦克部队在北非遭到了埃尔温·隆美尔[①]的“铁骑”的重创，演习对巴顿来说正是大显坦克神威的机会。在田纳西州的演习中，巴顿带领的装甲师以出其不意的速度，仅用 9 个小时便完成了原计划要花 2 天时间的行动。同年 8 月至 11 月，路易斯安那州、得克萨斯州有 40 万人参加的军事演习也开始了。巴顿总是出人预料，这次演习跟上次完全不同，他勇往直前，不费吹灰之力便俘虏了“蓝军”司令德拉姆中将。经过这次演习，巴顿的名气更大了，成了一颗耀眼的新星。

布莱德雷也参与了演习，他仔细观察了巴顿的指挥才能，发现巴顿非常英勇善战，具有无人能比的勇气。但是，巴顿对于细枝末节的琐事不太关心，经常忽视后勤保障，喜欢即兴制订作战计划。这一时期，他和巴顿保持着密切的联系，也真正了解了巴顿，改变了以前在夏威夷军区时对巴顿的印象。

在布莱德雷眼中，巴顿出身贵族，是他所认识的“最有抱负，事业心最强的人”。巴顿具有一种高深莫测、不可言传的勇敢精神，对待士兵铁石心肠，追求最大限度地提高军事效率，勇于承担重任。他天生就是一个追求荣誉、喜欢引人注目的人。但他说话粗鲁，声音滑稽可笑、尖刻刺耳。布莱德雷认为，巴顿的缺点也正是他的优点，对他来说，恰当地发挥好他的英雄本色才是最为重要的。

孔子曰：“三人行，必有我师焉。”与巴顿的初次合作，使布莱德雷受益匪浅，从中学到了许多关于机械化部队作战的知识。

第一次世界大战后的美国，虽然出现了像威廉·米切尔[②]那样的空

---

① 埃尔温·隆美尔（1891—1944）：纳粹德国陆军元帅，著名军事家、战术家、理论家，绰号“沙漠之狐”“帝国之鹰”，与曼施坦因、古德里安并称为“二战”期间纳粹德国的三大名将。

② 威廉·米切尔（1879—1936）：早期空军战略家和空军倡导者之一，与意大利人杜黑、英国人特伦查德一起被视为空中战争理论的三位先驱。

战理论家，却没有引起政府高层的重视，因此，美国空军的发展一直比不上欧洲国家。事实证明，第二次世界大战爆发后，纳粹德国之所以能在短时间内横扫欧洲大陆，最主要的原因是充分发挥了飞机、坦克等新式武器的作用。对于德国的“闪电战”策略，布莱德雷称之为“垂直包围”，即用空投伞兵和滑翔机空降部队实施突然袭击。

布莱德雷善于捕捉最新的战术发展动态，在担任马歇尔的秘书时，他就支持过空降实验。那次他正在办公室工作，西点军校战术系主任威廉·米利来找他，布莱德雷看到他那沮丧的神情，知道他一定是遇到了什么难事。原来，米利正在进行空降实验，却得不到军需部的支持，装备和补给品都很匮乏。对于这位昔日的同事，布莱德雷又怎能不伸出援助之手呢？更何况对方现在做的事情正是他一直以来所支持的。他知道马歇尔一向对实验很感兴趣，肯定会支持米利的空降实验。于是，他答应帮米利想想办法。随后，布莱德雷带着米利去见军需部的负责人，结果，米利满载而归。布莱德雷到达本宁堡后，米利已经建好了两座高达250 英尺的跳伞塔、两座双层木板营房和一个跳伞场。

1941 年下半年，纳粹德国在希腊和克里特岛发动了大规模的空降作战。这是全世界首次空降兵独立作战战例，也是唯一一次以空降兵为主的登岛进攻战。它使各国都认识到陆战部队通过空中机动是绝对必要的，纷纷组建大规模空降作战部队。美国陆军也决定在本宁堡建立临时伞兵大队。米利的部队因此得到了扩编，成为美国陆军的第一所伞兵学校。有着“陆军空降部队之父”美誉的威廉·克里·李中校也从总参谋部前来负责指挥这个大队。

布莱德雷既是伞兵部队的支持者，又是参与者。他与米利、李及其他官兵紧密联系，一起渡过了一个又一个难关。到 1941 年秋，李率领的人马已有 4 个营，伞兵学校日益完善。志愿者有数百名，造成住房、飞机、跳伞场地、弹药、通信器材甚至降落伞的供给紧张。布莱德雷给了伞兵部队很大的支持，他还经常到伞兵部队了解实际情况，帮忙解决问题。在大家的共同努力下，本宁堡地区的伞兵部队迅速发展了起来。

布莱德雷时刻关注着欧洲战场的形势发展，对纳粹德国在克里特岛空降1.3万多人的行动感到触目惊心，这个人数相当于一个师的兵力。布莱德雷敏锐地意识到，大规模空降作战已经成为战争的一部分，因此，他极力支持李、米利等人组建空降团、空降师。

本宁堡步兵学校是马歇尔心目中的圣地，他担任陆军参谋长后，还经常到本宁堡来骑马、狩猎和“休闲”。实际上，他也时刻关注着布莱德雷的所作所为。每一次，他都向布莱德雷投以赞许的目光。

一天，马歇尔开门见山地说：“布莱德雷，当你离开这里去指挥一个师时，你能选好你的接班人吗?”

布莱德雷一听，心怦怦直跳，就像揣了一只小兔子一样。这意味着他又能亲自指挥部队、有机会去参战了！同时，这也意味着，他才干了6个月的准将，又要晋升为少将。师级属于高级军官，眼下只有1909—1912届的学员可以充任。这简直是件天大的喜事，不过，布莱德雷善于控制自己，他极力抑制内心的狂喜，对马歇尔说：“还没有选好，先生!”

实际上，布莱德雷此前已经向陆军部推荐利文·C.艾伦中校为自己的助手，但遭到了陆军部的拒绝。而在马歇尔面前，布莱德雷可以直接说一句：“利文·艾伦是个人才。”

如同多年前他们都看中史密斯这个人才一样，今天他们又不约而同地看中了艾伦。马歇尔听了布莱德雷的话，会心地笑了，但他什么也没有说，心里却越来越欣赏布莱德雷。不久，艾伦来到了本宁堡步兵学校，布莱德雷开始跟他交接工作。

首次出任指挥官

当布莱德雷极力推动伞兵部队发展时，美国政府内部一直在为是否切断对日石油出口、冻结大多用来购买石油的日本资金而争吵不已。与此同时，德军迅速席卷了中欧、西欧大陆、北欧和巴尔干半岛，同时控制了欧洲包括法国、波兰西部、荷兰、挪威等国的人力和物力资源。

1941 年 4 月，苏联在苏、德关系非常紧张的时候，与日本外相松冈洋右[①]在莫斯科正式签订《日苏中立条约》，该条约除了规定互不侵犯外，还互相承认了对方在外蒙古和中国东北的现实利益，苏联中止了大部分对华援助。

在德军横扫欧洲之时，斯大林[②]意识到如此强大的德国必然会威胁苏联的国家安全，开始着手采取防范德国的系列措施：将苏联的重工业和军工工业有计划地迁移到乌拉尔山以东；与德国和谈，避免刺激德国；为稳住东方的日本，与日本签署中立条约；建立“东方战线”，增加战略纵深；等等。然而，斯大林的希望很快破灭了。6 月 22 日凌晨，德军在北起波罗的海、南至黑海的 1800 多公里的漫长战线上，分为北方、中央、南方 3 个集团军群，向苏联发动突然袭击，朝苏联境内推进。

苏、德战争爆发后，美国才彻底放弃了避免与日本产生冲突的幻想。苏、德开战，为日本加速推行其“大东亚共荣圈”侵略计划提供了大好机会，它可以将北上的兵力分派到南面战线。日本天皇御前会议确定了“不管遇到什么障碍”，都要奉行向南扩张的政策。7 月初，日军得以进入法国在中南半岛的海、空军基地，这使日军在东南亚处于军事优势，能够掠夺其想要的大部分资源。

美国军方对此十分不安。随后，日本又侵占了美国在菲律宾、马来西亚的军事基地。7 月 24 日，日本大使野村吉三郎[③]被召到白宫，罗斯福总统向日本发出严厉警告。罗斯福断言，如果日本试图夺取东印度群岛的石油，荷兰人就会抵抗，英国人就会对他们进行援助，“鉴于我们自己援助英国的政策，结果立即会出现一种极为严重的局面”。如果日

---

① 松冈洋右（1880—1946）：日本外交官，外号“五万言先生”，其口头禅是：“满蒙是日本的生命线。”日本退出国际联盟、日德意三国同盟的缔结、《日苏中立条约》的缔结等都有他的身影。战败后，他作为甲级战犯，在远东国际军事审判的公审过程中病死。

② 斯大林（1878—1953）：苏联政治家，苏联共产党中央委员会总书记、苏联部长会议主席、苏联大元帅，是苏联执政时间最长（1924—1953 年）的最高领导人，对 20 世纪的苏联和世界影响深远。

③ 野村吉三郎（1877—1964）：日本海军大将，“二战”后的亲美派首脑。

本从中南半岛撤军，那个地区将实现中立，美国可以保证日本自由购买该地区的大米和原料。罗斯福对日本接受这项建议虽然不抱什么希望，但他认为这是“为避免日本向南太平洋扩张再次做出的一种努力”。

但日本没有给美国任何实质性的解释，罗斯福总统决定对日本进行经济制裁。7 月 25 日，他下令冻结境内一切日本资产。日本要使用这些资产，包括购买石油，都需要首先取得许可证，必须征得美国政府的许可。美国新制定的政策表面上无意全面切断对日本的石油供应，但其实际效果是近乎全面禁运。从 8 月开始，没有一滴石油从美国流向日本。此后，英国也宣布冻结日本在英国的资产和禁运，切断了婆罗洲对日本的石油供应。荷属东印度群岛也做出了同样的决定。不过，罗斯福并不想勒死日本，为了缓和双方的关系，美、日仍在继续谈判。

美国这种姑息养奸的行为恰恰中了日本人的下怀。1941 年 10 月 23 日，日本内阁首相、战争狂人东条英机[①]召开军政要员联络会议，集中讨论了和美国谈判的问题及与美国开战的前景。为了缓和与美国的关系，东乡茂德[②]外相主张最好从中国部分撤军，但遭到军方的强烈反对。日本陆军总参谋部坚持认为，与美国的谈判已进入死胡同。陆军总参谋长杉山元[③]说：“只要美国仍顽固不化，那就没有必要继续谈下去，唯一的解决办法就是战争！”海军代表永野修身[④]加重语气说：“立刻开战！日后再不会有开战的良机！”杉山元则主张在 12 月初开战。就这样，狡猾的日本人一边准备与美国宣战，一边又与美国和谈，愚弄美国人。

尽管很多人都预感到日、美之间必有一战，但谁也没想到战争会来得这么快。为了消灭美国在太平洋上的军事实力，日军计划偷袭珍

---

① 东条英机（1884—1948）：日本军国主义的代表人物，第 40 任日本首相，侵华战争和太平洋战争的重要罪犯之一。

② 东乡茂德（1882—1950）：日本“二战”时期的外交官，官至外务大臣。

③ 杉山元（1880—1945）：日本陆军大将，陆军航空兵第一人，发动全面侵华战争和太平洋战争的积极策划、参与者。

④ 永野修身（1880—1947）：日本海军舰队派的主要人物，对美开战的急先锋，太平洋战争时期日本海军第一号首脑，唯一一个历任海军三长官的人物。

珠港。

珍珠港位于太平洋中部夏威夷群岛的瓦胡岛西部，东距美国西海岸2090海里，西距日本3200海里，是美国在太平洋上的主要军事基地，也是美国和远东、西太平洋之间的海上交通要道，战略地位十分重要。1940年5月，美国为了遏制日本的扩张，将太平洋舰队从美国西海岸转驻珍珠港。基地内军事设施完善，并有大型修船厂和油库等重要设施，是美国支援太平洋地区作战的主要后勤基地。

为了确保这次偷袭成功，日军大本营采取了大量的欺骗和伪装措施，并进行了周密的准备。偷袭珍珠港的计划长时间内只有日本联合舰队司令山本五十六①和一两个军官知道，就连海军参谋长也是直到1941年10月才得知这一计划。

为了隐蔽在太平洋地区的战略企图，日军大本营于1941年7月在中国东北地区举行了代号为“关特演”的大规模演习，并将关东军由11个师增加到20个师，总人数由40万增至70万，制造准备进攻苏联的假象。在航线选择上，日本研究了北、中、南三条航线，选定了距离较远、气象不好、补给困难，但便于隐蔽的北航线，并规定在航行过程中保持无线电静默。突击时间选在星期日早晨——美舰周末返港停泊、疏于戒备的时间。部队的演练、集结都是在严格保密的情况下进行。已调动集结的部队，其通信联络保持平时的状态，以造成日本联合舰队主力仍在内海的假象。

这一系列计划的制订者就是日本联合舰队司令山本五十六。这个身高不足1.6米的人物，双肩宽阔，胸部像个圆桶，身材还算健壮。早年他曾到美国哈佛大学学习，后来在华盛顿担任日本大使馆的武官，对美国的工业实力有较深的了解。为了取得偷袭的成功，他做了充分的准备。日军利用各种手段，广泛搜集珍珠港美军的防御部署、兵力分布、活动规律、泊港军舰位置等情报。日本驻夏威夷领事馆积极搜集目标区

---

① 山本五十六（1884—1943）：日本联合舰队司令长官，偷袭美国珍珠港和发动中途岛海战的谋划者。1943年4月18日被美军击落座机而毙命。

山本五十六画像

情况，并及时汇报。日军还派出大批间谍，并以潜艇进行侦察和监视，便于突击部队随时掌握美军动向。

就在日本马上要对美国开战之际，罗斯福仍在向日本裕仁天皇①呼吁和平。他在电报中说："我们两人都有恢复传统和睦、防止人类进一步死亡和毁灭全世界的神圣义务，这不光是为了我们自己的伟大国家和人民，也是为了邻邦的人民。"面对美国伸出的橄榄枝，日本人在偷着笑。当天日本报纸根据东条英机的指令，继续指责西方准备开战，为日军南进大造舆论。各报的标题是："美国徒劳地拖延谈判，无意与日本和解""美国领导人商讨对日政策，但未有改变固执态度之迹象""恶

① 裕仁天皇（1901—1989）：日本第124代天皇，是日本最长寿以及在位时期最长的日本天皇，执政长达63年。

意中伤，包围日本，践踏日本之和平意图，四国同时开始军事准备”。

日军轰炸珍珠港的前一天晚上，美国到处歌舞升平。海军部部长弗兰克·诺克斯[①]在国家剧场观看《学生王子》。陆军情报局局长谢尔曼·迈尔斯认为日本那份电报“没有多少军事意义”，因此并不担忧。他给远东问题专家布拉顿打了个电话，告诉他“没有理由发布戒备令或布置夜防”。

美国人就这样昏昏睡去，他们做梦也没有想到，远在柱岛附近的日本联合舰队已经出发，一场巨大的灾难即将降临到他们的头上。

12 月 7 日清晨，日军第一突击波飞机 183 架，于 7 时 55 分开始发起攻击，珍珠港顿时成了一片火海，爆炸声、警报声响成一片。第一突击波历时 45 分钟。8 时 45 分，日军第二突击波 168 架飞机开始攻击，以扩大第一突击波的战果，持续时间约一个小时。由于驻岛美军毫无防备，因此在日机开始攻击时惊慌失措，难以进行有组织的抗击。空袭开始 5 分钟后，高炮才零星射击，岛上 32 个高炮连仅有 4 个连开火。8 时 15 分才有 4 架战斗机起飞迎战。此后虽然陆续起飞了 25 架，但由于仓促应战，协同不好，不是被日机击落，就是被己方的高射炮击毁。

日军这次作战先声夺人、行动果敢，以极小的代价获得了巨大的胜利，是世界战争史上成功的突袭战例之一。

与此同时，日军对东南亚的美军基地也进行了大规模的攻击，并且旗开得胜。关岛、菲律宾群岛、威克岛等地先后被日军占领。在马尼拉，麦克阿瑟的远东航空大队遭到毁灭性的轰炸。至此，美国太平洋舰队和麦克阿瑟的空中力量都被日军摧毁。从此，东条英机更加趾高气扬、耀武扬威，他命令日本海、陆军尽快占领东南亚各国及太平洋主要岛屿。

在炮弹的轰炸下，损失惨重的美国人终于意识到，和平的希望破灭了。罗斯福总统认为这是美国历史上的奇耻大辱。12 月 8 日上午，他

---

① 弗兰克·诺克斯（1874—1944）：美国报纸编辑和出版商，1936 年共和党副总统候选人，“二战”期间担任罗斯福政府的海军部部长。

1941 年 12 月 7 日，日本偷袭美国珍珠港海军基地

在国会大厦发表演说，要求向日本宣战。参议院以 82 票对 0 票、众议院以 388 票对 1 票通过了罗斯福的宣战要求。

而英国首相丘吉尔对于日本偷袭珍珠港则暗中叫好，他说："好了！我们总算赢了。"日本人帮了他一个大忙，此前为了把美国拖进战争，他绞尽脑汁也只促成了《租借法案》，现在，日本的偷袭终于使美国坐不住了。当天，英国也对日宣战。

希特勒对日本的行动大为恼怒，因为他一直认为，德国要想征服欧洲，摧毁苏联，并最终制服英国，前提是美国不介入战争。因此，他一直努力避免激怒美国。早在 1939 年 9 月，他便严令德国潜艇不得在大西洋攻击美国船队。"珍珠港事件"发生后，他的世界性战略也要功亏一篑了。

珍珠港遇袭那天是星期日，当天下午布莱德雷在家里休息，他的妻子在修剪门前花园的草坪。一个军官急匆匆地跑来告诉他："珍珠港遭到了重大袭击，情况不明！"布莱德雷马上意识到了事态的严重性，他赶紧穿上制服，直奔学校办公大楼。他的部下已经聚集在那里，低声而焦急地议论着。

布莱德雷首先下令实施应急计划，正规部队和国民警卫队迅速行动。直到第二天凌晨 4 时，保卫各个要害设施的部队才各就各位。布莱德雷紧张的心情稍微缓解了一些，现在他只能等待政府的下一步指令。

12 月 8 日，罗斯福总统签署文件，正式向日本宣战。自此，美国加入了规模空前的第二次世界大战。几天后，布莱德雷在西点军校任教时的老同事、陆军人事部的乔治·波普上校打来电话说："布莱德雷先生，陆军部决定组建 3 个师，由你担任第 82 师师长。"

布莱德雷很想知道其他 2 个师的情况，没等他开口，波普又继续说道："第 77 师师长由西点军校校长罗伯特·艾克尔伯格担任，第 85 师师长是 1912 届毕业生韦德·汉普顿·海斯利普[①]。你马上准备一下，12 月底前到位。"

这意味着布莱德雷的肩上又多了一颗星。在同届同学中，他成了第二个获得两颗将星的人，但在三位师长中，他的资历最浅。战争的呼唤，使布莱德雷重任在肩！

一直以来，布莱德雷以性格稳重、意志坚定并注重小节而闻名。他出身贫寒，能与基层士兵同甘苦共患难，因而深受士兵的爱戴与尊敬，被称为"大兵将军"。这一称号是美国新闻记者欧内斯特·派尔最先提出来的，他在采访中发现布莱德雷有一种特殊的气质，能够与部属打成一片，共同完成任务。这一称号贯穿布莱德雷的一生，他手下的人都能深深感受到他的宽厚温情。

第 82 师就是后来被称为"全美第一师"的第 82 空降师的前身，它始建于 1917 年 8 月 25 日，曾参加过第一次世界大战中的诸多重大战役，包括洛林战役、圣米耶尔战役和默兹－阿尔贡战役，立下了显赫战功。这个师在"一战"结束后被遣散，现在，布莱德雷受命重建这支

---

① 韦德·汉普顿·海斯利普（1889—1971）：美国陆军上将。"二战"期间历任第 85 步兵师少将师长、第 15 军军长、第 7 集团军司令。战后曾任美军地面部队参谋长。

光荣而又具有历史意义的部队。

为了尽快使这项工作开展起来，陆军参谋部给予了布莱德雷大力支持。波普从陆军参谋部到第 82 师来担任参谋长，在作战计划部门工作的马修·李奇微担任助理师长。李奇微在陆军参谋部曾负责拉丁美洲事务，是一位年轻有为的步兵军官。领导班子搭建起来后，已经到了 1942 年 2 月底。

3 月初，布莱德雷带领手下来到路易斯安那州亚历山大郊外的克莱博恩兵营，这是陆军部指定的美国陆军新驻地。重建的第 82 师是美国正式参战后进行兵力动员的一次新尝试。在此之前，应征人员都是直接被送到正规部队或国民警卫部队进行训练，然后再编入部队。而重新组建的第 82 师的 3 万人中，只有 700 名军官和 1.2 万名士兵作为基础，人数不到 50%，其余人员都是从应征者接待站直接送过来的。可以说，第 82 师几乎是在一夜之间建立起来的，自然面临着许多问题。

布莱德雷知道，应征入伍的人刚刚离开家乡和亲人，来到孤寂、陌生的兵营，难免会产生思乡之情。这个时候，如果采取生硬的管理方法，下达冷冰冰的指令，将使他们备感孤寂、意志消沉，从而贻误训练和战备工作。所以，他决定在力所能及的范围内，尽量让新兵感受到部队的温暖。

布莱德雷治军的第一招，便是给新兵一种“家”的感觉，既对新兵进行严格管理，又采用理智、人道、体谅的方法真诚地关心他们的生活与福利。

第 82 师的新兵大多来自佐治亚州、亚拉巴马州、密西西比州和田纳西州。布莱德雷让接待人员到新兵站去迎接他们，让他们感受到家一般的温暖。之后根据他们入伍前的职业分类造册登记，分配到各个小单位。铜管乐队吹吹打打，像欢迎英雄凯旋一样，使新兵产生了一种新奇、兴奋的感觉。这些新兵到达兵营后，被编入预先编好的分队，帐篷已经预先准备好，床上用品都已备齐，食堂也做好了热乎乎的饭菜等待他们就餐。

此外，布莱德雷还要求建立简易洗衣房，方便远道而来的新兵清洗弄脏的衣物。这些细微周到的措施，确实安抚了很多新兵的情绪，缓解了他们的思乡之情，使他们很快融入军营生活，融入这个充满欢乐的大家庭。

陆军参谋长莱斯利·麦克奈尔[①]对布莱德雷的做法给予了高度赞扬，并下令所有新组建的部队采用布莱德雷的方法。在安宁、舒适的环境中长大的新兵们，普遍缺乏锻炼，有的新兵背上背包跑不到2公里便会趴下，大多数人身体虚胖，只有极少数人能应付基本的训练。针对这种情况，布莱德雷把西点军校的体育气氛带到师里，制订了严格的锻炼计划，规定士兵每天必须进行各种体育运动。他还组织士兵翻高墙、越堑壕、跨高栏、过水道、荡秋千等。

为了给士兵们做出榜样，布莱德雷身先士卒，坚持与士兵同甘苦，他规定全师官兵，包括他本人都必须参加各项体育锻炼。就在他过完49岁生日的第二天，他因为荡秋千滑了下来，恰巧摔进污水沟里，弄得狼狈不堪，不少官兵都在背后拿这件事取乐。助理师长李奇微后来记述了这件小事："看到一位少将陷入这样的尴尬境地，对各级官兵来说的确是一大趣事，这件事成了训练期间值得回忆的精彩场面。"布莱德雷也体会到，官兵们在大笑后，开始由衷地敬佩和拥戴他。他的"大兵将军"形象开始显露！

布莱德雷对第82师的严格要求，使这个师的各项工作大有进展。为了鼓舞士气，布莱德雷邀请第82师的战斗英雄约克中士前来部队检阅。检阅仪式十分隆重，约克中士的英雄气概、谦逊而富有鼓动性的言辞以及第82师的光辉历史，使新兵们热血沸腾。而约克的作战经历，也启发了布莱德雷。约克表示，他们在法国作战时，有效射击距离只有25～30码[②]。后来，布莱德雷下令开设森林中的近距离射击课，用部分隐蔽的铁桶作为射击训练的目标。布莱德雷的上司、第4军军长奥斯

---

① 莱斯利·麦克奈尔（1883—1944）：在训练地面战斗部队以及作战隐蔽、伪装等战术理论方面贡献颇大。"二战"期间历任陆军地面部队司令、第1集团军群司令。1944年在法国诺曼底前线视察时被己方轰炸机误炸阵亡，追授陆军上将。

② 1码＝0.9144米。

卡·格里斯沃尔德对这种训练方法深为赞许。

负责指挥全美地面部队训练的麦克奈尔将军，经常到第 82 师来检查训练情况。结果，布莱德雷的训练超过了麦克奈尔制定的 17 周训练计划目标。麦克奈尔给马歇尔写了一份报告，对布莱德雷大加赞赏。

就在布莱德雷的工作顺利开展之际，他收到麦克奈尔的来信，说马歇尔决定派他到国民警卫队第 28 师（以下简称“第 28 师”）担任师长，那里“极需援助”。布莱德雷对此深感扫兴，哭笑不得，因为他的参战梦又破灭了。麦克奈尔劝慰他说：“你的能力要在适当的时候才能得到大家的认可。”

胳膊自然拧不过大腿。布莱德雷成了一块金砖，哪里需要就往哪里搬。布莱德雷只得把第 82 师交给李奇微。不久，第 82 师改为美国陆军第一个空降师，前往布雷格堡进行特种训练。伞兵先驱巴德·米利担任李奇微的助理师长。后来，第 82 空降师又抽调了一部分军官去组建美国陆军的第二个空降师——第 101 师。此后，第 82 师和第 101 空降师在战场上屡立奇功，威名远扬。它们在战争中常常作为尖刀插向对方，显示出王牌师的威力。当然，第 82 空降师取得的成绩也有布莱德雷的一份功劳。

但现在，布莱德雷要面对的是国民警卫队这个烂摊子。国民警卫队的动员工作开始于 1940 年秋，到目前为止已经组建了 18 个师，其中的高级军官大都有政治背景，但对军事一无所知。整个部队几乎没有一个称职的团长和营长。1941 年 6 月，马歇尔给国民警卫师指挥官写了一封信，“直白”地指出了他们在训练和纪律方面的严重问题。而负责国民警卫队训练的麦克奈尔对于国民警卫队的抨击更为激烈，他在写给马歇尔的一份备忘录中说：“国民警卫队对于国家防御毫无贡献。……自军事动员以来，它的军事训练、身体素质、纪律要求、思想状况，尤其是领导管理，都不尽如人意。”最后，他建议“把国民警卫队作为美国陆军的一个组成部分”。

1942 年 6 月，布莱德雷抵达路易斯安那州的利文斯顿兵营，接手了第 28 师的工作。他从第 82 师带来了 6 个人，分别是参谋长乔治·波普、作战与训练处处长威利斯·马修斯、民事处处长塔比·索尔森、副官切斯特·汉森和刘易斯·布里奇、司机亚历克斯·斯托特。

当时，第28师已经换过两任师长，一个是宾夕法尼亚州的政客爱德华·马丁，另一个是詹姆斯·奥德。奥德在任期间，组织了长达18个月的训练，但远远达不到基本的训练要求。这让马歇尔非常不满，随后，他得知奥德此前在巴西的职务只是挂名而已，从来没有组织过军事训练，这才决定让布莱德雷来接手这个工作。

第28师和第82师一样，隶属于第4军，但各方面的情况与第82师相差甚远。第28师组建于1941年，只进行过几个月的基础训练，发放装备和组织编队以后，就开到了路易斯安那州亚历山大以北16公里的利文斯顿兵营。之后的工作几乎没有人重视和负责，师里一片混乱。

为了弄清第28师存在的问题，布莱德雷一到部队，就带领参谋人员视察和走访部队。在这个过程中，他发现全师管理松懈，各种规章制度执行混乱，大批人员以各种借口离开部队，已有1600名军士去预备军官学校进修，并且在毕业后分配到了其他师，另有几百名士兵去了航空学校学习，而那些仍然待在部队里的士兵人心浮动，想方设法通过各种渠道联系调出。

在一次视察中，布莱德雷惊奇地发现，一个105毫米炮兵连只有一名军官，另有一名下士充当助手。面对这种近乎荒唐的情况，一向极少发怒的布莱德雷不由得急了，大声问道："其余的人都到哪里去了?"

那个军官无奈地说："有些人进了预备军官学校，这个下士还是刚刚调来的呢!"

回到司令部后，布莱德雷马上采取措施安定人心，防止人员外流。同时，他请求第4军军长奥斯卡·格里斯沃尔德从预备军官学校中派一些新军官来。

布莱德雷发现，这个师还存在一个严重的问题——老乡观念。比如，来自波克敦的一名基层军官，有个部下的父亲是个银行家，而这名基层军官入伍前恰巧就在这家银行上班，所以他根本不敢以部队的纪律去约束这个部下，因为他担心得罪了对方，日后可能会失去饭碗。另外，这种老乡观念难免会产生谋取私利的小集团，排斥新进人员，使部队难以成为一个坚强统一的战斗集体。这种在正规部队根本不可能发生的事情，在国民警卫师普遍存在，严重干扰了部队的正常运转。

没有规矩，不成方圆。布莱德雷决定采取措施消除这种影响军队发展的弊端。他把全体军官和士官召集起来，以冷冰冰的口吻宣布："在24 小时内，凡是有 2 名以上军官来自同一家乡的连队，都必须自行解散。无论是军官还是士官，都将被调到新步兵连或野战炮兵连队，而且不许 2 名士官同去一个连队。"

整个会场鸦雀无声。宣读完命令后，布莱德雷头也不回，昂首阔步地走下台去。由于他的态度坚决果断，没有人敢违抗。一个基层军官对布莱德雷大刀阔斧的改革行动深表支持："将军，这是这个师近年来采取的措施中最好的一个。"

布莱德雷还发现，这个师不仅纪律松散，而且官兵们的身体素质也很差。因为长期缺乏锻炼，大家都丧失了斗志。为了尽快改变这一现状，布莱德雷仿照以前对第 82 师采取的方法，开展了各种体育锻炼。他还下令进行 40 公里负重徒步行军的考核。为了做好榜样，他本人身先士卒，拒绝副官的"保护"，带头完成了任务。

他一向如此，在要求部下必须做到某些事情的时候，总是自己首先做到。在一次考核中，他也跟随队伍一起出发，途中，有个士兵对他说："是谁下了这个该死的命令！"这个士兵不认识布莱德雷，因此根本不知道眼前这个人正是下达命令的人，但布莱德雷听了并没有生气，只是笑着说："我也不知道，不过这个混蛋应该被绞死，对吧？"那个士兵点点头，表示赞同。在这次行动中，布莱德雷轻松地到达了终点，而且还替别的士兵背了几个背包和一支步枪。

由于措施得力，第 28 师面貌大变。仅两个月后，布莱德雷便请军长来检阅部队，然后又组织了一次师野战演习，并获得了圆满成功。第 28 师从一群乌合之众，变成了一支训练有素的战斗部队。

这时，新闻记者也开始关注布莱德雷。一位记者写道："他不是一位能成为传奇式英雄的显眼人物，也没有足以引起人们好奇心的神秘感。他有时也很粗鲁，但人们对他的咒骂少得不值一提。他治军严谨，把荣誉归于普通士兵。但是，不要把迷人的魅力与领导艺术混淆起来。布莱德雷是一位卓越的领导人，他不仅受人尊重，而且赢得了部下的忠诚。士兵和军官都对他的指挥唯命是从。”

布莱德雷没有辜负马歇尔的厚望，在短短的时间内又带出了一支有战斗力的队伍。在开拔前，第 28 师还要进行最后一次演习：模拟两栖进攻。为此，布莱德雷将全师人马带到了佛罗里达州卡拉佩尔的戈登·约翰逊兵营。这是美军新建立的基地，已有 3 个师在此受训。

在两栖进攻演习结束后，第 28 师将被派往海外。布莱德雷不知道自己能否继续指挥这支部队。12 月 23 日，他收到了马歇尔的一封信，马歇尔在信中表示，虽然他认为把布莱德雷继续留在第 28 师并不是个好主意，但他不想让苦心经营的第 28 师这么快就发生人员变动。不过，一旦机会合适，他会给布莱德雷安排一个“更有意思”的任务。

在这种情况下，布莱德雷决定做好被派到海外的准备。当时很多高级军官的家属都住在西点军校的塞耶饭店里，静待战争结束，因此，他打算到时也让玛丽搬到那里去住。他的女儿伊丽莎白在波基普的瓦萨大学上三年级，那里离西点军校 50 公里。眼下，她正和西点军校的学员亨利·S. 比尤马克陷入热恋当中。比尤马克的父亲是西点军校著名的政治学、历史和经济学教授。这样一来，伊丽莎白可以到塞耶饭店与母亲共度周末，还方便去看望比尤马克。

1943 年 1 月，布莱德雷随第 28 师乘坐火车和征用的私人汽车，秘密前往戈登·约翰逊兵营，按期进行两栖作战训练。戈登·约翰逊兵营是沿着一段荒凉的海滩在棕榈树丛中辟地建成的，条件十分简陋。在荒凉的海滩上，3 个团驻防在不同的地方，相隔数公里。每次乘登陆艇训练，大家都会被冻得全身麻木。全师日复一日地演练着对“敌人盘踞的岸边小岛”发动进攻。布莱德雷尤其关注战术和后勤保障问题，因为后勤保障是战争成败的关键之一。按照预先的规定，这是第 28 师战前训练的最后阶段。

1943 年 2 月 12 日，布莱德雷迎来了自己的 50 岁生日。当天中午，他居然收到马歇尔发来的贺电，电文中说："感谢你在第28师所立下的卓著功绩，前几天你已晋升为军长。值你庆祝寿辰之际，告诉你这一好消息是再适合不过的了。顺致庆贺和最良好的祝愿。"

时隔4天，2月16日，布莱德雷又收到了一份秘密电报，得知自己被任命为第10军军长，该军驻扎在得克萨斯州。布莱德雷放下密电，正在考虑怎样交接工作，办公桌上的电话突然响了起来，是美军地面部队总司令麦克奈尔的人事助理参谋长亚历山大·罗斯·博林打来的，他在电话里急切地说："布莱德雷，今天总司令要我通过电话向你传达一个命令。你将去海外长期服役。不是整个师，就你自己。"

布莱德雷感到很惊讶，连忙说："我刚接到调往得克萨斯州的命令……"

"那是昨天的事。"博林打断了他的话。

布莱德雷马上冷静下来，问道："我着什么装，走哪条路?"他这样说是想打听自己是去非洲还是去太平洋。因为他当时用的是没有加密的电话，在不加密的电话里谈论部队调动是违反规定的，也不允许谈论调动事宜。博林神秘而又机警地说："记得你的同班学友吗？你将和他一起工作。"

艾森豪威尔！非洲！布莱德雷明白了。

"你多久能够起程?"博林接着问道，"出发之前，你必须先到华盛顿听取指令。"

"我明天就动身。"布莱德雷回答说。

在随后的电话交谈中，布莱德雷得知自己不用选择参谋人员，甚至连司机也不用，只需带两名随从副官。这使布莱德雷隐约感到自己不是被派到非洲战场上指挥具体的部队，而是到艾森豪威尔的司令部担任某种不具体的职务。

"珍珠港事件"爆发后，艾森豪威尔被马歇尔调到陆军作战计划部工作，此后半年时间，他一直在马歇尔手下负责远东事务，并协助麦克阿瑟处理菲律宾问题。由于表现出色，他很快升任作战计划部部长。

艾森豪威尔很擅长交际和处理公共关系，1942年下半年，他奉命到英国担任驻英美军司令，与英国首相丘吉尔以及英军将领建立了密切的联系，并参与制订了很多重大的作战计划。

1942 年秋，美、英两国首脑几经磋商，终于达成了一致意见，在这一年的 10 月末之前进攻北非，行动代号为“火炬”。艾森豪威尔担任“火炬”行动的远征军总司令，马克·克拉克出任副司令，比德尔·史密斯担任艾森豪威尔的参谋长。美军兵分三路，其中，西线特遣部队由巴顿指挥，从美国本土出发，横渡大西洋，在摩洛哥的卡萨布兰卡地区登陆；中线特遣部队由劳埃德·弗雷登道尔[①]少将指挥的美军第 2 军组成，进攻奥兰；东线主力由第 34 师师长查尔斯·赖德少将指挥，攻击阿尔及尔。

由于英军在北非登陆战中惨遭失败，英军第 8 集团军临阵换将，由伯纳德·蒙哥马利[②]取而代之。蒙哥马利率领第 8 集团军在阿拉曼战役中取得了重大进展，随后，北非登陆战也开始实施了。

1942 年 11 月 8 日，查尔斯·赖德的东线特遣队在阿尔及尔实施登陆，得到了当地法军司令马斯特的配合，很快便与法军达成协议，成功登陆。劳埃德·弗雷登道尔率领的中线特遣部队在奥兰登陆时，也只遇到了微弱的抵抗，很快就迫使法军投降。巴顿的运气似乎不太好，他率领的西线特遣队在卡萨布兰卡遇到了较强的抵抗，直到 11 月 11 日才占领摩洛哥，取得了登陆作战的胜利。

1942 年年底到次年 2 月中旬，美军登陆部队一直在积极准备围歼突尼斯境内的德军。期间，英、美两国领导人在卡萨布兰卡举行了会晤，双方商定在突尼斯战役胜利后，一起进攻意大利的西西里岛，并任命艾森豪威尔为英、美盟军总司令，司令部设在阿尔及尔。

很快，突尼斯战役打响了。参与决战的英军由英军将领肯尼思·安

---

① 劳埃德·弗雷登道尔（1883—1963）：美国陆军中将，参加过“火炬”行动、突尼斯战役、卡塞林山口之战等。因为在卡塞林山口之战中遭遇失败，被免职。

② 伯纳德·蒙哥马利（1887—1976）：英国陆军元帅、军事家，第一代阿拉曼的蒙哥马利子爵。以成功掩护敦刻尔克大撤退而闻名于世。他所指挥过的阿拉曼战役、西西里登陆、诺曼底登陆为其军事生涯的三大杰作。

图为参加“火炬”行动的英、美联军在阿尔及利亚的奥兰附近登陆。这是战争史上第一次使用登陆舰艇“由舰到岸”的大规模渡海登陆战役，在战役组织、装备使用等方面为后来的西西里和诺曼底登陆战役提供了经验

德森[①]指挥，但是进展很不顺利。艾森豪威尔深知突尼斯的战略地位，因而给予了安德森很大支持，为他提供补给品、空中支援和包括美军部队在内的增援部队。但是，一切努力都是徒劳的。当时后勤供应一片混乱，海港拥挤，道路阻塞，运输不畅，而且正值雨季，车辆陷在泥潭中动弹不得。

到圣诞节时，艾森豪威尔终于痛苦地做出决定，暂停进攻。他命令安德森在突尼斯西部采取守势，等两个月的雨季过后再作打算。

战事不顺使艾森豪威尔忧心忡忡，加上他当时正患“活动期肺炎”，于是一下子病倒了。他的参谋长史密斯也变得心神不宁，性情暴躁，司令部里气氛沉闷、士气低落。

此时，隆美尔率领部队大约 7.8 万人，其中 3 万是德军，来到突尼

① 肯尼思·安德森（1891—1959）：英国陆军上将。“二战”期间历任第 3 师师长、东部地区司令、第 1 集团军司令等职。参加过“火炬”行动、突尼斯战役，后降任东非司令部司令，战后担任直布罗陀总督。

斯南部，驻扎在马雷斯防线[①]上由法国人建造的城堡里。接着，他掉过头来，准备迎击蒙哥马利的第 8 集团军。出乎他意料的是，由于作战失利，希特勒对他十分失望，命令他继续巩固马雷斯防线，并把指挥权交给意大利将军乔瓦尼・梅塞[②]，然后回国养病。

隆美尔非常生气，他一直以为接替自己的会是德国人。这是因为，尽管从表面上看，该集团军要听从意大利最高统帅部指挥，而且人数也是意军占多数；但是，意军的战斗力非常差，战斗时通常以德军为主。

希特勒允许隆美尔自己确定交接部队和离任的时间。也许是为了挽回自己的声誉，隆美尔迟迟不愿交出指挥权，一心想报被蒙哥马利追击数千里之仇。最重要的是，他敏锐地看出当前战事有利于自己，于是就想指挥部队一雪前耻。为了宣泄自己郁闷的心情，他对副官伯尔恩德上尉说："我之所以迟迟不愿离去，只是因为我担心一旦战事有变，人们就会骂我临阵脱逃。我是那样的人吗？如果能复仇，我情愿以身殉国！"

很快，隆美尔拟订了一个新的作战方案，准备在"火炬"行动作战部队和蒙哥马利的第 8 集团军之间开拓中心阵地，目的是先从背后包抄袭击盟军，然后掉头去攻击蒙哥马利。同时，阿尼姆[③]也计划袭击更北面的安德森部队的阵地。但是，隆美尔和阿尼姆配合得十分糟糕，两人经常因为装甲师的分配问题而吵得不可开交，有时也因为违抗德、意最高统帅部的命令而相互指责。

这个时候，英国通过密码破译掌握了德军的动向，并把情报转交给艾森豪威尔的情报处处长埃里克・费里曼。费里曼分析认为，德军的主攻方向是在丰杜克防线的中部。安德森的情报部门也报告说德军正在费德集结。这使安德森对弗里曼的判断深信不疑，于是在丰杜克设下了

---

① 马雷斯防线：德、意军在突尼斯南部的主要防线。马雷斯位于突尼斯南部，距利比亚边境约 120 公里。法国战前在此构筑防线，从海岸向西南延伸至山区，全长约 35 公里，横断了进入突尼斯心脏地区的通路。

② 乔瓦尼・梅塞（1883—1968）：意大利陆军元帅，"二战"期间担任北非德意联军和苏、德战争中意大利军队的指挥官，是少数善用装甲部队的意大利将领之一。

③ 阿尼姆（1889—1962）：德国陆军一级上将。"二战"爆发后出任第 17 坦克师师长，后被调往北非指挥第 4 坦克集团军，奉命固守突尼斯。

埃尔温·隆美尔画像

陷阱。

2 月 14 日，阿尼姆在更南边的费德隘口发起进攻，直扑美军阵地。2 月 15 日，隆美尔袭击了最南边的加夫萨附近的美军侧翼，向费里亚纳挺进。面对德军的猛烈攻击，美军的防线很快便崩溃了，士兵们丢下包括坦克在内的武器，向后方逃窜。

隆美尔意识到自己正处于可以彻底击败盟军的有利形势，因此，他很快拟订了一个在特贝萨继续作战的计划，准备从盟军的整条防线后方挥师北上，直指波尼。这个计划得到了德军和意军最高统帅部的赞成，但阿尼姆却表示反对。意大利最高统帅部最终做出指示，要求隆美尔不要在特贝萨投入大量兵力向北推进，而是以一定的规模向塔拉和勒凯夫横扫过去。然而，这就把隆美尔直接引到了安德森大军面前，而不是它的背后。隆美尔知道自己的计划注定要失败，但他也无可奈何。

2 月 19 日凌晨，隆美尔率部来到盟军的关键性防御阵地——卡塞林山口。美军的一支新兵部队在训练有素、英勇善战的英军分遣队的支援下，开始阻击隆美尔。第二天下午，隆美尔调来增援部队，成功突围，致使美军又遭受了严重损失。

随后两天，隆美尔朝北向塔拉搜索前进，遭到了盟军的顽强抵抗。2 月 22 日下午，隆美尔经过分析战场形势，决定停止进攻，向后撤退，准备对付迎面而来的蒙哥马利的第 8 集团军。

哈罗德·亚历山大①在 2 月 19 日赶到突尼斯前线指挥作战，他向布鲁克报告说："总体形势远不能令人满意。英、美、法部队在前线，尤其是在南部，混杂在一起，毫无战斗队形可言。由于上面没有坚定不移的指示或统一的指挥，我们无法形成战役方针和计划。"

到目前为止，艾森豪威尔已经在北非打了两次败仗，一次是 12 月的突尼斯战役，一次是 2 月的德军进攻。他的表现充分说明，尽管他在政治上表现得很成熟，但他对指挥部队作战并不在行。

---

① 哈罗德·亚历山大（1891—1969）：英国元帅，"二战"期间历任师长、军长、中东战区总司令、北非战区盟军最高副司令兼第 18 集团军群司令、地中海战区盟军最高副司令兼第 15 集团军群司令、地中海战区盟军最高司令。因指挥突尼斯战役获胜而被封为"突尼斯的亚历山大勋爵"。

第六章　北非战场显锋芒

尴尬的“间谍”工作

美军在非洲战场上被隆美尔打得晕头转向，惶惶不安，救急的电报如雪片般飞到陆军参谋部，整个参谋部充满了令人压抑的气氛。

布莱德雷执教多年，虽然已经升为少将，但是始终没有上前线的机会，现在，北非战场给他提供了一个大展身手的舞台。

1943 年 2 月 18 日，在接到命令的第二天，布莱德雷和副官一起赶到五角大楼。他直接来到作战部，接受了简单的训示，看了艾森豪威尔从前线发来的急件，一种危机感迅速笼罩了他。

陆军参谋部原本主张实施“直接”战略，但是，由于美、英两国最高统帅部最后拍板确定采取“间接”战略，美军才在北非登陆作战。谁也没有料到，美军刚刚参战，就在战场上陷入被动挨打的境地。美国政府深受震动，纷纷对参谋部的工作提出指责。而身处前线的艾森豪威尔也遇到了前所未有的困难，一方面要承担德军反击造成的损失，一方面手下没有精兵强将，无法顺利地指挥部队。他焦头烂额，力不从心，急切盼望有一个得力助手能够帮助和支持他，于是，他向马歇尔发出急电，希望马歇尔马上给他派人，并列出了一份 13 人的名单报给马歇尔。

2 月 15 日，马歇尔回电：“我建议选派奥马尔·纳尔逊·布莱德雷将军前往……如果这样符合你的愿望，可以立即将他派去。”第二天，艾森豪威尔复电：“请用可以搭乘的第一班运输机把布莱德雷将军送来。”

这就是布莱德雷改赴非洲充当艾森豪威尔助手的背景和决策过程。

离开五角大楼前，布莱德雷拜访了老上级马歇尔。前线不利，肩负重担的马歇尔更加消瘦了，但他仍然信心十足，一双蓝色的眼睛炯炯有神，给人感觉世间任何事情都无法难倒他。布莱德雷到来后，马歇尔简单地介绍了美军在非洲战场上的失利，他对前线美军部队的情况甚为关切。

最后，马歇尔说明了布莱德雷赶赴非洲的使命：帮助艾森豪威尔处理战场上的一些事务并提出建议，减轻艾森豪威尔的负担。临走时，马歇尔交给布莱德雷两封与“赫斯基”有关的绝密信件（“赫斯基”是进攻西西里的代号），并嘱咐他说：“看看信件，把内容都记在心里。如果飞机迫降，就把信件毁掉，口头向艾森豪威尔报告。”

布莱德雷小心翼翼地拆开信件，其中有一封信详细说明了“赫斯基”行动的开始日期。这可以说是最高机密，一路上，他都感到口袋沉甸甸的。从信件中，他知道突尼斯战役结束后，西西里战役即将开始。

2 月 24 日，布莱德雷乘坐司令部定期飞往非洲的航班前往目的地，沿途共飞行了 90 个小时，途经迈阿密、英属圭亚那的乔治敦、巴西的纳塔尔，然后越过大西洋到达达喀尔，最后途经马拉喀什、卡萨布兰卡，抵达盟军司令部所在地阿尔及尔。艾森豪威尔的副官欧内斯特·李开着一辆凯迪拉克牌防弹车，到机场迎接布莱德雷，然后直接驶到圣乔治饭店。

艾森豪威尔的总司令部就设在圣乔治饭店。这家布局散乱的饭店坐落在一座小山上，可以俯瞰市区和挤满船只的港口。它像一座小型五角大楼，里面有穿着不同制服的英、美、法军官组成的一个庞大的参谋部。布莱德雷一来到这里，马上感到这里的气氛格外忧郁沉闷，让人有一种窒息感。

布莱德雷稍事休息后，来到总司令办公室，与艾森豪威尔会面。尽管 30 年前他们便已经在西点军校结识，而且同在一个连队，但他们的关系并不密切，毕业后几乎没有联系，只是在母校聚会或在橄榄球赛场上见过几次面。加上他们的夫人不太合拍，所以这些偶尔的社交活动对他们的关系毫无促进作用。

艾森豪威尔穿着私人定制的带有钢印四星上将军衔的“艾森豪威尔夹克”，像久别的兄弟一样，热情地欢迎布莱德雷。简单的寒暄后，艾森豪威尔向布莱德雷简要介绍了最近的战况。布莱德雷得知，就在他赶往非洲战场途中，隆美尔已经撤退，前线战事暂归平息。他们从下午一直谈到晚上，经过初次接触，当上总司令的艾森豪威尔给布莱德雷留下了深刻的印象。

布莱德雷后来回忆说：“艾森豪威尔是一个具有某种魅力的人物，有一个善于思索的一流头脑。他是一个敢于负责任的人，在介绍最近盟军作战失利的情况时，他没有责备任何人，而是一再强调，他对失败的每一个方面都愿意承担全部责任。”

艾森豪威尔对战争势态了如指掌。对于前一段的失利，他非常准确地指出了情报方面的失误。在隆美尔发起进攻前，盟军已经从情报中获知了相关消息，但是情报分析的进攻方向后来被证明是错误的。从艾森豪威尔的谈话中，布莱德雷认识到要谨慎地使用那些“超级”破译情报组织提供的情报。

夜幕降临后，布莱德雷在艾森豪威尔的别墅附近共进晚餐，他发现总司令和蔼可亲的微笑后面隐藏着神经脆弱、易怒、暴躁的另一面。

布莱德雷准备去前线前，副官给他找来了合适的战场服装和一支“斯普林菲尔德”7.62毫米步枪。布莱德雷在艾森豪威尔的司令部里浏览了两天的作战报告，了解整个战局的进展和状况。他从中了解到，艾森豪威尔不允许美国人批评法国人或英国人，一旦犯忌，有可能马上被降职或调回国，目的是寻求一种协调一致的“联合作战”关系。艾森豪威尔多少有点亲英倾向，他与英籍女司机兼护士凯·萨默斯比的关系也十分密切。

布莱德雷对于刚刚领受的任务并不满意，因为他主要是充当一个难以言喻的角色，作为艾森豪威尔直接了解并掌握部队情况的耳目到突尼斯前线去，并对前线的美军指挥官提出一些“建设性调动”的意见。

布莱德雷深知这个角色要周旋于各个指挥官之间，是一个招人猜忌和厌烦的“间谍”角色。为了避免与人结怨或招致嘲笑，他告诫自己要小心谨慎，多听多看，睁大眼睛观察，千万不能胡说八道、多嘴多舌。到非洲后他正是这么做的，以善于观察、稳健沉着、深藏不露的姿态处理着一切事务。

2 月 27 日，布莱德雷随艾森豪威尔、史密斯乘 B－17 轰炸机前往亚历山大设在君士坦丁堡（阿尔及利亚东北部城市）的英军司令部和参谋部。

作为一个出色的职业军人，亚历山大给布莱德雷留下了良好的印象，他耐心、机智、正直，而且头脑清醒，对地中海和北非战区的战略态势了如指掌。亚历山大以圆滑的外交手腕和高超的判断力处理着突尼斯的局面。他正忙于选配部下、整顿部队和制订新的作战计划等工作，目的是消灭轴心国在北非的军队及准备西西里岛的作战行动。他对指挥突尼斯战役的陆军高级指挥官很不满意，主张撤掉安德森和弗雷登道尔的职务，以奥利弗·利斯[1]接替前者，巴顿接替后者。但蒙哥马利拒绝将利斯调出，这事只好搁浅。亚历山大认为弗雷登道尔“遇事不果断”，他对艾森豪威尔说：“我相信你还有比他强的人。”但是，弗雷登道尔是马歇尔选定的人，曾经成功指挥过进攻奥兰的战役，而且解除一个指挥官的职务对当事人来说无疑是军事生涯中的一个灾难。因此，艾森豪威尔举棋不定，最后决定暂置一旁。

布莱德雷在君士坦丁堡见到了安德森，发现安德森直言坦率、忠于职守、毫无私心，但他待人冷漠、沉默寡言，而且“对军事行动总是持悲观的看法”，因此很难得到别人的信任和了解。布莱德雷认为，安德森作为一名集团军司令官是不称职的。

在君士坦丁堡，亚历山大花了很大力气去整顿安德森的部队，按国籍和师的编制恢复建制和制订行动计划。这样，安德森仍在北方防区指

---

① 奥利弗·利斯（1904—1978）：英国将领，蒙哥马利的爱将，曾任第 8 集团军司令和东南亚地面部队司令。

挥英军第1集团军。中段防线由装备了美制武器的法军第19军驻防，军长为阿尔方斯·朱安[1]将军。第19军归安德森统辖，作为第1集团军的有机部分。南段防线主要由美军第2军负责，直属亚历山大指挥，单独作战，全军由第1装甲师和3个步兵师组成。

为了具体掌握第2军的情况，布莱德雷来到了第2军司令部。第2军军长弗雷登道尔和以往一样，偏执自傲。他知道艾森豪威尔派布莱德雷来的用意，因此表现出很不欢迎的态度，安排布莱德雷和史密斯住在一家年久失修、破旧不堪、没有窗户的“饭店”里，条件十分艰苦。布莱德雷的满腔热忱一下子降到了冰点，心里很不是滋味，但他什么也没有说。

弗雷登道尔给布莱德雷的第一印象是性情古怪。在谈话中，布莱德雷明显感到弗雷登道尔对英国人意见很大，还把2月份遭受失败的事完全归咎于安德森的指挥。

布莱德雷和史密斯认为弗雷登道尔作为一个军长是不称职的，他们决定回到阿尔及尔总部后马上向艾森豪威尔建议，解除弗雷登道尔的军长职务，尽管他是马歇尔选来指挥在奥兰登陆的指挥官。

布莱德雷基本了解第2军的情况后，不由得心急如焚。在随后几天里，阴雨连绵，寒气逼人，他再次深入各个部队进行实地考察，以便及时了解第2军各个师的具体情况，结果令他大吃一惊并愤慨至极。

第1装甲师师长奥兰多·沃德是布莱德雷在西点军校时的朋友，并在马歇尔的秘书处当过他的上司。沃德坦率地告诉布莱德雷，第1装甲师到达非洲后，分散在美、英、法军中作战，形不成总体实力。隆美尔反扑期间，弗雷登道尔越过权限，亲自指挥第1装甲师。

打了败仗后，弗雷登道尔要求欧内斯特·哈蒙在前线担任一个不明确的高级职务。在隆美尔溃退前，弗雷登道尔把整个前线的部队交给哈蒙指挥，哈蒙似乎成了代理军长。沃德无事可干，只好在一旁观战。更

---

① 阿尔方斯·朱安（1888—1967）：法国元帅。“二战”期间历任法国第1军第15摩托化步兵师师长、法国驻北非陆军总司令、法国远征军总司令、法国国防部总参谋长。战后担任过法属摩洛哥总督、中欧盟军司令。

有趣的是，哈蒙回到阿尔及尔时，也建议剥夺弗雷登道尔的指挥权。

查尔斯·赖德是布莱德雷在西点军校的同班同学，负责指挥第 2 军的第 34 步兵师，这个师是在国民警卫队基础上组建的满员师。但在此前的战斗中，弗雷登道尔将他们部署在低洼地而不是高地作战，以致损失惨重。由于作战失利，赖德受到了安德森和弗雷登道尔的指责。赖德毫不客气地指出，弗雷登道尔不是一个合格的军长。

号称“大红一师”的第 1 步兵师师长是布莱德雷的老朋友特里·梅萨·艾伦，助理师长则是罗斯福总统的侄子小西奥多·罗斯福。第 1 步兵师只是部分参加战斗，因此伤亡不大。第 1 步兵师的两个指挥官也对弗雷登道尔一肚子意见，但布莱德雷看出该师有无视纪律、傲气十足的毛病，认为只有用铁的纪律来约束该师，施以严格训练，才能使其更具战斗力。

曼迪·S. 埃迪的第 3 师编成了新编第 9 步兵师，埃迪刚刚接管部队，与布莱德雷并不相识。这个师从未参加过战斗，急需训练，这是布莱德雷了解情况后得出的结论。不过，他对埃迪的印象还算不错，认为他是一个杰出的职业军人。

经过详细调查第 2 军的情况，布莱德雷确信弗雷登道尔不称职，第 2 军缺乏统一的、强有力的指挥和严格训练，全军纪律松弛、混乱不堪。亚历山大、安德森、史密斯、哈蒙等人和布莱德雷意见一致，都力主解除弗雷登道尔的职务。

3 月 5 日上午，艾森豪威尔抵达第 2 军视察。布莱德雷没有接到弗雷登道尔的通知，结果冒着寒风驱车一个小时前往埃迪的指挥所，为了向艾森豪威尔汇报情况，他只得又冒着风雪赶回军部，全身都快冻僵了。实际上，弗雷登道尔是故意让布莱德雷去受罪的，他全然不知道自己的处境其实很危险。

艾森豪威尔的原则是不会轻易解除一个指挥官的职务，因为这将导致一个人的职业灾难。但是，目前撤掉弗雷登道尔的呼声甚高，他感觉压力很大。他见到布莱德雷后，把布莱德雷拉到一边问道：“你认为这里的指挥怎么样?”

布莱德雷知道他指的是撤掉弗雷登道尔的事情，于是坚定地说："糟透了！"

"谢谢，布莱德雷！"艾森豪威尔的语气轻松多了，"你坚定了我的想法。"艾森豪威尔内心做出了决定，让乔治·巴顿来接替弗雷登道尔。

3 月 4 日，艾森豪威尔给远在摩洛哥的巴顿发了急电，命他迅速赶到阿尔及尔报到。3 月 5 日，巴顿匆忙带参谋长休·加菲将军、情报处处长奥斯卡·科克上校飞赴阿尔及尔。美军第 7 集团军和蒙哥马利的第 8 集团军原本准备在 4 个月后作为进攻西西里岛的尖刀部队，巴顿正忙于整顿部队和制订作战计划。现在，艾森豪威尔不得已将他调来，这就打乱了原定计划。

巴顿于 3 月 5 日当天抵达阿尔及尔，艾森豪威尔马上向他布置了任务：迅速使新建的第 2 军恢复应有的军事素质和战斗力，在作战上，该军归属亚历山大的第 18 集团军群指挥。同时，艾森豪威尔还告诫巴顿不要莽撞行事，管好自己的嘴巴，与英国人搞好关系。布莱德雷对巴顿直言不讳、狂傲鲁莽的个性也有点担心，但他相信巴顿的能力，认为他只是不够圆滑，缺乏清醒的头脑和外交手腕。

下午 4 时 30 分，巴顿到伊斯坦布尔拜见了第 18 集团军群司令亚历山大，两人彻夜长谈。亚历山大直言不讳地谈到第 2 军"身心软弱、缺乏训练"，并交代两周后第 2 军要支援蒙哥马利穿越加贝斯平原，牵制轴心国部队。

3 月 6 日，巴顿赶到第 2 军司令部，这时梅德宁战役正紧张激烈地进行着。巴顿把艾森豪威尔在白屋机场写的亲笔信交给弗雷登道尔后，接管了第 2 军。

雷厉风行的巴顿，开始用狂暴急躁的"不民主和非美国的方法"整顿第 2 军的军容风纪和作息制度，使第 2 军全体官兵闻风丧胆，不得不振作精神。巴顿甚至要求护士也要戴着钢盔，即使上厕所，士兵也要军容严整。违反纪律者，军官罚款 50 美元，士兵罚款 25 美元。尽管其间也遇到了一些阻力，但巴顿牢牢地当稳了"第 2 军的老板"。

许多传记作家对巴顿与布莱德雷在第 2 军时的相处情况着墨很多。

小乔治·史密斯·巴顿画像

巴顿和弗雷登道尔一样，无法容忍布莱德雷作为艾森豪威尔的“耳目”待在第2军。不过，巴顿并不是单纯地排斥布莱德雷，他很钦佩布莱德雷的才华以及行事谨慎、公正的作风。但是，他不能容忍布莱德雷在第2军的暧昧地位，认为这有悖于军事指挥的原则。实际上，布莱德雷也不喜欢一个没有实权，除了当顾问就没有其他用处的职位。他告诉巴顿，美国在北非的问题不仅仅局限于第2军，像艾森豪威尔这样身居高位者同样缺乏紧迫感，他认为艾森豪威尔也不知道战役会有怎样的结局。

很快，布莱德雷的尴尬处境就结束了。一向说话粗鲁的巴顿给艾森豪威尔打电话表明了态度：“我不能让任何‘间谍’在我的司令部周围转来转去，要么让布莱德雷当副军长，要么结束这种状态。”

在这种情况下，艾森豪威尔只得任命布莱德雷为第2军副军长。他打算等巴顿整顿好第 2 军后，如果布莱德雷有足够的能力指挥第 2 军，再任命他为军长。将巴顿临时从摩洛哥调来，放下组建第 7 集团军的工作和制订进攻西西里的计划，仅是权宜之计。

3 月 7 日，就在布莱德雷被正式任命为第 2 军副军长不久，马歇尔打电话给艾森豪威尔，建议不让布莱德雷担任第 2 军副军长，而是去摩洛哥临时负责巴顿原来的工作。艾森豪威尔对此表示了异议，认为巴顿只需暂时留在突尼斯前线 3 个星期左右，然后在 4 月 1 日就会把第 2 军交给布莱德雷，而巴顿仍然回去继续拟订西西里作战计划。艾森豪威尔欣赏布莱德雷的职业能力，但力主让他先熟悉一下突尼斯的环境、地形和人事，更重要的是熟悉英国人。

最后，他们决定让布莱德雷自己定夺。3 月 10 日，布莱德雷从前线飞回总部，当面告诉艾森豪威尔，他愿意留在第 2 军。巴顿在摩洛哥已经组建了一班人马，他不好插手。而且对他来说，他宁愿指挥部队打仗，也不愿意去制订作战计划。

艾森豪威尔尊重布莱德雷的选择，他电告马歇尔："经过与布莱德雷充分讨论，我们一致认为，以原计划不变为宜，授权布莱德雷指挥第 2 军，我将尽快安排和落实此事。"

3 月 11 日，布莱德雷从阿尔及尔回到第 2 军，将讨论的过程及决定告知巴顿。其间，布莱德雷还坦率地谈了自己的想法。巴顿欣然接受了这一切，后来，他在日记中写道："我把它当做最好的决定接受了。"巴顿深知自己在突尼斯的任职不会太长，他也愿意回摩洛哥去担任更重要的职务，而不是让布莱德雷去代替自己。

就这样，布莱德雷接管了第 2 军，从此得到了驰骋沙场的机会。

突尼斯大捷

1943 年 3 月对巴顿来说是值得庆祝的一个月，在短短一个月的时间里，他对第 2 军进行了雷厉风行的整顿，重振了第 2 军的军威。整顿后的第 2 军，变成了一支纪律严明、英勇善战的部队，士兵们个个精神抖擞。不久，巴顿便被提升为三星中将。这正是巴顿梦寐以求的事情。

为了把德、意的非洲军团赶出非洲，盟军进行了大量的准备工作，抓紧时机储备弹药和汽油，而非洲军团则孤立无援，已经到了弹尽粮绝的地步，犹如沙漠里的困兽一般，毫无战斗力。现在摆在盟军面前的问题是，如何在最短的时间内，以最小的代价，全歼孤立在突尼斯的非洲军团，不使一兵一卒漏网逃掉。

隆美尔这只“沙漠之狐”也嗅到了死亡的气味。他认为，突尼斯的地理位置虽然很重要，却处于亚历山大和蒙哥马利两支大军之间，形势十分不利，如果轴心国的军队继续留在非洲，无异于自杀。为此，他请求希特勒迅速从北非撤军，但没有得到许可。3 月 9 日，隆美尔决定回欧洲养病。这也使他成了希特勒眼中的“悲观主义者”，从而失去了对非洲军团的指挥权。随后，阿尼姆接管了非洲军团。

针对非洲军团的布防情况，要想歼灭它，盟军有两个选择：

一是在北面由阿尼姆率领的意大利部队和南面马雷斯防线的德军之间打入一个楔子，大胆地进行穿插，分割包围两支轴心国部队，最后予以歼灭。

马雷斯防线是一个组织严密、工事坚固的防御系统。它北起地中海，南到陡峭的马特玛塔的山丘，正面是一道道防坦克战壕和铁丝网。除了特巴戈山和梅拉布山之间那条狭窄的弯路，没有可能进行迂回行动的其他路径。而且敌人已经在这个隘口修筑了工事，由德国装甲师和意大利步兵把守着。整个马雷斯防线上共有 2 个德国师和 6 个意大利师，还有德军第 15 装甲师作为后备力量。隆美尔离开北非后，意军的梅塞上将接手了马雷斯防线的指挥权。

二是稳扎稳打，步步为营，逐步向非洲军团施加压力，将其挤到突尼斯北部的海滩上，使其失去回旋余地，最后予以歼灭或迫使其投降。

根据当时盟军在突尼斯前线的布防情况，如果选择第一种方案，担任穿插任务的应该是美军第 2 军。亚历山大保守地选择了第二个方案，因为他对美军第 2 军的战斗力没有信心，不相信美军第 2 军具有取胜的能力和气魄。亚历山大认为，穿插的部队肯定会遇到非洲军团装甲部队的顽强抵抗，他担心美军第 2 军无力粉碎这种抵抗。

在第二个稳扎稳打的方案中，蒙哥马利率领的第 8 集团军将担任主攻任务，突破马雷斯防线，沿海岸平地驱逐非洲军团；安德森的第 1 集团军共 17 万人固守北部和中部的突尼斯前线阵地；美军第 2 军 9 万人将在南部沿山地向东佯攻，吸引轴心国部队的主力，威胁其右翼，以减轻蒙哥马利主攻的压力。

布莱德雷和巴顿对第 2 军只承担附属任务感到十分失望。按照计划，巴顿将在 4 月 1 日返回摩洛哥，由布莱德雷接任第 2 军军长。从 3 月 6 日接手第 2 军至 3 月 17 日发起进攻，巴顿只有 10 天的时间整顿和训练这支被称为“乌合之众”的部队。布莱德雷意识到，佯攻任务也许正适合第 2 军，尽管他们都希望第 2 军能承担主要任务，打败轴心国部队，以便在英国人面前扬眉吐气。有人曾说巴顿对第 2 军的任务十分不满，牢骚满腹，言辞激烈。实际上，巴顿在日记中客观地写道：“亚历山大是对的，虽然有些偏私，但如果我处在他的位置，也会这样做。”

不过，巴顿对于蒙哥马利一再推迟进攻时间感到很不耐烦。蒙哥马利向来行事谨慎，从来不打无准备的仗。此前在阿拉曼战役中，正是因为他的迟疑，错过了消灭隆美尔所部的大好机会。现在，他在突尼斯集结了大量兵力和物资，占据明显的优势，但他仍然觉得时机没有成熟。

相对于巴顿，布莱德雷则显得比较淡定，他认为，蒙哥马利拖得越久，形势对第 2 军就越有利。3 月中旬，他们等来了蒙哥马利将要发动进攻的消息。

根据作战计划，美军第 2 军在蒙哥马利发动攻势前 3 天，即 1943 年 3 月 17 日发动佯攻。具体任务为：特里・艾伦的“大红一师”夺取加夫萨，战事顺利的话再夺取埃尔盖塔，之后为蒙哥马利建立一个燃料库；奥兰多・沃德的第 1 装甲师由卡塞林山口向东推进，直扑埃尔盖塔东北部的斯塔欣 – 德塞内德，如果进攻顺利，便向米克纳西周围的高地推进；埃迪的任务是率新编第 9 步兵师援助艾伦和沃德，而赖德的第 34 步兵师则在北面的后方作为预备队，寻找机会攻打溃败的敌军。

进攻开始后，艾森豪威尔和亚历山大来到费里亚纳第 2 军的前沿指挥所，坐镇督战。巴顿和布莱德雷随部队上了前线。巴顿随“大红一师”挺进加夫萨，布莱德雷也随沃德出击。自 1911 年考入西点军校加入部队以来，这是布莱德雷第一次真正尝到打仗的滋味，而且一开始就遇到了危险，几乎丢掉性命。敌军在该地区埋了很多地雷，进攻开始几个小时后，布莱德雷乘坐的吉普车的轮胎碰到了一枚意大利式地雷，所幸这枚地雷没有爆炸。布莱德雷被吓得“失魂落魄”，暗中庆幸自己捡回一条命。

说布莱德雷是一颗幸运之星，一点也不夸张。在他的带领下，第 2 军在佯攻中进展顺利，艾伦的“大红一师”成功占领了加夫萨，沃德的步兵师也占领了斯塔欣－德塞内德，意军没有抵抗便后撤了。但是，沃德的装甲部队因大雨而陷入泥潭，坦克和卡车寸步难行。巴顿为此怒气冲冲，大骂沃德。

激动人心的时刻到来了。3 月 20 日，总攻开始，蒙哥马利以雷霆万钧之势发起了正面进攻，德军拼死抵抗。经过一天的激战，蒙哥马利给亚历山大发电报称：敌军企图固守，英军准备以混战歼灭。同时，他要求改变美军第 2 军的作战方式，让第 2 军派出一个装甲师强行突破，在非洲军团的战线中打下一个楔子。亚历山大担心这样做过于冒险，于是拒绝了蒙哥马利的要求。

3 月 22 日，蒙哥马利的主攻部队遇到了顽强的抵抗。在蒙哥马利的再次催促下，亚历山大这才命令美军第 2 军制订计划，派一支小型快速装甲部队向马哈雷斯进攻，骚扰敌军后方。

巴顿接到任务后十分兴奋，此时沃德的装甲部队仍陷在泥潭里动弹不得，巴顿又一次在电话中臭骂沃德，但也无济于事。

艾伦的“大红一师”佯攻埃尔盖塔的行动十分顺利，他们事先得到破译情报，提前做好了迎击德军第 10 装甲师的准备。3 月 23 日下午，美军开始反扑，击毁敌军坦克 32 辆，痛快地报了卡塞林山口的一箭之仇。

与此同时，布莱德雷也正奔赴阿尔及尔，与艾森豪威尔商讨第 2 军总攻比塞大和突尼斯时的角色问题。亚历山大的参谋长麦克里里也奉命来到第 2 军，详细介绍了征服轴心国部队的长远计划，并强调这个计划是深思熟虑的结果，具有很强的可行性。但很多人对这个计划十分恼火，其中包括巴顿和布莱德雷。

艾森豪威尔对第 2 军的安排尚未做出决定，他对第 2 军的兴趣也不大。布莱德雷强压住自己的失望情绪，极力主张让第 2 军参加最后的决战。他对艾森豪威尔说，放弃第 2 军的 3 个美军师，在战术上等于摒弃了富有经验的部队。把第 9 步兵师配属安德森会重蹈在突尼斯的混乱，排斥第 2 军将不利于用实战来检验部队战斗力的原则，打击了士气，更重要的是，美国人民将不能分享最后胜利的喜悦。

艾森豪威尔被布莱德雷说动了，问他有何高见。布莱德雷乘机提出自己早已想好的方案：把第 2 军的 4 个师（包括埃迪的第 9 步兵师）转移到安德森集团军以北，在比塞大独立作战。这样一来，美军便可在最后的决战中作为一支独立的部队去完成任务。

3 月 23 日，艾森豪威尔致函亚历山大，他引用布莱德雷的话，毫不含糊地指出："如果战事发展到美军的防区，当战役出现危机时，却有意把美军排斥在战役之外，我认为这是不能接受的。"

头脑清醒的布莱德雷为第 2 军争取到了最后的参战机会，赢得了摘取胜利荣誉的机会。3 月 26 日，蒙哥马利成功突破了马雷斯防线，轴心国部队北撤到加贝斯湾上方的盐沼防线。第 2 军的"大红一师"虽然力挫敌军第 10 装甲师，但未能再进一步，而是掘壕固守。沃德的第 1 装甲师仍滞留在米克纳西附近的泥潭，巴顿怒火中烧却又无能为力。赖德的第 34 步兵师佯攻丰杜克后遭到顽强抵抗，无法继续推进，只好退却。

在这次战斗中，布莱德雷带领的第 2 军仍然未能取得辉煌的战绩。英军因此更为藐视美军，亚历山大及其部下对第 2 军很不尊重，并百般挑剔，他们在战地记者面前随意批评第 2 军。艾森豪威尔则严格约束美军，不允许任何人去批评英国人。这个时候，布莱德雷和巴顿的偏激情绪有增无减，但布莱德雷努力控制自己，不在公开场合说过头话。

蒙哥马利的谨慎小心，终于给第 2 军提供了一次机会。突破马雷斯防线后，蒙哥马利没有乘胜追歼非洲军团，而是专门经营盐沼防线，以致坐失良机。按照蒙哥马利的计划，他要在盐沼防线进行大兵团决战，向轴心国部队发动一场声势浩大的正面进攻。为此，他请求亚历山大让第 2 军支援他，哪怕是向前推进几公里。

布莱德雷接到命令后，立即率领第 2 军按计划从埃尔盖塔沿加贝斯湾向前推进袭扰敌人，以装甲部队为先导。这项任务不是作为楔子插入轴心国部队中间，也不许进行大规模坦克战。但是，正为亚历山大的严格限制而恼怒的巴顿却欣喜若狂，认为这是显示他的闯劲和战斗激情的天赐良机。他暗暗下定决心，一定要抢在蒙哥马利之前趁机杀向大海。

巴顿调来了艾伦和埃迪的两个步兵师开路，然后调沃德的装甲部队作为主攻。他警告沃德，如果再失利，就撤他的职。

就在这次进攻中，巴顿的部队遭遇了德军的轰炸机群，第 2 军的观察指挥所也遭到了德军的多次袭击。巴顿最忠实的副官理查德·詹森和一个吉普车司机在轰炸中不幸身亡。巴顿为此悲痛万分，一直以来对于只有英军享受空中支援的不满都爆发了出来，他给亚历山大写了一份措辞很不客气的报告，谴责负责战斗空军的科宁厄姆中将。科宁厄姆看到报告后，以嘲讽的口吻劝说第 2 军不要把失败的原因归咎于空军，这是很丢脸的事情。巴顿十分气愤，又把矛头指向艾森豪威尔对英军的软弱和纵容。艾森豪威尔亲自写信告诫巴顿："我理解你此刻的心情，要耐心，沉住气，我们要尽最大努力来维护盟国通力合作的伟大目标，希望你能够理解。"

在敌人的顽强抵抗中，沃德的部队陷入了困境，毫无进展。这次失利大大地惹怒了亚历山大，他不断地责备沃德，还向艾森豪威尔建议撤掉沃德的职。艾森豪威尔表示同意，但要求亚历山大向巴顿提出，由巴顿亲自办理此事。巴顿收到亚历山大的信后，更是恼怒万分。尽管他已经决定撤掉沃德的职，但基于对英军的偏见，他认为他们又在借故责备美军。

战场上最铁石心肠的巴顿，最后把解除沃德职务一事推给了布莱德雷。沃德是布莱德雷的亲密朋友和老上司，他深知沃德的失利源于气候和暂时的困境，解职有欠公允，认为这是“战争期间分配给自己最难的任务之一”，但基于亚历山大和巴顿对沃德的不信任，也为了维护第 2 军的最高利益，他还是执行了任务。当他到达米克纳西，为难地把免职命令交给沃德时，沃德平静地接受了这一切。沃德回国后，马歇尔又给了这位老部下一个装甲师，有机会他还可以东山再起。沃德离开后，巴顿把欧内斯特·哈蒙从摩洛哥调来，代替了沃德。

巴顿对本森也大为不满，甚至驱车到前线责令本森继续前进，不惜一切代价取得战果。

4 月 7 日，本森的先头部队终于和蒙哥马利的先头部队会师，但他们还是未完成封锁盐沼防线和袭扰敌军的任务。

在突尼斯最后决战的初期阶段，布莱德雷的第 2 军仍然没有多大作为。蒙哥马利步步逼近，将轴心国部队压到昂菲达维尔，并准备坚守。最后，布莱德雷勉强获得亚历山大的同意，让第 2 军参加进攻比塞大的战役。他们的位置处在安德森的战线之后，准备沿地中海沿岸开辟自己的补给线。

到此为止，巴顿已经在突尼斯多待了两周，但战局依然未见分晓，而他必须回摩洛哥去准备进攻西西里的作战计划了。4 月 15 日夜，布莱德雷正式接手第 2 军。第二天，艾森豪威尔给布莱德雷送来了任命他为第 2 军军长的官方信件。鉴于第 2 军的情况，艾森豪威尔对布莱德雷抱有很高的期望，他在信中说：“现命令你正式接管第 2 军，以后必须采取严格的军纪，这一点要毫不含糊。现在战局已经进入关键时刻，要求我们的部队必须完成指挥官交给的任务，必要时我们要求军官挺身而出，身先士卒，以确保完成作战任务。”

巴顿离开前，在日记中说艾森豪威尔是“好一头蠢驴”。他对艾森豪威尔的软弱一直耿耿于怀，但对布莱德雷则大加赞美。布莱德雷奉劝巴顿少说为妙，停止批评艾森豪威尔及英军。巴顿表示回到摩洛哥后将听从劝告，管好自己的嘴巴，并希望与布莱德雷再度共事。

巴顿在第 2 军的短暂日子里，大刀阔斧地整顿部队，取得了神奇的效果，为布莱德雷日后的工作开展奠定了基础。至此，第 2 军还没有取得惊人的胜利，巴顿未能分享胜利的喜悦。布莱德雷很不喜欢巴顿的虚张声势，但他很庆幸自己已经熟悉了这支已经恢复战斗力的部队，他相信自己能把这支部队训练得更加出色。

对于艾森豪威尔牺牲第 2 军利益，“偏袒”英军的做法，布莱德雷也感到不满，但他不像巴顿那样锋芒毕露，而是沉着冷静地维护第 2 军的声誉。更重要的是，他经常将自己的想法隐藏起来，从不在公开场合批评艾森豪威尔。

布莱德雷担任美军第 2 军军长之际，盟军对突尼斯轴心国部队的围歼准备已接近完成，决战即将到来。可以说，盟军已稳操胜券。制空权掌握在阿瑟・特德①手中，安德鲁・坎宁安②严密封锁了海上交通线，轴心国部队已无法从突尼斯撤走一兵一卒。盟军部署了共 20 个师 30 万人的部队，拥有 1400 辆坦克、1400 多门大炮。科宁厄姆的战术空军已经进驻德意空军放弃的机场，作战半径可达到战线的任何地方，为盟军地面部队提供有力的保障。同时，盟军的补给线也畅通无阻，物资供应充足。

隆美尔的继任者阿尼姆手下虽然有 25 万兵力，却孤立无援，仅剩下 100 辆坦克，汽油、弹药、医药和食品都十分匮乏，得不到补给。阿尼姆自知无路可退，决心破釜沉舟，背水一战。

4 月 16 日，亚历山大下达了代号为“铁匠”的总攻令。这个进攻计划基本上是要求部队沿整个弧形战线进行大规模强攻。安德森的第 1 集团军担任主攻。蒙哥马利的第 8 集团军对昂菲达维尔施加压力，趁机推进。法国第 19 军在蒙哥马利左侧和安德森右侧适时发起进攻，以扩大战果；美军第 2 军则部署在第 1 集团军北面，保护安德森的左翼，吸引敌人的注意力，并逐步向乔吉高地推进，最后协助安德森夺取比塞大。

---

① 阿瑟・特德（1890—1967）：英国皇家空军元帅。“二战”期间曾任中东皇家空军司令、北非战区空军司令、地中海战区空军司令和盟国远征军最高司令部最高副司令。

② 安德鲁・坎宁安（1883—1963）：英国海军大臣、海军元帅。他是英国海军自霍雷肖・纳尔逊以后至今 200 年间最伟大的将领，海军航空兵的倡导者，塔兰托战役、马塔潘角海战等历次战役的胜利者。

布莱德雷接受任务后，把第 2 军司令部安扎在贝迪市郊外的帆布帐篷里。他从第 28 师调比尔 · 基恩来当自己的参谋长，并保存巴顿留下的班底。他还取消了巴顿过激的规定，比如后方医院的护士不必再戴钢盔。同时，他一反巴顿的粗暴作风，耐心地说服下级执行命令，放手让手下军官独立解决问题。这是他从马歇尔那里学来的领导作风，也符合他历来的领导风格。

4 月 19 日至 20 日夜，蒙哥马利首先发动佯攻，以诱骗阿尼姆。两天后，安德森手下的第 5、第 9 军发起进攻。布莱德雷的第 2 军部署在安德森的第 1 集团军和地中海海岸之间，埃迪的第 9 步兵师居北，赖德的第 34 步兵师位于中间，艾伦的“大红一师”居南。布莱德雷跟随哈蒙的第 1 装甲师指挥作战。

战前，艾森豪威尔曾建议布莱德雷在战斗发起后，集中坦克部队在南部的泰恩河谷攻击敌人。布莱德雷仔细研究地形后，认为这种做法并不妥当。泰恩河谷一带地势复杂，德军居高临下，又处于守势，可以随时用反坦克炮还击，这样做必然重蹈卡塞林山口的覆辙。布莱德雷决心避开敌军火力，集中兵力先抢占一些制高点，然后把坦克和火炮调上来，支援步兵展开进攻。

4 月 23 日，布莱德雷指挥第 2 军发起进攻。在强大的炮火掩护下，美军稳步向前推进，敌军依托崎岖不平的山地构筑工事抵抗，慢慢向后退却，收缩战线，同时布下了许多地雷。布莱德雷在一次视察中经过一个十字路口时，碰巧遇到敌人投下的定时炸弹爆炸，险些丢掉性命。

4 月 26 日，敌军停止后退，在一座光秃秃、崎岖不平的小山包上抢修了工事。美军要继续前进，必须夺取这个高地。根据地图标高，布莱德雷给这个高地取名为“609 高地”。这座山是第 2 军战线上的最高点，恰到好处地扼制着冲在最前面的艾伦的前进道路。

布莱德雷把拿下“609 高地”的任务交给赖德的第 34 步兵师。该师在前几次的战斗中表现不是很好，布莱德雷打通赖德的电话，坚定地对他说：“给我拿下那个山头，这是你能挽救自己的唯一机会。”

赖德沉默了一会儿，无奈地说：“我将坚决执行你的命令，但这不是件容易的事情。”

赖德精心制订了进攻计划。在炮火的掩护下，第 34 师接连向“609 高地”发起了三次进攻，但都退了回来。

就在布莱德雷的第 2 军毫无进展时，安德森发来了两份怒气冲冲的电报，第一份电报要求布莱德雷绕过“609 高地”到敌人后方去支援他，第二份电报则要求布莱德雷调一个步兵旅给他使用。布莱德雷正被眼前的战事搞得焦头烂额，安德森的要求无异于雪上加霜，因此他没有理会。

眼下攻占“609 高地”仍是个大难题，为了加强火力，布莱德雷建议把坦克当作移动大炮使用。4 月 30 日上午，美军重新向“609 高地”发起进攻，在正面炮火的掩护下，由 17 辆坦克组成的移动火炮边打边走，发出了令人生畏的怒吼，终于成功地迂回到“609 高地”的翼侧，从背后猛烈地炮击敌人。遭受腹背夹击的敌人终于顶不住了，下午，赖德指挥的步兵旅占领了山头。

当天夜里及第二天一整天，德军进行了多次反扑，但都被击退了。5 月 1 日夜幕降临时，敌人终于放弃反攻，撤退了。第 2 军牢牢地控制了“609 高地”。

布莱德雷非常高兴，这一仗扫清了美军东进路上的障碍，使他得以把坦克部队调上来，迅速向前推进。这一仗，第 34 步兵师也经受了考验，打出了勇气，鼓舞了官兵们的士气。

英军的正面主攻受挫后，亚历山大被迫修改作战计划。他命令蒙哥马利坚守阵地，从第 8 集团军抽调第 4 步兵师、第 7 装甲师和第 201 警卫旅，配给安德森手下的第 9 军。这样一来，第 9 军共有 2 个步兵师、4 个步兵坦克营、2 个装甲师以及配属的其他部队。根据计划，第 9 军将在第 5 军以及空军的配合下，集中兵力，于 5 月 6 日向突尼斯发起强攻。

布莱德雷没有被眼前的胜利冲昏头脑，为了与主攻部队协调一致，他制订了一个新的计划。在对面，德军虽然设防坚固，但地形给美军实施坦克快速突击提供了机会。布莱德雷计划集中哈蒙指挥的坦克部队，穿插到敌人后方，两面夹击，彻底击溃敌人的防线。他为此重新调整了步兵的部署，以便坦克突击成功后，步兵能迅速投入战斗，扩大战果。

5 月 6 日，在强大的炮火和飞机近距离火力支援下，英、美联军全线发起进攻。轴心国部队晕头转向，乱作一团，向后逃窜。在第 2 军前进的道路上，哈蒙一路畅通无阻，尽管损失了 47 辆坦克，但部队日渐接近比塞大。左翼，埃迪的第 9 步兵师也慢慢跟进，赖德和艾伦的 2 个师来回穿插，夺取了乔吉。在战事进展顺利的情况下，艾伦率“大红一师”独自攻击，违背命令擅自行动，结果遭受重大损失，退了回来。布莱德雷确信该师狂傲放任，目无纪律，决心撤掉该师指挥官的职务。

5 月 7 日，埃迪的第 9 步兵师在没有英军支援的情况下，攻克比塞大。9 日，盟军攻占突尼斯城。

几个星期以来，轴心国的空军逐渐溃败，面对眼前的危机，他们只能出动飞机 60 余架次进行报复。盟军的海空封锁使敌人停止了海上的活动，空军的努力亦已告终。

5 月 13 日，盟军经过猛攻，终于迫使轴心国在突尼斯的残余部队约 25 万人举手投降，其中一半左右是德军。

这次胜利与三个半月前苏联红军的斯大林格勒大捷遥相辉映。希特勒和墨索里尼①的非洲远征，使德、意军队伤亡和被俘的士兵达 95 万，损失的武器装备更是不计其数。

看到长长的俘虏队伍，布莱德雷感到欢欣鼓舞。在击溃非洲军团的战役中，第 2 军做出了重要贡献。他给艾森豪威尔发去了只有四个字的电报：“任务完成!”

在短短的时间里，布莱德雷与巴顿不仅使第 2 军重新获得了战斗力，并且打了一场漂亮仗。艾森豪威尔对此十分满意。

从 1943 年 2 月布莱德雷飞抵北非，到 5 月 7 日率第 2 军参加突尼斯战役，取得辉煌的战绩，他的事业可谓一帆风顺。在性格上，布莱德雷不像巴顿那样锋芒毕露，他善于跟上级和英国人和睦相处，同时也得到了马歇尔在背后的有力支持。在作战方面，他谨慎沉着，善于捕捉战

---

① 墨索里尼（1883—1945）：意大利国家法西斯党党魁、法西斯独裁者，第二次世界大战的元凶之一，法西斯主义的创始人。1922—1943 年任意大利王国首相。

1943 年，盟军在突尼斯获胜，北非战争宣告结束。图为战役中被俘的德军与意军俘虏

机，对战场态势、兵力运用、战术安排和后勤补给都能巧妙调度。当然，布莱德雷接手的第 2 军，是以巴顿的大力整顿为基础的。没有巴顿大刀阔斧的改革，就不会有布莱德雷的显赫战功；而没有布莱德雷的指挥有方，也不会取得为美军争一口气的胜利。

此后，布莱德雷的名字开始见诸报端，很多报纸登载了他的生平事迹。一时间，布莱德雷成为美国军界一颗冉冉升起的将星！

一波刚平一波又起

1943 年 1 月，在这个寒冷的天气里，卡萨布兰卡会议召开了。会上，英、美首脑决定在突尼斯战役结束后立即实施西西里岛登陆战役，扫除地中海交通线上的主要障碍。英国提出的这个作战计划后来被命名为“赫斯基”计划，目的是迫使意大利退出战争，扫清地中海中部的轴心国部队。

1943 年 1 月 24 日，在卡萨布兰卡会议后，美国总统罗斯福（左二）、英国首相丘吉尔（右一）与法国的戴高乐将军（右二）和吉罗将军（左一）合影

西西里岛是地中海中最大的岛屿，面积 2. 57 万平方公里，人口约 400 万。该岛位于亚平宁半岛和北非之间，隔墨西拿海峡与意大利本土相望，最窄处仅 3219 米，是意大利南部的重要屏障。

在盟军攻打突尼斯之前，意大利南部和西西里岛的守备力量十分薄弱。德、意两国首脑均认为，轴心国有 25 万精兵固守突尼斯，完全可以抵挡住盟军的进攻，西西里岛根本没有发生战争的危险。直到突尼斯失守，希特勒和墨索里尼才慌了手脚。此时墨索里尼的精锐部队已在希腊、苏联和北非损失殆尽，剩下的部队无力击退盟军。如果请德国出兵援助，他担心引狼入室，意大利被德军乘机占领，所以他一直在犹豫要不要请希特勒出兵保卫意大利南部。

实际上，希特勒也不愿出兵意大利，他对墨索里尼存有戒心，担心他倒向盟军，背盟弃约，使德军陷在意大利南部。不过，他们最后还是达成了协议。经过一番调兵遣将，在亚平宁半岛、科西嘉岛、撒丁岛和西西里岛上，意军部署了 44 个师加 6 个旅、600 架飞机和 183 艘舰艇，德军调集了 7 个师加 1 个旅、500 架作战飞机和 60 艘舰艇。至 1943 年 7 月初，西西里岛驻有意军第 6 集团军，下辖 9 个意大利师和 2 个德国师，共 25.5 万人，可以得到 500 架飞机的支援。面对如此庞大的守备力量，盟军要想攻占西西里岛，显然要付出相当大的代价。

1943 年夏，盟军在北非沿海港口集结了大量部队，亚历山大的第 15 集团军群负责执行“赫斯基”计划，下辖蒙哥马利的第 8 集团军和巴顿的第 7 集团军，共 13 个师和 3 个独立旅，总兵力达 47.8 万人。此外，空军有 4000 余架飞机，海军有战斗舰艇和辅助船只约 3200 艘。

登陆战役定于 7 月 10 日开始。按照计划，巴顿的第 7 集团军准备以欧内斯特·道利少将的第 6 军担任主攻。道利是西点军校 1910 届毕业生，是一名野战炮兵专家，参加过第一次世界大战。布莱德雷在西点军校担任数学教员时，道利是战术系主任。第二次世界大战爆发后，道利在美国指挥、训练第 40 师，后升任第 6 军军长，1943 年 4 月率领第 6 军赴非洲作战。

“二战”期间，盟军在突尼斯苏塞港集结，准备进攻意大利西西里岛

布莱德雷得知将以第6军作为进攻西西里岛的美军主力，而第2军则被晾在一边，心里十分着急。这意味着第2军没有显山露水的机会，只能待在摩洛哥驻防。他不能容忍这一安排，于是分别给艾森豪威尔和巴顿写信，说第2军打过仗，作战经验丰富，可以担负重任，而第6军刚刚抵达非洲，最好不要让他们去冒这个险。

艾森豪威尔和巴顿都认为他的分析很有道理，在第2军随时可以投入作战的情况下，让没有作战经验的军长和部队去参加这样重大的战役，情理不通。最终，艾森豪威尔与巴顿采纳了布莱德雷的建议。

5月15日，艾森豪威尔电告马歇尔，告诉他准备把第2军调给巴顿，而把第6军调给摩洛哥的克拉克第5集团军。艾森豪威尔带着欣赏和喜悦的语气说："布莱德雷干得如此出色，有必胜的把握。面对这么大的战争，我绝不能拿一个毫无实战经验的军长和参谋部去碰运气。"

马歇尔对布莱德雷也颇为欣赏，于是同意了艾森豪威尔的决定。事实证明，布莱德雷的考虑是正确的，在后来的意大利战役中，一直被艾森豪威尔看好的道利率领第6军参加战斗，结果非常糟糕。最终，道利被革职，降为上校，送回美国。

5月13日，布莱德雷从突尼斯前往阿尔及尔，与艾森豪威尔等人详细审阅了"赫斯基"计划，并讨论了美军在突尼斯战役中的得失。之后，布莱德雷飞往奥兰以东的海滨城市穆斯塔加奈姆，巴顿从司令部率仪仗队到机场欢迎他们一行。午宴时，巴顿豪放地为布莱德雷庆祝胜利，称他是"比塞大的征服者"。突尼斯战役的胜利，使盟军上下像庆祝节日一样快乐。

5月20日，艾森豪威尔邀巴顿和布莱德雷飞往突尼斯参加"胜利游行"。高级将领亚历山大、安德森、特德、坎宁安、朱安以及法国权贵们都坐在主检阅台上。艾森豪威尔忙得不可开交，冷落了巴顿和布莱德雷，美军主要将领只能坐在侧检阅台上。幸好蒙哥马利回国休假去了，否则巴顿更会气得七窍生烟。

那段时间，艾森豪威尔始终被巴顿认为是亲英分子，巴顿对布莱德雷说："真是浪费时间。"之后，他回穆斯塔加奈姆继续制订他的作战计划，希望在西西里战役中赢回点荣誉。

布莱德雷想把第2军的指挥部也设在穆斯塔加奈姆，靠近巴顿的司令部，以方便联络。巴顿却让布莱德雷把司令部设在号称“苍蝇之城”的雷利赞。这个村镇充满恶臭，天气炎热，遍布苍蝇，周围是一片沙漠。

6月2日，布莱德雷升为三星中将，与巴顿的军衔相同。布莱德雷知道巴顿这样安排是出于虚荣心，他不允许有同级军衔的将军和他待在一起。但战役即将打响，布莱德雷顾不上计较这些无关紧要的事情，他与巴顿密切合作，努力做好战争的准备。

巴顿和以往一样，对制订作战计划没有什么耐心，他的头脑里整天想着进攻，全然不顾后勤方面的问题。他常常把作战计划的细节部分留给集团军副司令和参谋人员去解决。他的这种做法让布莱德雷颇为担心。

从5月下旬起，布莱德雷率部开始了为期一个月的集中训练。除了一般训练外，部队还进行了强制性的实弹演习，包括登上岛屿后的城市实战演习。布莱德雷就近视察了第1、第9步兵师和第2装甲师的演习训练。他遇见了正在参加演习的一个营，认真听取了他们的意见，并根据突尼斯战役的经验指出：“在登陆后，要特别当心敌人埋设的地雷，我们在突尼斯战役中就吃了这方面的亏。此外，要积极巡逻，及早发现情况。一旦遇到战斗，要敢于靠近敌人进行打击。”

巴顿也来到布莱德雷的部队进行视察，夸夸其谈地为部队打气鼓劲。在谈到对付意军的作战方式时，巴顿用粗俗的语言谈到避免正面进攻、适时迂回到敌人翼侧的战术，弄得士兵们有些难为情，但大家都把他的话铭记在心。

在登陆战的准备过程中，蒙哥马利要求给他增加兵力，因为他认为计划过于低估第8集团军在锡腊库扎附近登陆时的困难。4月24日，他对亚历山大说：“到目前为止，作战计划都是建立在岛上的抵抗力量薄弱的前提上，认为登陆可以轻易取胜。实际上，敌军在突尼斯打得很出色，西西里岛登陆战一定会遭到顽强的抵抗。我们必须做好应变的准备，这很有可能是一场苦战，我准备率第 8 集团军打到西西里岛去，但必须允许我自己制订作战计划。”

蒙哥马利严厉批判了西西里岛作战计划。随后一周，盟军频频召开紧急会议，进行了激烈的讨论。5 月 2 日，为解决纷争，艾森豪威尔召开了盟军最高军事会议。蒙哥马利一到阿尔及尔，便去找艾森豪威尔的参谋长史密斯。他对史密斯说，美军应当放弃在战役初期登陆巴勒莫的主张，而为空军夺取机场，第 8 集团军则应在他原本计划的地方登陆。史密斯也认为这个计划比较可行，决定转而支持蒙哥马利。

在会议上，蒙哥马利详细说明了自己的计划：放弃先前攻击巴勒莫的计划，改在杰拉附近的海岸登陆；第 8 集团军则对西西里岛进行两栖登陆作战。他对这个计划很有信心，认为这是进攻西西里岛的最佳方案。艾森豪威尔认为没有必要把时间浪费在无意义的争吵上，最终同意了蒙哥马利的计划。但这样一来，美军的作用就被大大降低了。巴顿在感情上有些接受不了，但作为一名职业的军人，他严格地执行了命令。

由于采用蒙哥马利的计划而临时改变美军在巴勒莫登陆的预想，美军的供应出现了严重问题。在第 2 军的突击区域没有大港口，在战役初期，第 2 军的突击部队只能通过海滩获得补给，一切都要依靠海军。海军把补给品运到海滩，然后由陆军卸载和分发。

为了保证登陆以及作战的顺利展开，英、美海军造船厂为登陆和补给滩头部队制造了各种新型的吃水浅的舰艇，包括蛤壳式坦克登陆艇、步兵登陆艇、车辆和人员登陆艇，以及一种被称作“鸭子”的水陆两用车。根据这些装备的特点，布莱德雷指挥部队加强使用舰艇和车辆的训练。因为缺乏经验，水手们不断出错，有时还把部队错送到离目的地 16～20 公里的地方去。

6 月 2 日，为了了解部队的状况，鼓舞士气，马歇尔在阿尔及尔与丘吉尔会晤后，乘飞机去看望参战部队。布莱德雷接到消息后，特地从司令部赶到穆斯塔加奈姆。在前往演习场地途中，马歇尔边走边与布莱德雷交谈，称赞他在突尼斯的战功，并要求他打好即将开始的西西里岛战役。

当天，美军在奥兰海滩为马歇尔举行了登陆演习。士兵们的动作不符合规范，跌跌撞撞，一片混乱，有的士兵甚至连刺刀都没上就跑到水边。巴顿见状，当着马歇尔、艾森豪威尔等一大群高级将领的面，大发雷霆，口出秽语。站在一边的艾森豪威尔窘迫得一句话也没说，布莱德雷也十分惊讶。马歇尔板着面孔，大为扫兴。随同马歇尔前来的参谋人员小声地说："唉，巴顿这一下完全失去了踏进高级司令部的机会。他发这通脾气会断送自己的前程。"

按照计划，新增援的第 45 师于 6 月 23 日从美国本土抵达北非，已经没有时间进行训练了。布莱德雷命令该师在航渡期间进行演习，按战斗编制直接突击北非的滩头。该师到达目的地时，布莱德雷亲自观看了突击海滩的演习。在夜幕的笼罩下，庞大的护卫舰队停泊在港口外，登陆部队陆续冲击上岸。但 3 个团中只有 1 个团被送到预定的海滩，其余 2 个团都在偏离目的地数公里的地方上岸。布莱德雷用高倍望远镜仔细观察着这一切，担忧地对参谋人员说："我的天啊！要是在西西里岛也偏离目标这么远，那我们就惨了。"

为了使西西里岛登陆战更具突然性，盟军还进行了代号为"肉馅"的诱骗行动。

一天，一具英国军官模样的尸体漂到了西班牙附近的海域，周边的渔民发现后，马上报告了情况。西班牙人在这具尸体上找到了许多文件副本，其中有英军参谋部副参谋长阿奇博尔德·奈伊中将写给亚历山大元帅的个人信件，信中说：为了攻占希腊和撒丁岛，盟军决定对西西里岛进行佯攻，以调走希腊和撒丁岛上的德意军队。

西班牙将此事报告了德国。经过反复分析与研究，希特勒对这个情报深信不疑，下令位于法国的德军第 1 装甲师增援希腊，只命令新组建的第 90 装甲步兵师增援撒丁岛。德军南线总司令阿尔贝特·凯塞林①元

① 阿尔贝特·凯塞林（1885—1960）：德国空军元帅，纳粹德国最具指挥能力的将领之一，绰号"微笑的阿尔贝特"。"二战"期间指挥空军参与了波兰与法国的入侵行动、不列颠战役和"巴巴罗萨"行动；亦曾担任南方战区总司令，指挥地中海和北非战场上的全部德军；在"二战"最后几天担任德军西线总司令。

帅对此则很不以为然，认为这是盟军故意迷惑德军，他们实际上要夺取的是西西里岛。因此，他命令德军戈林装甲师和第15装甲步兵师前去增援西西里岛。

这样一来，双方的兵力分别为：德、意联军一共有40.5万人，其中意军36.5万人、德军4万人；盟军的第15集团军群一共有47.8万人。总的来看，盟军的人数与装备远远超过了德、意联军。

登陆时间越来越近了，美军的登陆地点远不如蒙哥马利的登陆地点条件优越，显然要面临一场苦战。战役前的最后几天总是过得很快。6月27日，布莱德雷关闭了雷利赞的指挥所，转移到奥兰，做好登陆的最后准备。他住在戒备森严的郊外小屋里，向窗外眺望，外面就是他们即将跨越的大海。

7月4日，布莱德雷乘车赶到奥兰以西8公里的海军基地克比尔港，登上了两栖作战指挥舰“安康”号。

这时，进攻战已经由空军拉开了帷幕。特德、科宁厄姆、卡尔·斯帕茨[①]指挥空军，对西西里岛和卡拉布里亚实施了战略轰炸。在登陆前3周，盟军共出动4000架飞机对西西里岛上的30个重要机场和辅助简易机场昼夜轰炸，使敌人的机场完全瘫痪。到7月1日，盟军取得了西西里岛及意大利南部的制空权，轴心国幸存的1400架飞机撤到了意大利中部和撒丁岛。

尽管空中轰炸取得了显赫的战绩，但在攻击开始的前几天里，布莱德雷仍感到不安。空军突击的都是一些战略目标，而不是盟军地面部队将要登陆的具体军事目标。地面部队的指挥官对此都很不满意：“我们进行登陆准备时，对于能否得到空中支援一无所知。我们不知道战斗机将如何保护我们。我们起航时，一点也不知道将在什么时候、什么地方、什么情况下得到空中掩护……”

布莱德雷对此深有感触。在突尼斯战役中，空军只负责突击战略目

---

① 卡尔·斯帕茨（1891—1974）：美国空军上将。“二战”期间历任美国陆军第8航空队司令、盟国空军司令，长期在北非战区和地中海战区指挥作战。战后任美国陆军航空队司令、美国首位空军参谋长。

标，放弃了支援地面部队的轰炸，以致德国空军数次把战场上的盟军部队炸得四处乱窜。布莱德雷本人也在一次战斗中遭到空袭，险些丧命。因此，他通过各种渠道打听空军将如何提供掩护，但得到的消息都很含糊。

7 月 8 日、9 日，盟军的海军攻击舰队从北非的奥兰、阿尔及尔等十几个港口出发，载送部队在马耳他岛会合，各种舰只总数达 1411 艘。同时，英国海军出动“无敌”号和“无畏”号 2 艘航空母舰、6 艘战列舰等大型战舰掩护攻击舰队。航空母舰还向希腊方向佯动，迷惑敌人，引开敌人的注意力。不过，布莱德雷的部队并不在其中，因为他和他的部队早在 3 天前就出发了。

纵马征服西西里

这次西西里岛登陆战，将由海、陆、空三军相互配合完成。而三军出动的场面也十分壮观：空中数千架飞机列队飞行，遮天蔽日；地面部队疾速前进，浩浩荡荡的队伍见头不见尾；海上各舰队有条不紊，乘风破浪。看着这样的战斗场面，所有人对于赢得这场战争都信心百倍。

7 月 5 日傍晚，布莱德雷乘坐指挥舰“安康”号，率领一支庞大的运兵舰队出发了。盟军的飞机也在天空巡逻，景象极为壮观。布莱德雷率领的舰队和“掩护舰队”一样，以欺骗动作向东行驶，进一步迷惑敌人，让他们以为盟军的进攻目标是希腊。

这一天，天空万里无云，海面风平浪静，但是布莱德雷还是晕了船，不时地呕吐。舰队绕着西西里岛航行了五天。在航程中，布莱德雷还患了严重的痔疮，比晕船还难受。病痛折磨着他，但又没有止痛药来减轻痛苦。硬挺了两天后，布莱德雷想，如果疼痛继续下去，到攻击开始时，他将无法坚持。他决定去找医生，医生建议他做局部手术。此时，庞大的舰队在黑暗中向西西里岛海滩靠近，海风呼啸，巨浪排空，布莱德雷在前后摇晃的甲板上蹒跚地向病号舱走去，不能亲见战役打响，使他焦躁不安。

7 月 10 日凌晨 2 时 40 分，美军第 82 空降师和英军第 1 空降师飞向西西里岛。这是盟军在第二次世界大战中实施的首次空降作战，而且是在夜间进行。空降队伍由英军第 1 空降师和李奇微的第 82 空降师抽调人员组成，共使用 366 架飞机，其中 331 架是美国 C－47 型飞机，35 架是英国“阿尔比马尔斯”式飞机。英军空降部队将在锡腊库扎以南着陆，夺取一座重要的公路桥；美军空降部队的任务是夺取艾伦“大红一师”登陆滩头的正面制高点。

然而，所有飞机的驾驶员都是从来没有参加过战争的新兵，缺乏空投和水上飞行的经验，更没有在夜间进入过敌占区的上空。结果，空降行动很不顺利，美军的伞兵没有按战斗小组靠近目标，而是散落在西西里岛东南部方圆 96 公里的地域内，许多人降落在英军负责的地区。

教训是惨痛的，但是也为日后在诺曼底的空降行动积累了宝贵的经验。

不久，大规模的登陆行动也开始了。蒙哥马利的第 8 集团军在诺托湾海岸以东 60 公里长的海滩登陆，巴顿的第 7 集团军的 4 个加强师则在杰拉海岸 90 公里长的海滩登陆。布莱德雷手下的“大红一师”在艾伦的指挥下进攻杰拉；第 45 师由特洛伊・米德尔顿[①]指挥，在斯科格利蒂实施攻击；小卢西安・特拉斯科特[②]的第 3 师突击利卡塔；加菲的第 2 装甲师和“大红一师”的一个团作为“浮动预备队”。

西西里岛并没有发生蒙哥马利预想中会遇到的顽强抵抗。意军牢骚满腹，部署在稀疏分散的碉堡工事里，他们在自己的家园更无心打仗。他们痛恨希特勒和墨索里尼发动的战争，战争毁掉了他们的家园和经济。登陆开始后不久，成群结队的意军或投降或化整为零潜入乡间。

在美军的战区，战斗基本上是按照计划进行。第 3 师仅仅遇到了意

① 特洛伊・米德尔顿（1889—1976）：美国陆军中将，“二战”期间最有才干的美国战将之一，历任第 45 步兵师师长、第 8 军军长，以在危急时刻从容不迫而闻名。参加过西西里岛登陆战役、萨勒诺登陆战役、诺曼底登陆战役、突出部战役、莱茵兰战役等。

② 小卢西安・特拉斯科特（1895—1965）：美国陆军上将，教师出身，参加“二战”时是上校，带领突击队登陆摩洛哥、西西里岛和安齐奥，在战场上晋升为军长，随后占领罗马，横扫法国南部，1945 年成为第 5 集团军司令，突破意大利北部的德军最后一道防线。

军微弱的抵抗，于中午占领了利卡塔镇、小港口和机场。艾伦的“大红一师”主力在杰拉以东的海滩登陆，遇到了零星抵抗，但在海军重炮的支援下，敌人的抵抗随之瓦解。到上午 9 时，艾伦的部队控制了杰拉和所有目标，并与空降部队取得了联系。米德尔顿的第 45 师在上午 9 时也控制了斯科格利蒂。

布莱德雷和巴顿的部队顺利登上了西西里岛滩头，并保持着攻击态势。

从中午开始，德军零星派出轰炸机轰炸了第 7 集团军的战区，因海军舰队开炮还击，敌机没有构成太大的威胁。但是，登陆部队遇到了很大的困难，沙堤和岩石把登陆艇阻隔在海上，不能到达岸滩，以至于艾伦未能把大炮和装甲车运到岸上。米德尔顿也遇到了类似的麻烦。艾伦的一个团被留作“浮动预备队”，加之未能与伞兵取得联系，上岸后没有后续部队。这样，艾伦的战区就成了连环滩头堡潜在的薄弱环节，一旦轴心国部队发起反扑，将陷入危险的境地。

布莱德雷在“安康”号舰桥上，用双筒望远镜观察混乱的滩头，心里绷着的弦越来越紧。盟军登陆当天中午，轴心国军队开始全面反攻。在第 7 集团军的对面，整个压力都集中在艾伦率领的“大红一师”上。伞兵部队和其他登上滩头的部队也英勇奋战，进行还击。但因为缺少装甲车、火炮、反坦克武器和运输车，登陆部队处境十分困难。

7 月 11 日晨，德军装甲部队向只有轻武器的美军发起了猛烈进攻。德军出动 481 架飞机频频轰炸滩头部队，使美军登陆区陷入一片混乱，一些离海岸不远的舰船也被炸毁。

随后，德军的轰炸机又向布莱德雷等人乘坐的旗舰扑来。形势万分危急，盟军的战斗机连忙赶来拦截，双方飞机在空中发生混战，令人眼花缭乱；岸上和舰上的防空兵分不清敌友，见了带翅膀的就打，战场上一片混乱。

当天早晨，巴顿和布莱德雷分乘登陆艇上岸。布莱德雷因为刚刚做了痔疮切除手术，伤口还很痛。他在岸上捡了一件管状充气救生衣当作枕头，然后歪倚在水陆两用车上奔向第 2 军指挥所。这个指挥所是在米德尔顿的第 45 师防区内的斯科格利蒂匆忙组建的。

布莱德雷乘坐的汽车在海滩和石子路上颠簸，幸好靠着枕头，他才稍微减轻了一些痛苦。尽管如此，他仍咬牙坚持指挥战斗。在当天的战斗中，有好几个小时形势相当不妙。德军的坦克几乎推进到距滩头阵地不足 2 公里处。美军地面部队奋力反击，士兵们用最新的轻便反坦克火箭炮直接射击敌军的坦克，但是炮弹威力太小，德军的坦克丝毫不受影响，仍旧大摇大摆地向前开进。

关键时刻，美国海军部队用 203 毫米和 127 毫米的舰炮一齐向岸上敌人的坦克射击，终于阻止了德军坦克的攻势。当天傍晚，德军溃退了。

这一天，因为前线战事紧张，布莱德雷没有时间去见巴顿。随后，他们因为一件事发生了争吵。原来，巴顿没有经过布莱德雷的同意，越权取消了他向一支部队下达的命令，结果导致这支部队险些陷入绝境，最后大败而回。布莱德雷为此恼怒万分，见到巴顿后，他当面质问道："前线形势这么紧张，为什么不跟我商量一下就直接下达命令，出了问题谁负责？"

面对布莱德雷的质问，巴顿毫无准备，只得道歉。事后，巴顿对艾森豪威尔说布莱德雷"不够勇敢"，而布莱德雷则坚定地认为鲁莽与勇敢有严格的区别。

此时此刻，艾森豪威尔在马耳他岛的指挥所里焦躁不安地等待着。巴顿向来狂放急躁，当战斗进展不顺利时，他便跑到前沿阵地亲自指挥作战，结果有 10 个小时没有向艾森豪威尔及时汇报战斗情况，这样一来，艾森豪威尔也无法及时向最高统帅部汇报战况。

7 月 12 日凌晨，艾森豪威尔乘英军驱逐舰"攻城雷"号来到第 2 军的防区视察。6 时 30 分，艾森豪威尔又赶到停泊在杰拉港外巴顿的旗舰"蒙罗维亚"号。巴顿正在向岸上转移指挥部，他把艾森豪威尔领进作战地图室，简要汇报了岸上的战况。在汇报时，巴顿以惯有的自我炫耀方式，描述了他前一天上前线的情况。他说："枪林弹雨中，我亲自在离敌人步兵只有 900 米的地方帮忙架设迫击炮，这给了士兵们很大的鼓舞。”

艾森豪威尔一脸不高兴地听完巴顿的汇报后，当即问道：“你一连10多个小时都不与指挥部联系，跑到哪里去了，我们无法了解第7集团军的情况。”

巴顿急忙辩解说：“将军，我当时不是在指挥集团军，而是在率领一支侦察分队作战。”

艾森豪威尔闻言勃然大怒。他们之间的会谈进行了45分钟，这次会谈使艾森豪威尔对巴顿失去了信任。此前艾森豪威尔派巴顿去突尼斯指挥第2军时，曾经给巴顿写信说：“我想告诉你，你的某些行为不是勇敢，而是鲁莽。你不必在我面前夸耀你的勇敢，你是去当军长，而不是当士兵。在战斗中，你必须了解每一支部队及其所在阵地上的情况。记住，一个指挥员只有在指挥所里才能掌控全局，才能与他的指挥官及部队保持密切的联系。”现在在西西里岛登陆战的关键时刻，巴顿离开指挥位置“蒙罗维亚”号长达10个小时之久，仿佛他不是集团军司令官，而只是一个勇猛的连排长。布莱德雷后来猜测，正是巴顿这次勇敢的“参战”行为，断送了他的远大前程。

盟军在滩头站稳脚跟以后，由于事先缺乏征服西西里岛的总体计划，只好各行其是。布莱德雷与巴顿主张蒙哥马利的第8集团军沿东部海岸公路，经卡塔尼亚直插墨西拿，切断轴心国部队逃往卡拉布里亚的退路；第7集团军则经恩纳、尼科西亚插至北部公路，然后东进与第8集团军会师，共同攻占墨西拿。面对如此形势，轴心国守军势必成为盟军强大包围圈里的瓮中之鳖而被迫投降。

就在盟军准备下一步行动之际，轴心国也调整了西西里岛的防御。

德军南线总司令凯塞林认为，轴心国在西西里岛大势已去，失败已成定局。现在轴心国所能做的是拖延时间，渡过墨西拿海峡，撤到卡拉布里亚。为了尽可能牵制盟军的兵力，他向希特勒建议把卡拉布里亚的德军第29装甲步兵师及在法国南部的第1空降师调到西西里岛，并得到了批准。

7月12日晚上，布莱德雷正面的戈林装甲师被调往卡塔尼亚。德军增援的第 1 空降师也同时在卡塔尼亚空降成功。从西西里岛西部开来的德军第 15 装甲师在恩纳附近占据了有利地形，阻止美军第 7 集团军北进。7 月 13 日，新调来的德军第 29 装甲师抵达埃特纳山西南地区。这样一来，轴心国部队便构筑了从恩纳到卡塔尼亚的坚固防线。

7 月 13 日，蒙哥马利手下的第 13 军在米尔斯・登普西①的指挥下，奋力突破卡塔尼亚；英军第 1 空降旅的 1900 名士兵从突尼斯出发，在卡塔尼亚空降，配合地面部队发起进攻。这时，德军也空降了很多伞兵，牢牢控制着从卡塔尼亚通往墨西拿的海岸公路。

蒙哥马利向来狂傲自负，不把美军放在眼里，同时也对抗或左右着亚历山大。进攻受挫后，蒙哥马利未与任何人商量，便命令英军第 30 军沿美军控制的 124 号公路向恩纳挺进。

当时，布莱德雷率领的第 2 军已经推进到离公路仅 900 多米的地方。为避免造成混乱，美军只好暂停下来，眼睁睁地看着英军从自己面前大摇大摆地走过去。先斩后奏的蒙哥马利在 7 月 13 日上午才把情况报告给亚历山大，要求将集团军任务区变动一下，将第 7 集团军西调，给正在开来的第 30 军让出地方。情况紧急，亚历山大马上飞往杰拉，向正在吃午饭的巴顿宣布了新的计划。

这个计划不仅关系到美军的荣誉、尊严和许多士兵的生命，而且使盟军合攻墨西拿的计划充满了危险，美军再次居于从属地位。按照巴顿平时的性格，他应该会怒火中烧、拍案而起，把亚历山大顶回去，但这一次，他却像羔羊一样温顺。他知道艾森豪威尔正在找借口解除自己的职务，他不想再自讨苦吃，于是对蒙哥马利的计划没有提出任何反对意见，一味顺从地执行。

当天下午，巴顿把命令传达给布莱德雷。一向沉稳的布莱德雷气愤极了，他马上明白了这个决定的含义：蒙哥马利成为西西里岛战役的主角，而让美军退后掩护。他实在无法接受美军整整一个集团军浴血奋战

---

① 米尔斯・登普西（1896—1969）：英国陆军中将，“二战”期间历任第 13 步兵旅旅长、第 13 军军长、第 2 集团军司令、中东战区司令。1945 年指挥第 14 集团军，准备在马来亚对日作战，因日本投降未果。

打开的通往海岸的通道，就这样不明不白地交给了英军。因此，他对巴顿说：“天啊！你可不能让他这么干！我们千万不能让蒙哥马利唱独角戏！”

巴顿对于布莱德雷的反应早有预料，但他也无可奈何，用变了调的声音说：“为时太晚，来不及改变命令了。”

争吵也无济于事，最后，他们决定把这个情况报告艾森豪威尔。从维护盟军团结的角度考虑，艾森豪威尔委婉地劝说布莱德雷服从这一安排。

军令如山，布莱德雷不得不让出地盘，以便英军第30军通过；同时，他调整部署，把第45师调到“大红一师”的左侧。巴顿也获得亚历山大的允许，让特拉斯科特的第3师的部分兵力向西，夺取恩伯尔港，以改善美军的补给。美军进军神速，如秋风扫落叶般席卷那些非重要地区，意大利守军纷纷投降，甚至还为盟军提供情报。

爱出风头的巴顿一心想为美军挽回点面子，但他不能攻打墨西拿，只好盯住没有军事价值的港口城市巴勒莫。巴勒莫具有传奇色彩和诱人的历史，攻占它同样可以上头条新闻。

巴勒莫位于西西里岛的西北角，离环绕埃特纳山的德军防线甚远，在它和第7集团军立足的滩头阵地之间，守军力量薄弱，攻占它应该不难。

巴顿内心酝酿着攻占巴勒莫的计划，对外则守口如瓶，小心谨慎，连布莱德雷也没有告知。他也想像蒙哥马利那样来个先斩后奏。他临时组建了1个军，由集团军副司令杰弗里·凯斯指挥，下辖第3师、第2装甲师、第82空降师重组的2个团和第9步兵师的1个团等部队。

然而，7月16日，亚历山大向巴顿发布了一个新的命令，规定蒙哥马利的2个军将担任墨西拿的主攻任务，巴顿的第7集团军要保证恩纳以西的道路畅通，以掩护蒙哥马利的左翼。完成这项任务后，第7集团军将往北直抵大海。

这一次，巴顿终于忍耐不住了，第二天便乘飞机去找亚历山大，他强忍怒气申述了夺取巴勒莫的理由，强调“不让第7集团军和第8集团军享有平等的荣誉，在政治上是不明智的”。

随后，巴顿又求见艾森豪威尔，向他阐明了同样的观点。最后，巴顿如愿以偿，亚历山大同意了他的计划。巴顿乐不可支，连忙赶回西西里岛。

7 月 19 日，巴顿命令凯斯指挥临时拼凑起来的部队，对巴勒莫发起了进攻。这个军从布莱德雷指挥的第 2 军防守的滩头向西北方向挺进，留下第 2 军其余的 2 个师独自担负支援第 8 集团军的任务。布莱德雷对这种安排隐约有些担心和不安，他不赞成这样匆忙行动，但又无法阻止事态的发展。

就在巴勒莫战役发起 4 个小时后，亚历山大向巴顿下达了正式命令，但这些命令与亚历山大在突尼斯所做的口头许诺完全不同。亚历山大命令巴顿率领第 7 集团军的全部人马向北挺进，直插海岸，从南到北建立一道横贯西西里岛的坚固防线。在完成这项任务后，才能考虑攻打巴勒莫。巴顿的参谋长霍伯特 · 盖伊为了不影响攻打巴勒莫的战事，几天后才向巴顿报告了这件事。

这样一来，亚历山大分配给第 7 集团军的任务就全落到了第 2 军的肩上。向北直插海岸，同时支援第 8 集团军的翼侧，这项任务费力不讨好，要和许多孤立地区的德军进行殊死较量，布莱德雷深感责任重大。巴顿进攻巴勒莫，仅遇到了极小的抵抗，7 月 22 日，巴勒莫守军投降。在这次战斗中，美军伤亡 272 人，轴心国伤亡 2900 余人、被俘 5. 3 万人。

巴勒莫是西西里岛仅次于墨西拿的一个大城市，具有重要的政治价值。美军率先攻占了一个大城市，士兵们为此十分自豪，美国国内群情振奋。自战役开始以来，一直对巴顿没有好印象的艾森豪威尔，在阿尔及尔得知巴勒莫被美军攻占的消息后，脸上露出了难得的笑容。

而第 2 军的境遇则截然相反，他们只能与敌人苦苦鏖战。布莱德雷命令第 45 师从中部向西北机动挺进巴勒莫。7 月 22 日晨，第 45 师抵达巴勒莫郊外后，巴顿随即命令其先头部队离开，第 45 师主力于 7 月 23 日晨抵达巴勒莫以东 32 公里处的海岸。“大红一师”的战斗异常激烈，伤亡惨重。这次“大红一师”面对的是德军的顽强抵抗、炎热的天气和险峻的地形，奋战两周后，他们虽然攻占了佩特拉利亚，但也陷入了困境。

与此同时，蒙哥马利仍在原地踏步，没能绕过埃特纳火山，也没有继续向墨西拿进军。登普西的第 13 军在卡塔尼亚受阻，利斯的第 30 军也在阿德拉诺地区陷入困境，蒙哥马利只得从北非预备队里调来了英军第 78 步兵师。但是，德军占据着有利地势，加上蒙哥马利墨守成规，进展缓慢，以致敌军有了足够的时间来构筑防御工事，加强防守的力量。在这种情况下，蒙哥马利的计划宣告失败。

随后，亚历山大不得不改变作战计划，回到进攻西西里岛的原计划上，即美军在巴勒莫登陆，然后沿北部海滨公路向墨西拿推进，与沿东部海滨公路推进的蒙哥马利的部队遥相呼应。于是，第 7 集团军终于得到了与第 8 集团军同等的待遇，共同作为攻打西西里岛的主角。接到新的作战命令后，布莱德雷命令第 2 军掉头东进，直扑墨西拿。第 45 师沿 113 号沿海公路前进，“大红一师”在南边的 120 号公路与第 45 师齐头并进。

8 月 1 日，第 45 师和“大红一师”分别在圣斯特法诺、特罗伊纳坚守。按照计划，埃迪的第 9 步兵师要接替艾伦的“大红一师”，但艾伦希望夺取特罗伊纳后再退出战线。这时，巴顿临时组建的部队解散了，第 2 装甲师因 75% 的坦克履带毁坏，无法在崎岖的山地作战而留在巴勒莫；第 82 空降师则返回北非执行其他任务。

德军仍然死守特罗伊纳，与艾伦的“大红一师”进行殊死搏斗。进攻开始后，自告奋勇的艾伦错误地估计了德军的兵力和谋略，结果惨遭失败。在随后整整 7 天的激烈战斗中，艾伦像过去一样目无纪律，擅自行动，不按上级的指示行事，有时甚至违反命令。士兵们在他的感染下，虽然英勇奋战，却傲慢无度。

布莱德雷下定决心，等埃迪的第 9 步兵师一到，立即解除艾伦和特迪・罗斯福的职务，由讲纪律的克拉伦斯・R. 许布纳接替艾伦。许布纳曾经是亚历山大的“美国顾问”，因为过分坦率刚被解职，现在被布莱德雷点将来代替艾伦。

特罗伊纳的战斗进行得非常激烈，巴顿的火暴脾气又发作了。8 月 3 日，他到尼科西亚附近的后方医院看望伤兵，碰见了艾伦手下一个名叫查尔斯·H. 库尔的士兵。他显然没有负伤，巴顿问他为什么要住院，他回答说："我实在受不了了。"医院诊断他得了急躁型中度精神病，这是库尔第三次到后方医院了。

巴顿勃然大怒，痛骂库尔，还打了他的耳光，然后抓住他，把他推出帐篷，高声怒吼道："我绝不允许像你这样的胆小鬼藏在这里，来掩饰自己的懦夫行为，毁坏美军的名声。"库尔连惊带吓后，病情加重，转入了北非医院。

巴顿的举止让人们震惊和愤怒，但当时大家都忙于打仗，因此这件事没有马上引起反响。巴顿还给手下的军官们发了一份备忘录，要求严惩那些贪生怕死、借口神经脆弱而躲进医院的胆小鬼。

巴顿下决心抢在蒙哥马利之前攻占墨西拿，布莱德雷也想一洗被英国宣传机器奚落之耻。但德军善于在山地打阻击战，他们过河后将桥炸掉，并埋下无数的地雷，特拉斯科特的第 3 师进展缓慢。美军既要领先于蒙哥马利，又不能一味地鲁莽行事，否则容易造成重大伤亡。

布莱德雷向巴顿建议，可以利用巴勒莫的小型海军部队，向北部沿海公路上轴心国部队坚守的阵地，实施"蛙跳"式或"两栖兜圈子"式的两栖围攻。事实证明，这种新的战术非常有效。

8 月 7 日至 8 日夜，首次"蛙跳"式进攻开始了，一个加强营配合第 3 师围攻圣阿加塔，德军一片恐慌，其第 29 装甲师开始后撤。美军因伤亡惨重，登陆太晚，未能消耗德军的有生力量。

8 月 10 日至 11 日夜，第二次"蛙跳"式进攻在布罗洛进行。为了扩大影响，巴顿事先安排了许多战地记者同行。由于敌人的抵抗很顽强，特拉斯科特要求推迟 24 小时行动，但巴顿担心新闻界的报道不利于第 7 集团军，反对推迟行动。特拉斯科特无奈，只得请求布莱德雷去说服巴顿。布莱德雷警告巴顿，要严格控制战斗规模，并且保证登陆部队迅速合拢，否则登陆很可能会失败。

巴顿一心想在新闻媒体上大出风头，于是拒绝了布莱德雷的警告，战斗仍按原计划进行。布莱德雷对此非常不满，认为这是巴顿第二次无视他的权力，越权干预行动。最终，巴顿的这次越权行为造成了严重损失。在这次布罗洛的战斗中，650 人组成的部队伤亡和失踪 277 人，伤亡率达 27%，而德军几乎没有遭受任何损失便逃逸了。

暴跳如雷的巴顿在同一天视察了另一个后方医院，又打了一个名叫保尔·G. 贝内特的士兵，这个士兵患有“炮弹休克症”，他在床上哆哆嗦嗦，缩作一团，嘴里不停地唠叨着：“我的神经有毛病。炮弹飞来的声音我不怕，就是怕爆炸声。”巴顿见状气不打一处来，愤怒地吼道：“你是个神经病。见鬼去吧，你这婊子养的胆小鬼，我要枪毙了你这个杂种。”巴顿一边怒吼，一边掏出手枪晃动着，然后用另一只手打了这个士兵一记耳光，并高声对医生喊道：“你立即把那个家伙赶出去。”

这次巴顿没有上次那么幸运了，贝内特吓得号啕大哭。巴顿本来准备离开了，但看到这一切，他血冲头顶，回去狠命地打贝内特，贝内特的钢盔被打掉了，滚到了帐篷外面。在场的人都不知所措，医生们匆忙赶来劝阻，巴顿仍然在吼叫：“马上把这个胆小鬼给我赶出去，绝不能让这些胆小鬼躲在医院里。”

离开医院后，巴顿来到布莱德雷的指挥所，轻描淡写地告诉布莱德雷，他无可奈何地打了一个人。布莱德雷当时并没有在意，两天后，医院发给布莱德雷一份爆炸性公函，详细报告了打人事件的全部经过。

布莱德雷看后大吃一惊，他知道，这件事如果张扬出去，美军将失去一位有才干的将领。按规定，那份公函应该送到第 7 集团军司令巴顿手中，但布莱德雷认为那样会让更多人知道这件事，结果会更糟糕。如果越过巴顿送给艾森豪威尔，又等于冒犯了直接上司。经过反复思量，他将公函锁在保险柜里，希望人们忘了这件事。

时间转眼来到了 8 月 10 日，美军攻到了墨西拿附近的三角形滩头地带。轴心国部队没有空中和海上优势，只好撤退。但是，由于盟军没有做好切断墨西拿海峡交通线的计划，以致 7 万意军和 4 万德军，以及 1 万台车辆在一周内悄悄地溜走了。一直与盟军作战的 3 个德国师完整地保留了下来，可以随时投入战斗。

布莱德雷认为，这次战役虽然取得了表面的胜利，但并没有重创轴心国部队，主要原因在于战术失误和盟军内部缺乏统一的作战计划，指挥班子不够团结。从个人来说，布莱德雷手下的“大红一师”与第 9 步兵师分享了攻克墨西拿的荣誉。巴顿在决战的最后阶段命令米德尔顿手下的 1 个团，轻率地进行了第三次“蛙跳”式两栖登陆，并不顾布莱德雷和特拉斯科特的反对，穷追猛打。结果，8 月 15 日至 16 日夜的登陆行动又有 11 人死亡。

最后，巴顿竟然命令布莱德雷不要再调动力量，而是率领现有兵力抢在蒙哥马利之前攻占墨西拿。布莱德雷十分珍惜士兵的生命，因此没有这样做，仍然继续向前线增调部队。

在这期间，约翰·卢卡斯将军代表艾森豪威尔到第 2 军指挥所来了解战场上的情况。布莱德雷客观地指出，第 7 集团军司令部在西西里岛战役中指挥混乱，后勤补给更是问题很多，部队严重缺乏弹药；陆军与空军之间没有建立起可靠的联系，因此几乎得不到空军的直接支援，反而经常遭受己方飞机的轰炸或扫射；没有组织航空照相侦察，不了解阵地的防御情况……这一切，都是因为巴顿的不重视，而且他的参谋人员对此也满不在乎。

8 月 16 日，第 3 师的先头部队攻进了墨西拿。第二天早晨，墨西拿市的文职人员打算向特拉斯科特投降，但巴顿下令说待他进城后再受降。在他亲自率部举行入城仪式之前，第 3 师不得进入市区。这使第 3 师不得不驻扎在山上，眼睁睁地看着德军的残余部队从容撤离。

在西西里战役中，盟军伤亡 22 811 人，其中死亡 5532 人、受伤 14 410人、失踪 2869 人。美军在战争中得到了有效的锻炼，布莱德雷的“大红一师”变成了一支引人注目的英雄部队。

西西里战役以胜利告终，这使盟国取得了道义上和政治上的巨大胜利。艾森豪威尔派了专栏作家厄尼·派尔去采访布莱德雷，与“臭名远扬”的巴顿相比，布莱德雷在战斗中清醒的头脑、有条不紊的指挥、勇猛过人的胆识已经在美国传扬开了，越来越多的人开始关注这位传奇将领。

随着盟军登陆西西里岛，意大利法西斯独裁者墨索里尼预感到自己的末日到来了。

贝尼托·墨索里尼，法西斯主义的创始人，意大利国家法西斯党党魁，1922—1943 年任意大利法西斯政府首相，第二次世界大战的主要战犯

意军在北非、地中海、西西里岛接二连三的惨败，加深了墨索里尼政权的军事、经济和政治危机。这样一来，人心更加慌乱。意军兵员缺乏，士气低落，兵力分散。在国内担任防御的 47 个师战斗力很差。在苏、德战场上作战的意第 8 集团军的 22 万人，只剩下 8 万人。在法国和巴尔干担任占领任务的意军，在当地游击队的打击下，也是自身难保。而意大利的盟友纳粹德国，在斯大林格勒战役惨败后，再也无力对

意军进行大规模的支援。

意大利国内怨声载道，人们开始痛恨战争。由于连年征战，意大利的经济日益恶化：1942 年意大利的工农业生产分别比战前下降了 35% 和 20%；进口额减少了 78%；国债从 1460 亿里拉增加到 4050 亿里拉；国家财政预算赤字大增：1939 年是 120 亿里拉，1943 年上升到 870 亿里拉，收入只是支出的 36%。全国各地黑市猖獗，食品匮乏，民不聊生。

早在 1943 年 3 月，米兰、都灵等地的工人举行大罢工，人数高达 30 万。面对这种情况，墨索里尼还是决定动员 100 万人，强迫 14 ~ 70 岁的男性和 14 ~ 60 岁的女性为国家服役。但意大利人民已经厌倦了，军队士气涣散，反战情绪高涨。贫穷的意大利已无法继续进行战争。

战争打到这个时候，全国民众都失去了信心，就连谨小慎微的意大利国王维克多・埃曼努尔三世①也感到形势不妙，他在笔记中写道："德国在进入战争的第 5 年时是疲倦而沮丧，罗马尼亚和匈牙利是军心颓丧，南斯拉夫处于全面暴动状态，丹麦和挪威的全体人民都是反德的，苏联看来很强大，有丰富的资源和人力，有很好的军事和民政领袖……盟国无疑是了解意大利军队的可怜状况的，除了几辆德国坦克以外，没有装甲部队。"他还说："我们绝不要忘记对英、美政府领袖做出各种有礼貌的姿态。"国王觉得时机已到，于是联系总参谋长维克多里奥・安布罗西奥将军、佩特罗・巴多格里奥②元帅等人，组成了推翻墨索里尼政治势力的核心。

同时，在法西斯党内，一些元老也对墨索里尼不满，准备召开从 1939 年以来就一直没有召开过的法西斯党的决策机构——最高委员会会议，以此作为给墨索里尼的最后通牒。随着形势的发展，这两股政治

---

① 维克多・埃曼努尔三世（1869—1947）：军事教育家、意大利国王，曾支持意大利参加"一战"，支持墨索里尼上台。"二战"时盟军在诺曼底登陆后，他策划并成功逮捕了墨索里尼，在德军占领罗马后投奔意大利南部的美军。后因亲近法西斯政权而被迫退位。

② 佩特罗・巴多格里奥（1871—1956）：意大利王国首相、元帅。在墨索里尼独裁统治时期，支持意大利君主政体和对外侵略扩张。

势力加紧了推翻墨索里尼的活动。

在意大利国内局势发生变化的同时，盟军加紧了对意大利的进攻。在东海岸，英军遭到了德军的猛烈抵抗，进军缓慢，直到 8 月 5 日才攻克卡塔尼亚。此后，整个英军战线向前推进到埃特纳火山南面和西面的山坡。而在中部和西部，美军进军较快。

7 月 22 日攻下巴勒莫以后，巴顿挥师东进，于 8 月 16 日先于英军占领了西西里首府墨西拿城。第二天上午 10 时，最后一名德军被驱逐出西西里。在这次战役中，英、加、美官兵伤亡和失踪约 3. 1 万人，其中美军损失 7445 人；意、德军共损失 16. 5 万人，其中被俘 13. 2 万人，逃往意大利本土的有 10 万人以上。

为了彻底摧垮意大利法西斯的抵抗意志，盟军轰炸了罗马等城市，并散发传单，号召意大利人民抛弃法西斯，向盟军投降。

7 月 24 日下午 5 时，意大利国家法西斯党最高委员会开会。这是一次与墨索里尼摊牌的会议。该党元老、前外交部部长和驻英大使迪诺·格兰迪[①]提出了一项决议案，内容包括恢复宪制，国王应掌握更大的权力、指挥军队；墨索里尼只是党的领袖，不应再主持国务等。经过激烈的讨论，大会于 7 月 25 日凌晨 2 时 30 分通过了决议案，19 票赞成，8 票反对，1 票弃权。投赞成票的包括墨索里尼的女婿、外交部部长加莱阿佐·齐亚诺[②]。这时，墨索里尼站起来说："你们挑起了政权的危机。简直糟糕透了！"他愤怒地宣布会议结束。但是他没有想到，不仅会议结束了，他在意大利 21 年的独裁统治也在这一天结束了。

意大利共产党、社会党和其他政党联合起来建立了反法西斯阵线，并提出了停止战争、推翻法西斯统治的战斗口号。这一口号得到了意大利广大群众的积极响应，被压抑了 20 多年的革命烈火终于燃烧起来，墨索里尼的法西斯统治已经江河日下、日薄西山。

---

① 迪诺·格兰迪（1895—1988）：意大利国家法西斯党内民族法西斯主义派负责人，极力推行扩张侵略的外交路线，接近德国，但同时企图与西方大国保持友好关系。

② 加莱阿佐·齐亚诺（1903—1944）：意大利贵族，曾担任意大利国家法西斯党最高委员会委员、外交大臣等要职，"二战"期间参与了慕尼黑会议、德意结盟等重大历史事件。

国王埃曼努尔三世与总参谋长安布罗西奥将军等人联系，密谋推翻墨索里尼。这一提议也得到了墨索里尼政府很多官员的赞同，甚至包括墨索里尼的女婿齐亚诺等人。当然，他们的意图不外乎要把一切罪过归于墨索里尼一人，以维护资产阶级在意大利的统治地位。不管怎样，在墨索里尼仍浑然不觉时，一个倒墨集团成立了。7 月 25 日当天，墨索里尼应国王的邀请，乘车前往萨沃亚宫拜见国王。墨索里尼一向自认为与国王关系密切，因此没有任何怀疑，根本没有想到这次约见竟是一个圈套。

20 多年来，墨索里尼习惯了对国王颐指气使，习惯了让国王在他起草的文件上签字。但是，忍耐了 20 多年的国王终于盼来了雪耻的一天。墨索里尼进入客厅之后，没有受到以往的礼遇，只见国王严肃地站在那里，宣布罢免他的一切军政职务，由巴多格里奥组织新政府。之后，几名国家警察根据国王的命令，以“保护安全”为名将墨索里尼软禁起来。

两天以后，巴多格里奥将这个法西斯头目拘押在蓬察岛上。当天晚上，意大利对全世界广播，将由前三军参谋长巴多格里奥元帅负责组织一个包括军事首脑和文官在内的新内阁，巴多格里奥即日起出任政府内阁总理。就这样，统治意大利 20 多年的法西斯头子墨索里尼被赶下了台。

意大利的局势发展让艾森豪威尔感到十分高兴，在他看来，利用意大利对轴心国的背叛，争取到巴多格里奥的合作，盟军便可以用较小的代价占领意大利全境，并加快向德国法西斯进攻的步伐。就在墨索里尼倒台当天，艾森豪威尔便想通过无线电台直接向意大利提出建议，承诺使意大利得到体面的和平，盟军作为解放者出现在意大利。同时，他准备承诺：准许意大利得到和平，并允许萨伏依王朝①和巴多格里奥继续执政。

---

① 萨伏依王朝：欧洲历史上著名的王朝，曾统治萨伏依公国、撒丁王国，也是1861—1946年统治意大利王国的皇室。

意大利的投降令希特勒有点措手不及。墨索里尼垮台当天，德国立即抽调部队进入意大利北部，其中包括从法国调来的两个师，计划占领罗马以南的意大利。与此同时，希特勒连夜召集纳粹头目开会，决定采取一切措施营救墨索里尼，占领罗马，并尽一切可能支持已经垮台的意大利法西斯政权。如果巴多格里奥政府与盟国签订停战条约，则必须制订新的计划，以便夺取意大利的舰队，占领意大利全国要塞，威慑意大利在巴尔干半岛和爱琴海的驻军。那天晚上，希特勒还下令占领意、德边境和意、法边境的阿尔卑斯山的所有山口。为此，他从法国和德国南部迅速集结了大约 8 个德国师，编成 B 集团军，由精悍的隆美尔元帅指挥，准备占领罗马以南的意大利国土。这之后，又有几个德国师被调往意大利，使意大利的德国部队多达 19 个师。德国最骁勇的部队之一——第2 伞兵师也从法国开赴罗马，准备占领意大利军队的“大脑”——总参谋部。

在德国的压力下，盟军与巴多格里奥政府的谈判足足拖了一个月。9 月 8 日，巴多格里奥终于在罗马电台发表声明，命令意大利军队停止所有对抗盟国的敌对行为，并协助盟军与德军作战。这就使纳粹德国的战线出现了一个大缺口。

第七章　末雨绸缪战欧陆

筹备“霸王”行动

1943 年的春天来得很迟，田野里到处开满了不知名的野花，散发出淡淡的幽香，随风飘到很远的地方，给人一种野性的美。树上的叶子也绿了，刚刚从冬季的寒冷中解放出来的鸟儿在树上唱着歌，抖动着翅膀迎接春天。在这样一个万物复苏的季节，战争仍在继续，鲜血和死亡如影随形。

这段时间，巴顿打人事件闹得沸沸扬扬。尽管布莱德雷千方百计地掩盖巴顿两次打士兵耳光的事件，但不久还是有一位军医直接给艾森豪威尔写信，控告了巴顿。事情越闹越大，几乎演变成了一个严重的政治事件。艾森豪威尔非常着急，极力想把这件事压下去，他想方设法安抚记者，让他们暂时保守秘密，并保证会严厉惩处巴顿。

但是，陆军部和白宫也收到了许多信件，要求将巴顿解职。马歇尔得知此事后非常生气，要求艾森豪威尔做出解释。艾森豪威尔在答复时写了满满 4 页纸。他向马歇尔保证，尽管报道说巴顿没有受到惩处，实际上他已经采取了“恰如其分的纠正措施”，他认为最好的办法是“保持冷静，由我来承担责任”，并预计这场风暴会马上过去。

8 月 17 日，艾森豪威尔给巴顿写了一封密信，附上军医的报告副本，他在信中详细询问有关情况。收到信后，巴顿终于意识到了事情的严重性，他惊慌失措，联系了有关当事人，包括医生、护士、库尔以及贝内特，与他们恳切地谈话。他婉转地解释说，他有个朋友在“一战”

时因为怕死，临阵开了小差，后来悔恨交加，自杀了。他之所以打库尔和贝内特，正是因为恨铁不成钢，担心他们落得跟他的朋友一样的下场。经过巴顿的道歉和解释，挨打的士兵表示了谅解。随后，巴顿写信向艾森豪威尔表示一定会改过。他清楚地知道，进军欧洲大陆的大战即将来临，这是一个千载难逢的机会。他在信中诚恳地对艾森豪威尔说："你对我有知遇之恩，我本来应该为你赴汤蹈火，没想到却给你惹来了麻烦，我万分悔恨、内疚和痛苦。"

事情本该就此平息，不料 3 个月后，专题广播员德鲁·皮尔逊广播了两次事件的经过，全国舆论大哗。这件事搞得艾森豪威尔非常被动。战争的规模越来越大，本来他准备让巴顿担任更重要的职务，现在看来是不可能了，至少巴顿不能担任高于集团军司令的职务。8 月 24 日，艾森豪威尔写信给马歇尔，肯定了巴顿在西西里岛战役中的成绩，同时表示巴顿性格火暴，但现在"他表示要痛改前非，这一方面是因为他对你的感恩，另一方面是因为他强烈希望成为一名出众的将领。如果他不自暴自弃、自甘堕落，我们就不能抛弃他。所以，你可以让他担任一个集团军司令，我相信他率领的部队一定会所向披靡"。

由于巴顿的鲁莽，布莱德雷有了更多的机会。现在他在美军内部和全国的名声很响亮，而且他头脑清醒，指挥冷静，有条不紊，胆识过人，是个不可多得的统帅人才。

1943 年 8 月，罗斯福、丘吉尔和盟军最高司令部成员在加拿大魁北克召开了"四分仪"的战略会议。经过激烈的争论，会议最终确定盟军的下一步作战重点是实施"霸王"计划（这个计划是第二次世界大战期间盟军进攻法国西北部战役的密语代号，其前身是"围歼"计划，目的是彻底消灭德国法西斯，履行在国际会议中开辟第二战场的诺言）。同时，不放松在意大利的进攻行动。这样一来，美军必须准备两套作战班子，一套在意大利南部，一套准备指挥"霸王"行动。艾森豪威尔已经在指挥进攻意大利南部的盟军部队，他向马歇尔表示，希望继续留任这一职务，以协调与英国的关系。因此，美国必须找到一个将军来指挥"霸王"行动。

意大利南部的战役继续进行着，按照原定计划，进攻行动主要由亚历山大负责，蒙哥马利的第 8 集团军和马克 · 克拉克的美军第 5 集团军于 9 月初分别向卡拉布里亚、萨莱诺进攻。布莱德雷的第 2 军被列入了萨莱诺战役的预备队，一旦克拉克出现“意外”，布莱德雷将指挥第 5 集团军。

“霸王”行动计划已经确定，8 个月后，以美军为主的盟军就要在法国海岸实施登陆作战，但盟军还没有拟订详细的作战计划。在英国，美军还没有集团军司令，更没有集团军司令部。马歇尔十分着急，决定尽快在英国组建美军第 1 集团军。但是，由谁来担任集团军司令呢？马歇尔思前想后，认为布莱德雷是最合适的人选。8 月 25 日，马歇尔发电报给艾森豪威尔，问道：“我打算让布莱德雷去当集团军司令……你能忍痛割爱放他走吗?”

艾森豪威尔内心不愿让布莱德雷离开，因此，他在回电中巧妙地表示：“布莱德雷在实施两栖作战中已经取得了很多经验，不过，他在西西里岛战役中的表现说明，他在制订作战计划、协调海军与陆军行动上还有所欠缺。而克拉克在实施两栖作战方面具有丰富的经验……他在组织后勤补给、各部队作战行动的协调、登陆等部队的训练等方面表现尤其突出。”最后，他写道：“布莱德雷是我的得力助手，分担着我肩上的重担，如果他离开，我会感到很不舍。但你的选择无疑是正确的。不过，如果你选中克拉克，我将马上推举布莱德雷去接手第 5 集团军。”

8 月 28 日，艾森豪威尔又改变了主意，他对马歇尔说：“经过反复考虑，我想布莱德雷是你最合适的选择，你可以随时把他调走。”几天后，马歇尔回电让艾森豪威尔通知布莱德雷做好离任的准备，他将去指挥一个集团军，而且很可能是一个集团军群。

这个时候，布莱德雷正在北非忙得热火朝天，准备实施进攻萨莱诺的计划。他正为接替克拉克做准备，根本没想到自己很快便另有任用。进攻意大利的战役马上就要打响了，他把第 2 军的司令部设在巴勒莫费利斯兵营，从这里可以眺望巴勒莫附近的海滩，便于部队进行休整。巴顿则在各师巡视，并为打人事件向“大红一师”官兵表示深深的歉意。

他们都对马歇尔的决定一无所知。

8 月 29 日，布莱德雷奉命到英军司令部去参加对蒙哥马利的授勋仪式，艾森豪威尔将给蒙哥马利授予美国陆军荣誉勋章。布莱德雷和巴顿、凯斯等一批美国将领，乘坐一架飞机前去祝贺。在这次盛大的授勋仪式上，布莱德雷第一次见到了蒙哥马利。蒙哥马利从容不迫、轻松愉快，但从容中带着骄矜，轻松中夹着自负。回到第 2 军司令部后，巴顿告诉布莱德雷，艾森豪威尔要他第二天去阿尔及尔，但没有告诉布莱德雷有关调动的事。

9 月 3 日，布莱德雷改飞锡腊库扎亚历山大的司令部，傍晚，他见到了艾森豪威尔。一见面，艾森豪威尔便开门见山地说："布莱德雷，告诉你一个好消息，这里有一项十分重要的新任务要交给你。"

艾森豪威尔随后把有关情况原原本本地告诉布莱德雷。突如其来的任命，让布莱德雷十分惊讶。开辟第二战场是项艰巨的任务，他顿时感到肩上像压了千斤重担一样，沉甸甸的。

艾森豪威尔对于自己下一步要做什么也不是很清楚，传言马歇尔要出任"霸王"行动的总司令，那样艾森豪威尔就可能回国担任陆军参谋长。布莱德雷当晚留了下来。晚餐时，艾森豪威尔对即将开始的意大利战役表现得非常乐观，他告诉布莱德雷，约翰・卢卡斯将接任第 2 军军长，内定参加意大利战役。他还承诺布莱德雷可以从第 2 军抽调他想要的任何人。之后，布莱德雷初选了 25 人去新集团军参谋部。

9 月 6 日，布莱德雷把第 2 军交给了卢卡斯。第二天，他去向巴顿告别。巴顿的情绪非常低落，就在前一天，他收到了艾森豪威尔的电报，电报中说第 7 集团军将不再作为一个集团军存在。也就是说，要解散第 7 集团军。对此，巴顿在日记中写道："我感到十分绝望，但我还要奋斗下去，这是我的性格。"他向第 7 集团军的参谋人员说他们"跟错了人"，让他们另择新主，但没有一个人离开。

当巴顿得知布莱德雷将要指挥部队向欧洲大陆进军时，还是提了许多良策，请布莱德雷转告马歇尔。布莱德雷对巴顿既同情又无奈，巴顿确实惹了太多不光彩的麻烦。

9 月 8 日凌晨，布莱德雷即将离开第 2 军，赶赴新的战场。在晴朗的天空下，第 2 军全体官兵为他举行了盛大的告别仪式。布莱德雷依依不舍，和大家一一握手告别。当他跨入小轿车的时候，士兵们夹道送行，乐队高奏《美好的往日》，用这首曲子来抒发对他的留恋之情。汽车缓缓驶过，士兵们一齐持枪敬礼。这真是一个宏大又气派的欢送场面！

布莱德雷首先要在突尼斯的迦太基降落，短暂逗留——到郊外艾森豪威尔的指挥部参加告别午宴。当飞机飞过正在准备萨莱诺渡海作战的盟军部队上空时，布莱德雷特意要飞机盘旋一圈致敬。若干小时后，美军士兵就要登上意大利的海滩，届时必然又有一场血战，成百上千的士兵将流血牺牲。

在伦敦亨利机场，雅各布·劳克斯·德弗斯中将前来迎接，并把布莱德雷安顿在多尔切斯特旅馆。德弗斯是巴顿在西点军校时的同学，布莱德雷在西点军校担任数学教员时，德弗斯在战术系工作，两人在棒球队里相识。1940 年，德弗斯任第 9 步兵师师长并得到马歇尔的赏识。实施“火炬”计划时，德弗斯任欧洲战区的战场指挥官。6 个月以来，他在伦敦代表美国与英国等同盟国一起制订“霸王”行动计划。

布莱德雷在伦敦待了一周，于 9 月 14 日飞回美国为第 1 集团军选调人员。马歇尔的秘书通知布莱德雷的妻子玛丽和女儿伊丽莎白，到华盛顿鲍林空军基地来迎接他。一家人已经 8 个月没有见面了，布莱德雷感到极为欣慰和高兴。伊丽莎白即将大学毕业，她已经和西点军校的学员哈尔·比尤克马订婚，等他一毕业就结婚。

直到 9 月 21 日，马歇尔才有时间在飞往内布拉斯加州奥马哈途中与布莱德雷谈话。布莱德雷客观地汇报了西西里战役的得失，尽量避免涉及个人，也不敢在马歇尔面前替巴顿美言，因为巴顿的表现的确让人失望。

9 月 22 日，马歇尔的秘书弗兰克·麦卡锡通知布莱德雷，要他当面向罗斯福总统汇报西西里战役的情况。布莱德雷猜想这是马歇尔的主意。他认真准备了汇报内容，这是总统第一次正式听取他的汇报，事关重大。

罗斯福总统听完汇报后，向布莱德雷详细介绍了制造原子弹的“曼哈顿”计划。罗斯福表示这是一场竞赛，他担心德国会抢先制造出原子弹，如果那样的话，布莱德雷有可能在法国遇到这种武器。布莱德雷得知这个最高级的机密后，大吃一惊。他有点惴惴不安地离开了总统办公室，此后从未向任何人谈起这件事。

马歇尔决定，在“霸王”行动确定主帅以前，布莱德雷除在英国担任第1集团军司令外，还要建立一个集团军群司令部并代理集团军群司令。因此，布莱德雷必须组建两套班子。他首先接手了在纽约州的第1集团军司令部，并在由350人组成的司令部中安排了第2军的基恩、迪克森、索尔森、威尔逊等人进入参谋部。同时，他任命约瑟夫·奥黑尔为该集团军司令部的人事副参谋长。第1集团军群的参谋部人员则比较难选，德弗斯已经在英国筹建一段时间，不宜插手。马歇尔选中列夫·艾伦为集团军群参谋长，他曾接替布莱德雷担任本宁堡步兵学校的校长。

10月2日，布莱德雷回到了伦敦。第1集团军群司令部设在伦敦西区布朗斯顿广场，第1集团军的司令部则设在布里斯托尔的克利夫顿学院，布莱德雷的凯迪拉克牌大型高级轿车来往于两个司令部之间。布里奇在伦敦任布莱德雷的副官。

由于“霸王”行动的主帅迟迟未定，布莱德雷在一些细节问题上很难做出安排。

关于“霸王”行动总指挥的人选，美国军界普遍反对马歇尔担任这一职务，认为马歇尔对国会、对总统都有着重要影响，华盛顿不能离开马歇尔。他们担心敌人正在帮助和煽动人们赶走马歇尔，因为马歇尔对于协调参谋长联席会议的工作起着十分重要的作用，对各军兵种联合作战起着支配作用。潘兴将军、空军司令亨利·阿诺德①、海军欧内斯

---

① 亨利·阿诺德（1886—1950）：美国十大五星上将之一，绰号“快乐的阿诺德”。“二战”期间历任美国陆军航空兵司令、主管航空兵事务的陆军副参谋长、陆军航空队司令等职，被称为“美国现代空军之父”。

特·约瑟夫·金[①]上将及威廉·莱希[②]等人都希望马歇尔留在华盛顿。

罗斯福总统为此左右为难。他认为，如果让马歇尔担任“霸王”行动总指挥，苏联和英国都会满意，而且马歇尔也会忠实地执行他的战略意图，更不会对英国做出让步。还有一个原因是，他希望马歇尔通过指挥这场决定全局的战争行动而名垂青史，成为一代名将。

当然，艾森豪威尔有足够的能力指挥军队联合作战，“火炬”行动的胜利已经证明了这一点，而且他为人谦和，几乎所有人都喜欢他。他也善于和士兵们打交道，很容易调动起士兵的情绪。总的来说，他具备成为“霸王”行动统帅所需要的一切素质。

艾森豪威尔不愿被动地等待消息。10 月 5 日，他派史密斯到华盛顿了解情况，并进行游说。史密斯分别与马歇尔、罗斯福总统见了面，交换了一些意见，发现情况不妙。罗斯福还是想把这个名垂青史的机会留给马歇尔，因而迟迟不肯下达任命书。

1943 年 11 月底，罗斯福、丘吉尔和盟军参谋长联席会议成员来到伊朗德黑兰，与斯大林举行会谈。经过讨价还价，三国领导人针对在欧洲开辟第二战场的问题达成了协议。斯大林主张目前仍在古斯塔夫防线[③]与德军对峙的英、美盟军放弃罗马，继续在法国南部作战，以便把德国的兵力从法国北部吸引开。然后，苏联将从法国北部对德作战。这个时候再发动“霸王”行动，可确保“霸王”战役的成功。

这个提议得到了大家的认可，于是，斯大林对于盟军统帅的人选也有了更大的发言权。他对罗斯福说：“我对于罗斯福先生提名艾森豪威尔作为统帅候选人表示特别满意，我们将采取行动，在盟军预定在法国

---

① 欧内斯特·约瑟夫·金（1878—1956）：美国海军五星上将，“二战”中坚持太平洋第一的美国海军总司令，海军中尊称他为“全能的上帝”。

② 威廉·莱希（1875—1959）：美国海军五星上将，也是美国历史上首位获五星上将军衔的军官。“二战”期间担任新设置的总统参谋长职务，并主持美国参谋长联席会议，与英国总参谋长布鲁克一起决定盟国大战略。

③ 古斯塔夫防线：德军建立的一条横贯意大利中部的预设防线，绵延 100 多公里，由凯塞林元帅指挥的 C 集团军据守。古斯塔夫防线的中枢和制高点是卡西诺山，山脚下有一座小镇——卡西诺镇。

登陆的日子里提供支持。”

罗斯福非常理解马歇尔对于指挥“霸王”行动的渴望，他曾对潘兴说，他希望“乔治成为第二次世界大战中的潘兴，但是，如果我们把他留在陆军部，他就不能成为潘兴”。尽管要失去一个精明能干、忠心耿耿的总参谋长，但罗斯福仍然愿意为马歇尔的工作而奖赏他。哈里·霍普金斯受罗斯福之托去问马歇尔更喜欢担任哪个职务，马歇尔只是说：“无论总统做出什么决定，我都将全心全意地去执行。”

12 月 6 日，罗斯福和丘吉尔一起参观了大金字塔和斯芬克斯雕像。罗斯福很随意地提起了这个话题，他还是无法承受失去马歇尔的代价，建议由艾森豪威尔来指挥“霸王”行动。对此，丘吉尔优雅地回答：“英国非常愿意把自己的命运交给艾森豪威尔。”

罗斯福终于下定了决心。12 月 7 日，罗斯福返回华盛顿途中，在突尼斯向艾森豪威尔透露说：“艾森豪威尔，由你来指挥‘霸王’行动。”

当艾森豪威尔被任命为“霸王”行动总指挥的消息传出时，就像爆炸了一颗重磅炸弹一样，人人都感到震惊。马歇尔也惊讶得说不出话来，但他努力掩饰自己的失望情绪。为了表示自己的宽宏大度，他还给艾森豪威尔写了个便条，向他表示祝贺。

布莱德雷得知有关消息后，不禁忧喜交加。马歇尔继续留在华盛顿的关键岗位上，并保持在盟军参谋长联席会议中的地位，这让他感到很高兴。但是，马歇尔也因此失去了“霸王”行动总指挥的名望，人生真是有得必有失，布莱德雷替马歇尔感到惋惜。

其实，艾森豪威尔之所以中选，是因为罗斯福还有其他方面的考虑。“霸王”行动是一场联合作战，在过去，艾森豪威尔已经证明他不但能建立和管理一个由多国人员组成的参谋部，更能成功指挥英、美联军的作战行动，而其他将领都没有这方面的经验。马歇尔虽然能力突出，却耐心不足，无法和自负自大的人友好合作，尤其是那些不听指挥的英军将领，而且马歇尔也缺乏登陆作战方面的经验。而丘吉尔一直更喜欢艾森豪威尔——他和马歇尔已经发生过多次冲突。马歇尔无法忍受丘吉尔的说服和专横，除了工作关系外，他们之间不可能建立起良好的私人关系。

“霸王”行动定在5月1日实施，准备工作必须加紧进行。1944年1月15日，艾森豪威尔飞抵伦敦，他首先要做的是调配人员，建立高级指挥机构。按照他的想法，他要把地中海地区的指挥部的人马全部搬过来，即由他本人任总司令，亚历山大任陆军司令，特德任空军司令，坎宁安任海军司令，史密斯任参谋长。然而，他遇到了一个小小的麻烦，丘吉尔和布鲁克都倾向于让蒙哥马利取代亚历山大担任陆军司令。蒙哥马利在英国是个“常胜将军”，一个传奇式的人物，很多英国人都知道他，而亚历山大在英国公众中声誉不高，影响很小。

“霸王”行动非同儿戏，这次战役的胜负将直接影响战争的进程。经过紧张的协商，最终确定由蒙哥马利指挥向滩头进攻的所有地面部队，包括英军米尔斯·登普西指挥的第2集团军、美军布莱德雷指挥的第1集团军。美、英登陆部队一上岸，应立即扩大滩头阵地，蒙哥马利转而担任第21集团军群司令，负责指挥英国的全部地面部队。美军第1集团军群司令未定，其地位与蒙哥马利相当，负责指挥美军的全部地面部队。这两个集团军群都在艾森豪威尔的统辖之下。

海军方面，丘吉尔任命“火炬”行动和“赫斯基”行动中坎宁安的左右手伯特伦·拉姆齐①，代替已升任英国海军大臣的坎宁安。

空军方面，在丘吉尔的建议下，特德被任命为“霸王”行动的副总指挥，负责指挥战术空军，战略空军仍由亚瑟·特拉弗斯·哈里斯②

① 伯特伦·拉姆齐（1883—1945）：英国海军上将。“二战”期间历任多佛尔港司令、盟国远征军海军司令，指挥过敦刻尔克撤退的“发电机”行动、不列颠之战的海峡防卫战斗，协助计划并实施盟军在北非和西西里岛的登陆作战，负责“霸王”行动的海上输送和保障任务。1945年1月在执行任务中因飞机失事而殉职。

② 亚瑟·特拉弗斯·哈里斯（1892—1984）：英国皇家空军元帅，人称“轰炸机哈里斯”。“二战”期间历任英国皇家空军副参谋长、轰炸航空兵司令，是“轰炸机制胜论”的倡导者。因主张对平民无差别轰炸，被称为“屠夫”。

统率。美军的詹姆斯·杜利特尔[①]负责指挥美军第 8 航空队的重型轰炸机。

这几百架战略轰炸机，由盟军参谋长联席会议直接统辖，用于对德国进行战略空袭。但艾森豪威尔希望他能够直接指挥战略轰炸机，用以支援“霸王”行动。盟军参谋长联席会议和英国政府都不同意，艾森豪威尔据理力争，最后他虽然不能实施指挥，但可以“指导”战略轰炸机部队的使用。

对于地面部队，艾森豪威尔解决得顺手一些。他把杰克·德弗斯调往地中海担当盟军副司令，马歇尔勉强同意让自己的爱将担任此职，因为这多少有些降职的意味。第 1 集团军群司令原本由布莱德雷临时担任，但马歇尔还考虑过美军第 3 集团军司令考特尼·霍奇斯，以及巴顿、莱斯利·麦克奈尔、第 4 集团军司令威廉·胡德·辛普森等人。艾森豪威尔首先排除了巴顿，同时指出麦克奈尔耳聋，而霍奇斯和辛普森都没有指挥过战斗。所有人都在关注这一重要任命。最后，艾森豪威尔给马歇尔打电话说：“关于美国第 1 集团军群司令……我倾向于布莱德雷。”

随后，艾森豪威尔在举行的记者吹风会上，表示布莱德雷将在“霸王”行动中担任所有美国地面部队的指挥。远在地中海的巴顿听到这个消息后，十分痛苦。如果没有发生打人事件，这个职位本来是他的。他在日记中写道：“这意味着布莱德雷将担任美国集团军群司令。我对这个职务曾抱有很大希望，现在看来已经毫无可能了。”

几周后，艾森豪威尔正式任命布莱德雷为集团军群司令。这样一来，布莱德雷的地位仅次于艾森豪威尔，成为美军第二号将领。考特尼·霍奇斯在布莱德雷调任第 1 集团军群司令后，正式担任第 1 集团军司令，巴顿也担任了另一个集团军的司令。这两个人都曾经是布莱德雷的老上级。对于霍奇斯，布莱德雷倒是没有什么意见，但是对于巴顿，

---

① 詹姆斯·杜利特尔（1896—1993）：一位传奇式的飞行员，在“二战”中获得了“王牌飞行员”的称号，并且因率领轰炸机队首次轰炸东京而闻名于世，被美国人民誉为“民族英雄”。

通过在北非和西西里岛的接触，布莱德雷感觉他不好指挥，好惹麻烦，内心其实并不希望巴顿来。但艾森豪威尔舍不得巴顿的魄力，坚持要任用他，布莱德雷也就不好说什么了。第 9 集团军的司令是辛普森。

与此同时，盟军正在组织实施一个欺骗计划——“坚毅”行动。这个行动主要是通过德国在英国的间谍网，使希特勒相信未来的登陆地点在加来地区，同时在英国东南部虚设一个集团军群，摆出进攻的架势。那么，谁来负责实施这个计划呢？布莱德雷马上想到了巴顿。巴顿暂时无事可做，只好充当这个角色。

首先，盟军把这个并不存在的第 1 集团军群司令部，设在与加来隔海相望的多佛尔附近，并建造了一个假的油料码头。英国国王还郑重其事地视察了这一设施，艾森豪威尔也在码头完工时发表了演讲。为了不让德军的侦察机降到 1 万米的高度下进行侦察，英国皇家空军的飞机天天在码头上空巡逻。巴顿还在伦敦看了一次戏，光顾了几家酒吧，参加了一次晚会，名字也频繁出现在报纸上。这使德国进一步相信，巴顿将指挥第 1 集团军对加来发动进攻。

其次，盟军派出 20 多名军官分散于苏格兰各地，在 1944 年春季互发电报，内容为：“第 80 师需要 1800 双爬山鞋，1800 双滑雪板绑带”“两个兵团汽车连需要引擎使用手册”等，并且故意让德军截获这些情报。同时，又通过新闻媒体编造假消息，比如刊登“第 4 集团军的足球赛”新闻等。

再次，为了减弱正面登陆海滩的压力，盟军在德军后方，从勒阿弗尔到康坦丁半岛西海岸的莱塞一带空投了 200 个假伞兵，并空投数千支假步枪和机枪。假伞兵离机开伞后，所带的假手榴弹落地爆炸，假步枪和机枪坠地后发出爆炸声，声势极大。德军纷纷报告说盟军的伞兵在多个地方出现，使得德军最高统帅部的作战地图上布满了伞兵标记，真假难辨。

最后，为了转移德军的注意力，在登陆战打响后，电子战部队将发送电磁信号，使敌人的雷达荧光屏上显示两支庞大的“幽灵舰队”正向加来进发。

由于计划周密，“坚毅”计划几乎毫无破绽，德军得到的情报都很合情合理，没有自相矛盾之处。

在诺曼底攻势到来之前，布莱德雷手下拥有美军第 5、第 7 和第 19 军。第 5 军军长是布莱德雷的好友伦纳德·汤姆逊·杰罗。杰罗头脑冷静、工作勤奋、有条不紊，布莱德雷对他很放心。但其余两个军长就有点差强人意，第 7 军军长是布莱德雷在西点军校时的同班同学罗斯科·B. 伍德拉夫；第 19 军军长是著名的坦克手威利斯·D. 克里顿伯格，后来被调到克拉克的第 5 集团军任第 4 军军长。

“霸王”行动计划指定杰罗的第 5 军和伍德拉夫的第 7 军担任突袭法国的先锋；第 19 军在海上担任预备队，跟在他们后面登陆。杰罗和伍德拉夫都没有指挥过大部队作战，也没有参加过两栖登陆作战，这让布莱德雷很不放心，决定进行调整。

起初，布莱德雷想把特拉斯科特要来，但是西西里岛方面没有放人，布莱德雷只好作罢。随后，马歇尔推荐了约瑟夫·柯林斯[①]。柯林斯是西点军校 1917 届的高才生，曾在太平洋指挥第 25 军的“热带雷电”步兵师。柯林斯来到英国后，艾森豪威尔和布莱德雷会见了他，详细询问了他的战斗经验。交谈中，柯林斯表现得头脑清醒、谦虚谨慎，给他们留下了良好的印象。会见结束后，布莱德雷对柯林斯很满意，他对艾森豪威尔说：“他和我们有共同语言，是个不错的人选。”

在所有的军长中，布莱德雷最喜欢柯林斯。之后，布莱德雷让柯林斯去指挥伍德拉夫的第 7 军，而让伍德拉夫临时指挥第 19 军。不久，经马歇尔举荐，一位名叫查尔斯·H. 科利特的指挥官从太平洋的第 7 步兵师调来，代替了伍德拉夫。艾森豪威尔喜欢科利特，但布莱德雷对他好搞摩擦、火气大的个性很不欣赏。

布莱德雷计划从第 5、第 7 军选出两个步兵师在滩头突击，担任突击奥马哈、犹他海滩的先锋部队。最终选定的两个师是查尔斯·H. 格

---

① 约瑟夫·柯林斯（1896—1963）：美国陆军上将，第 18 任陆军参谋长，昵称“闪电乔”。他是个典型的精力充沛的美国指挥官，擅长在战争中迅速将不称职的指挥官解职，并善于进行指挥官在部队中的轮换。

哈特的第 29 师和雷蒙德 · 巴顿的第 4 师。他们都没有真正打过仗，于是，布莱德雷又把许布纳的“大红一师”调来负责主攻，由该师的两个团和第 29 师的一个团先攻“奥马哈”海滩。同时，布莱德雷将曾经被他亲自免去职务的特迪 · 罗斯福调去指挥第 4 师，主攻犹他海滩。

经过布莱德雷的整顿，第 1 集团军面貌一新。随后，部队开始进行战前训练。布莱德雷对此十分重视，经常去视察，要求部下不能犯错，不能失败，不能疏忽，更不能失误。作为登陆部队的主要指挥官之一，他深感自己责任重大，如果“霸王”行动失败，后果不堪设想。即使盟国能重整旗鼓，重新组织第二次突击，也需要整整一年的时间，到那时，希特勒可能会有足够的力量给盟军以毁灭性打击。

这次战斗对盟军所有指挥官来说，都是机不可失，时不再来，成败在此一举!

勇敢扬起“霸王”鞭

布莱德雷知道自己只许成功，不许失败，他决心勇敢地扬起霸王鞭，挥出自己人生的精彩篇章。作为“霸王”行动中美军的主要指挥官，他经常与艾森豪威尔、蒙哥马利、史密斯和其他将军一起，反复讨论“霸王”行动计划，并提出了三个方面的修改补充意见:

首先是加强进攻力量。攻击部队由 3 个师增加到 5 个师，并要求海军提供更猛烈的炮火支援。布莱德雷还建议采取西西里岛战役的做法，在晚上登陆。但海、空军将领都要求在白天行动，这样他们才能看清目标和海滩。布莱德雷也觉得他们言之有理，于是没有坚持自己的观点。为了进一步增强突击力量，他建议使用空降部队。他的想法是，在登陆以前，趁黑夜把第 82、第 101 空降师投到美军登陆的犹他海滩后面，以打乱敌人的部署。但是，因为西西里岛几次空降作战都不成功，很多人包括空军司令利·马洛里[①]对此都信心不足，认为伞兵要损失 50%，滑翔部队要损失 75%。但布莱德雷坚信自己的想法是正确的，认为只要搞好协调，空降作战一定能取得成功。不过，他无法说服利·马洛里改变观点，两人几乎闹僵，最后只好将各自的意见提交艾森豪威尔。艾森豪威尔听完正反双方的意见后，支持使用空降部队。

其次是在法国马赛附近开辟第二个登陆点，以便把德军从诺曼底引开，同时向登陆部队提供支援和开辟补给品港口。这个建议被称为“铁砧”行动，艾森豪威尔和马歇尔都同意了这个计划。但是，丘吉尔、布鲁克和蒙哥马利却表示反对，他们想让执行“铁砧”行动的部队去攻打巴尔干，因而这一建议在数月内一直悬而未决。参加“霸王”行动的部队正在扩大，需要更多的坦克登陆艇和其他登陆艇。意大利战役久拖未决，英国认为已在那里拖住了德军，“铁砧”行动的目的已经达到。经过反复争论，他们最终同意保留“铁砧”计划，但规模被缩小了，以便节省出更多的物资和人员用于主要战场的作战，并更名为“龙骑兵”计划。“霸王”行动也因此推迟了几个星期，以便拥有更多的登陆艇。

最后是大量使用战略轰炸机支援马洛里的战术空军，在“霸王”行动开始前两个星期，对法国的铁路和桥梁系统进行全面轰炸，以切断德军用来快速调动部队和坦克增援诺曼底的道路。这一建议引发了更加激烈的争论。当时，斯帕茨和哈里斯正准备集中力量轰炸德国的石油工业，他们认为，德国的石油工业是支持战争的关键，德国将不惜代价进行保护，这样就能乘机消灭德国的大部分空军力量，可谓一举两得。而轰炸法国的铁路和桥梁等设施会造成法国人的大量伤亡。这样一来，盟军的计划陷入了绝境。最后，艾森豪威尔以辞职相要胁，最终迫使斯帕茨和哈里斯做出让步，按布莱德雷的计划进行。

从 4 月开始，第 8 航空队出动 3.3 万架次飞机去轰炸法国的铁路和

① 利·马洛里（1892—1944）：美国空军上将，“二战”期间历任英国战斗机司令部总司令、盟国远征军空军司令，以在不列颠之战和诺曼底登陆所建立的战功而闻名。1944 年 11 月调任东南亚盟国空军总司令，偕同夫人赴任途中，因飞机失事而去世。

桥梁，一共摧毁1.6万辆火车车皮、900台机车和许多桥梁，并击毁了1000架德国飞机。法国交通运输系统遭到了严重破坏，为“霸王”行动的胜利奠定了基础。

在“霸王”行动计划逐步完善的过程中，布莱德雷表现出优秀的合作能力，与英王乔治六世、丘吉尔、布鲁克、蒙哥马利等人合作顺畅。他敏锐的观察力、谨慎的行事方式赢得了大家的一致好评。英国国王乔治六世很欣赏布莱德雷，还在他的一张一美元的纸币上签字留念。这一时期，布莱德雷和丘吉尔、布鲁克、蒙哥马利等英军将领逐渐熟悉，还与丘吉尔建立了深厚的感情，这些都为日后战争中的继续合作奠定了基础。

1944年3月23日至24日，丘吉尔在艾森豪威尔、布莱德雷的陪同下，视察了美军第101空降师、第2装甲师及第4、第9步兵师。在视察时，丘吉尔不顾病体初愈的疲倦，下车后立刻走进官兵们中间，发表了动人的演说，并与美军将领讨论了战略战术问题。在埃迪的第9步兵师，丘吉尔兴致勃勃地想要试一试美式卡宾枪。在射击中，丘吉尔打25码靶，艾森豪威尔打50码靶，而布莱德雷打75码靶。布莱德雷打出的15发子弹命中了14发。

“霸王”行动计划规定，在诺曼底登陆初期，布莱德雷的第1集团军暂时归属于蒙哥马利的第21集团军群。这样一来，蒙哥马利便成了布莱德雷的直接上司，在很多细节问题上，两人需要详细商讨。经过一段时间的接触，布莱德雷感觉到自己和蒙哥马利不是同一类人，蒙哥马利给人的感觉是拘谨、刻板、冷淡，几乎离群索居，不愿意与人交流。

4月7日，丘吉尔和盟军的主要指挥官聚集在蒙哥马利驻肯辛顿圣保罗学校的司令部开会。蒙哥马利首先介绍了诺曼底登陆的具体行动，他用两个小时的时间，在沙盘上讲解了作战计划、部队状况、敌军配置以及德军可能的反应。布莱德雷认为，蒙哥马利对一切都“了如指掌”，是一位合格的指挥官。

按照蒙哥马利的部署，登普西的第2集团军在左翼登陆，布莱德雷的第1集团军在右翼登陆；英军登陆成功后向前推进16公里夺取卡昂，第 1 集团军向内地推进，切断科唐坦半岛后向右夺取瑟堡。夺取这些目标后，加拿大第 1 集团军上岸增援固守卡昂的登普西，巴顿上岸增援布莱德雷。至此，第一阶段作战顺利结束。

在突破海滩后，蒙哥马利指挥的英国和加拿大集团军要固守卡昂一线，牢牢吸引住德军反击部队的主力。布莱德雷的第 1 集团军上岸后向西南进击，前推到卢瓦尔河。巴顿的第 3 集团军则向西夺取布列塔尼半岛及其港口。这些目标达成后，盟军将建立 225 公里长的南北方向的正面防线，与德军进行决战。

最初拟订计划时，战役被划分成若干阶段，并硬性规定了每天作战必须达到的“阶段线”。所谓“阶段线”，就是在地图上标出攻击开始后某一天盟军战线应处的位置。从理论上说，这并没有什么问题，但布莱德雷认为这在实战中是不现实的，一方面它会束缚住指挥官们的手脚，使他们失去积极进取的精神；另一方面，这样做显然没有考虑不可预知的情况。

布莱德雷曾经向蒙哥马利提出这一看法，但蒙哥马利根本没有把布莱德雷的建议放在心上。在这次会议上，布莱德雷吃惊地发现模型和地图上都画上了“阶段线”，从攻击开始直到 90 天后，最后一条线画在塞纳河西岸，表明盟军在塞纳河与德军隔河相对。布莱德雷被激怒了，这是他第一次向蒙哥马利发火。他坚持要求至少取消美军作战区域的“阶段线”。蒙哥马利一听也急了，两人当着参谋人员的面大声争吵起来。最后，蒙哥马利答应取消美军作战区域的“阶段线”，但保留英军作战区域的“阶段线”。按照蒙哥马利的计划，英军在登陆日即攻克卡昂后东进 16 公里，夺取卡昂以南、以东直到法莱斯之间的地段，建立飞机场等补给基地，吸引德军的注意力。

蒙哥马利与平时判若两人，精神焕发地介绍了登陆作战计划，滔滔不绝地说了两个多小时。尽管他说得头头是道，但在战后总结时，人们发现蒙哥马利的计划存在一个致命的错误，那就是没有考虑到登陆后向内地发展进攻时，将会遇到地形地势的问题。事实上，海滩后面的地形极其特别，是法国人所说的“林间田地”，英国人称为“灌木围田”。

农田被分成正方形或长方形小块，周围都是高大的树木和矮小的树丛，这些树篱围成的棋盘格田地，成了德军防御的天然屏障，使依赖装甲部队的盟军遇到了严重的阻碍。

蒙哥马利介绍完陆军的情况以后，拉姆齐接着介绍海军的行动计划。他的介绍较为强调困难，令人听了心情沉重。随后，利·马洛里也介绍了空军的行动计划，与拉姆齐相反，他乐观地表示，攻击开始当天，他将实施大规模的战术轰炸，一定能将德国空军压制在地上不能动弹。最后，各集团军和各军军长汇报具体的作战计划。有趣的是，开会期间，蒙哥马利照样禁止吸烟，如果有哪个将领要吸烟，只好宣布短暂休会。直到丘吉尔最后出现时，才撤去了“禁止吸烟”的牌子。

会议快结束时，丘吉尔按日程前来讲话。他本来不赞同实施“霸王”行动，而主张采取迂回战略。他曾经说过，渡过海峡作战，等于要用战士的尸骨填满海峡。如今大战即将来临，他表现得信心不足，看上去非常憔悴。布鲁克说他“看上去老了许多，身上的那股锐气也没有了”。

丘吉尔一脸严肃地听了作战计划的简要介绍，没有像往常那样发表长篇讲话，只是在会议结束时说道：“请记住，这是一次进攻，而不是简单地建立滩头阵地!”

离进攻的日子越来越近，盟军最高司令部忙成一团，制订最后的作战计划，参加会议，协调作战行动，所有人都忙得不可开交。

东岸，就在盟军紧张准备的同时，希特勒也没有闲着。此前，为了防止盟军在西欧登陆，他已经下令从挪威到西班牙修筑一道由坚固支撑点构成的“大西洋壁垒”。但由于工程巨大，“大西洋壁垒”直到1943年年末仍然没有完工。

希特勒认为，盟军在西欧登陆将带来两种后果，一是造成德军的总崩溃，二是成为德军扭转败局的好时机。如果不能击退盟军的登陆部队，就可能导致前一种结果。但如果能一举歼灭盟军的登陆部队，将使盟军与苏军两面夹击德军的企图破产，德军可以腾出50个师的兵力去加强东线，从而挡住苏联的进攻。在他的指示下，德军最高统帅部决定在盟军可能登陆的主要方向上集中优势兵力、武器，对已登陆的盟军实施决定性的反突击，一举歼灭登陆的盟军。希特勒还要求密切关注盟军动向，查明盟军的准确登陆地点，以便做好反击的准备。

5 月底，艾森豪威尔在伦敦圣保罗学校蒙哥马利的司令部再次召开会议，最后审查“霸王”行动计划。除了直接相关的司令官外，这次会议还邀请了英王、丘吉尔等英国名流。这是第二次世界大战中，盟军高级官员出席人数最多的一次会议。英王、丘吉尔和艾森豪威尔坐在第一排长凳上，布鲁克、蒙哥马利、特德、拉姆齐和利·马洛里分别坐在他们两旁。布莱德雷、登普西、史密斯、斯帕茨、哈里斯、霍奇斯和巴顿坐在第二排。坐在第三排的是各位军长，再往后是各个师长。

由于“霸王”行动的全部指挥官都集中于此，会议的安保措施极其严密，几架战斗机在高空不停地盘旋，手持冲锋枪的士兵将学校围得水泄不通，无关人员不得以任何理由靠近。出席会议的美国海军上将莫顿·L. 戴约后来写道：“我们在又窄又硬的长凳上坐下后，会议厅内鸦雀无声，沉静得让人透不过气来。我们知道，要把这么多的齿轮恰到好处地咬合在一起，除非有上帝保佑。假如有一个环节失灵，就可能使各种力量失去平衡，造成一片混乱的局面。”

会议开始后，艾森豪威尔首先致简短的欢迎词，接着由蒙哥马利向出席会议的指挥员们介绍敌军的情况。蒙哥马利铿锵有力地说：“尽管有这些暗淡的前景，但是，我们对夺取这一战役的胜利具有充分的信心。在突击滩头，我们已经做了充分的准备，在预定发起进攻当天就深入内地，到处开花并迫使战斗朝着对我们有利的方向发展。在第一天有可能深入内地 50 公里抵达法莱斯，并派遣装甲纵队迅速向卡昂挺进。因为这样一来将打乱敌人的计划，在我们集结兵力时，使敌人不能接近。我军必须迅速抢占空间，并在内地牢牢站稳脚跟，然后沿着海岸向塞纳河推进。”

接着，英王和丘吉尔也发表了讲话。丘吉尔要大家“按照开始缓慢但结束迅速的时间进行安排”。他说，勇敢、智慧和坚定是人类的优秀品质，比武器装备更为重要。

这次会议进一步鼓舞了指挥员们的勇气，打消了丘吉尔长期以来的疑虑。他在 1944 年年初对横渡海峡的计划仍然犹豫不决。有一次，他对艾森豪威尔说：“当我想起诺曼底的滩头上挤满了英、美两国优秀的青年时，不由得产生了怀疑。”同年 5 月初，他和艾森豪威尔一起吃饭，激动地含着眼泪说：“我和你一起把这件事做到底，如果失败了，我们一起下台。”而现在，他告诉艾森豪威尔：“我对这一事业正变得坚定起来。”

会议最后一次明确了有关人员的职责。会议结束时，英王亲自授予布莱德雷英国巴斯荣誉勋章，这让布莱德雷深受鼓舞。现在，他已经成为新闻界关注的美军将领。他的特写镜头被赫然刊登在《时代》杂志封面上，《生活》杂志和《新闻周刊》也发表长篇文章隆重地向人们介绍了他。布莱德雷成了美国民众心目中的英雄，被美国人称为“大兵将军”。他以珍惜士兵生命、不做无谓牺牲而成了知名人士，一时风靡全球。

但布莱德雷的心情并不轻松，总攻即将开始，他经常到部队去看望士兵，了解有关情况。诺曼底登陆前夕，他最后一次把参加作战的各军军长、师长召到布里斯托尔，审查行动计划。他手持教鞭，威武地站在大幅地图前亲自讲解有关问题。部属们感到，“西点军校和步兵学校的老教员布莱德雷将军”又回来了。计划审查完后，布莱德雷觉得应该讲几句鼓舞人心的话，但是千言万语，他一时不知从何说起。他的眼睛模糊了，沉默良久，终于汇成了一句话：“祝你们好运！”

布莱德雷的言行举止深深地影响了他的部属们，短短的一句话，让他们更感到重任在肩。他们对布莱德雷十分敬佩，认为布莱德雷是一位“可以为之牺牲一切的司令”。

挥师鏖战诺曼底

“霸王”行动计划已经一切准备就绪，英国南部港口挤满了各式各样的战舰和登陆艇。

6 月 3 日，黎明时的海滩显得那么恬静，犹如一位刚刚睡醒的少女一样美丽。布莱德雷带着几名参谋，乘车从布里斯托尔赶到普利茅斯港，登上了美国海军“奥古斯塔”号重巡洋舰，他的司令部就设在舰上。他们每人携带的装备有防毒面具、救生衣、手枪、网兜、钢盔、药品之类，堆在一起像座小山。

布莱德雷脚蹬一双家乡莫伯利布朗鞋业公司试制的步兵战靴，还随身携带了一本他爱不释手的小说——约翰·赫西的《阿达诺的钟声》。一切安排妥当后，他又到另一艘两栖旗舰“水委一星”号上和参谋人员见面。所有人都身着戎装，做好了出征的准备。随后，在参谋们的簇拥下，布莱德雷等人又来到甲板上。放眼望去，在蓝天大海的衬托下，几千艘战舰和登陆舰艇一览无余。成群的海鸥衔尾追嬉，啁啁疾翔，似乎在尽情享受暴风雨来临前的片刻宁静。

布莱德雷和下属们有说有笑，以放松紧张的心情。就在这时，传来了令布莱德雷震惊的消息。参谋长比尔·基恩来到布莱德雷的舱室报告说，据伦敦气象台预报，英吉利海峡将出现风暴。

果然，6 月 4 日，天气开始发生变化，空气潮湿，天空中阴云密布。这对盟军的行动非常不利。艾森豪威尔决定将攻击开始日推迟 24 小时，即 6 月 6 日再行动。

面对突如其来的变化，布莱德雷一整天都沉默寡言。晚上，他离舰上岸，和参加“霸王”行动的美军西线特混舰队司令艾伦·R. 柯克①少将、空军第 9 航空队副司令拉尔夫·罗伊斯少将等人会晤。他们根据天气、潮汐、月光等因素，向艾森豪威尔提出建议：如果攻击不能如期在 6 月 6 日开始，那就力求安稳，可以考虑再向后推迟几天，即 6 月 8 日或 9 日进行。

同一天，德军以巴黎的空军气象站信息判断，由于天气条件差，盟军在半个月之内不会有登陆行动。于是，德国防空部队接到了“不必执

---

① 艾伦·R. 柯克（1888—1963）：美国海军上将，“二战”期间历任海军情报局局长、美国大西洋舰队两栖作战部队司令、美国海军驻法国部队司令。参加过西西里岛登陆战役、诺曼底登陆战役。

勤”的命令，海军也因风浪太大而撤回了巡逻船。

6 月 5 日清晨，布莱德雷意外地接到了艾森豪威尔发出的行动命令：攻击开始日不变，6 月 6 日，星期二。一场关系到第二次世界大战最终命运的历史决战，就这样来临了。

同一天，德军驻守诺曼底地区的司令隆美尔回家为他的妻子过生日。他认为盟军根本不可能在近期组织登陆，临走前他还特意交代部下：“部队长期处于紧张的戒备状态，目前天气恶劣，可以休整一下。”根据他的安排，德军前线部队纷纷取消临战状态，一些必要的巡逻警戒也取消了。在回家的路上，隆美尔看着车外的风雨说：“不会有登陆战发生，如果登陆，他们甚至走不出海滩。”德军在诺曼底地区唯一的装甲部队第 21 装甲师的师长费希丁格少将和师作战处处长等人也认为恶劣天气下不会有什么情况，于是乘机到巴黎休假，仅留下参谋长在卡昂的师部守候着。而驻守诺曼底地区的德第 7 集团军司令弗雷德里希・杜尔曼则把他的高级将领们叫到了 160 公里之外去进行沙船演习。

6 月 5 日晚，布莱德雷所在的“奥古斯塔”号重巡洋舰，在 21 艘护卫舰的保护下，进入英吉利海峡，驶向奥马哈和犹他海滩外预定的指挥位置。参加“霸王”行动的 5000 艘各类舰船，也浩浩荡荡地从普利茅斯港出发了。

布莱德雷神情凝重地躺在“奥古斯塔”号的中心舱室，由于连日操劳，他这次又和在西西里登陆时一样，饱受疾病折磨，他的鼻子上长了疖子，令他坐卧不安、疼痛难忍，不得不去医务室把疖子挑破。为防止伤口感染，医生为他包扎了绷带。

6 月 6 日凌晨，登陆战即将开始，飞机已经发动，舰船已经开出，但诺曼底的德国海军气象站却提出，这种天气不要说登陆，甚至连空袭也不可能。盟军的空降伞兵被其认为是声东击西的手法，西线海军向总司令报告说：“荧光屏上有大量黑点。”而西线总司令的参谋长却说：“什么？在这样的天气里一定是你们的技术员弄错了。也许是一群海鸥吧！”

凌晨3时35分，“奥古斯塔”号到达预定位置。整个舰队实施灯火管制，布莱德雷在黎明前的黑暗中登上了舰桥，他刚踏上甲板，一阵潮湿凉爽的海风迎面扑来，将一夜的疲惫一扫而光。

布莱德雷深深地吸了一口凉气，手扶栏杆，目光炯炯地向黑乎乎的海滩望去。跟随他的副官描述道：“布莱德雷挺立在舰桥上，脚穿莫伯利战靴，身着野战服，头戴钢盔，肩挎救生衣。他脸上略带微笑，好像即将展开对法国海岸的攻势将给他带来无穷的乐趣。等待是难以忍受的，但布莱德雷并未显露出任何担心或忧虑的神情。看来，他对整个行动抱有坚定的信心和极大的乐观。”

实际上，在这个重要的时刻，布莱德雷的心情并不平静。他很清楚，情况很不乐观，他要面对的敌人拥有世界上第一流的军队。更令他担忧的是，最近的情报表明，德军第352步兵师已经开到奥马哈海滩地区进行机动作战演练。这使他预感到，对法国海岸的突击将要经历一场艰苦的战斗。

就在布莱德雷率领地面部队乘军舰向预定战场集结的同时，盟军的空降部队已经拉开了诺曼底战役的帷幕。从深夜起，盟军空降部队借助夜幕的掩护首先踏上法国的土地，2.4万名伞兵乘坐1000架飞机，用降落伞空投和滑翔机着陆。美军第82、第101空降师的1.6万人，在犹他海滩后面降落；英军第6空降师的8000人，降落在奥恩河畔卡昂附近。由于气候恶劣，风高夜黑，空降并不理想，绝大多数伞兵落点分散，离目标很远。不过，2.4万名盟军士兵从天而降，突然出现在诺曼底“大西洋壁垒”的后面，给德军造成了巨大的恐慌，使其一时阵脚大乱。盟军空降部队乘机占领村镇、夺取桥梁、控制公路，大大削弱了德军的抵抗力，有力地支援了正面战场的作战。

空降部队行动后，美军步兵开始冲击犹他和奥马哈两个登陆场。负责登陆犹他海滩的是美军第7军。凌晨4时左右，天色仍然漆黑一片，在军长柯林斯的指挥下，第7军官兵开始冲击海滩。第一梯队共8艘坦克登陆舰，载着32辆谢尔曼式坦克。这种坦克刚刚研制成功，装有漂浮装置，用螺旋桨在水中推进，被布莱德雷视为“秘密武器”。

1944 年，执行诺曼底登陆任务的伞兵部队临行前接受盟国欧洲远征军最高司令艾森豪威尔的指示

在登陆舰小心翼翼地向海滩驶进的同时，舰炮开始轰击岸上的防御工事，大批飞机凌空投弹轰炸。360 多架美军中型轰炸机轰炸了犹他海滩，海军战舰从 5 时 36 分开始对射程内的所有防御工事，实施了 50 分钟的火力急袭。几乎同时，装载步兵的登陆舰顺利地接近岸边。几辆登陆舰最先到达一处背风的岸边，这里风浪较小，而且距离海岸较近。坦克开始下水，穿过布满水雷的海水奋力向岸边前进。其中有一艘坦克登陆舰撞上水雷爆炸，舰上的 4 辆坦克也一起葬身海底。其余的 28 辆坦克边前进边发射震耳欲聋的炮火，终于顺利上岸。在到达岸边之前，5000 多枚火箭弹像冰雹一样砸在海滩上，有力地支援了攻占滩头的部队。大批登陆部队利用这个撕开的口子，源源不断地抵达岸边。坦克和车辆上岸后马上投入战斗，为在海滩上冲锋的步兵提供炮火支援。

防守犹他海滩的是德军第 709 步兵师的一个团，主要由预备役人员和外国志愿兵组成，战斗力较弱。此前，这个团与外面的通信联络已经被空投的美军伞兵切断。看到盟军的登陆部队冲上岸滩后，德军成了无头苍蝇，只抵抗了一会儿就举手投降了。当天傍晚，美军有 2.3 万人登上了犹他海滩。雷蒙德·巴顿率领的第 4 师一鼓作气，向纵深地带推进了 9.6 公里，并稳住了阵脚。美军在犹他海滩的战斗中仅损失 197 人。

与犹他海滩相反，在布莱德雷负责指挥的另一个登陆点奥马哈海滩，战斗出乎意料的残酷。

奥马哈海滩位于犹他海滩的东面，科唐坦半岛南端维尔河口到贝辛港之间，长 6.4 公里，许多地方是 30 多米高的悬崖陡坡，其中有四个被海水冲刷出来的深谷，成为通向内陆的天然出口。潮汐落差约为 27 米。海滩是硬质沙地，后面筑有高耸的鹅卵石堤岸，堤后是沙丘、草地、树林，唯一通往内陆的道路沿途有三个小村庄。村舍都是用厚石砌成，四周是一片田野，田间土埂上长满了小树，这就是诺曼底地区特有的树篱地形，易守难攻。

德军充分利用有利的自然地形构筑防御工事，在低潮线到高潮线之间设置了三道障碍，还混杂有大量水雷，在卵石堤岸上筑有混凝土堡垒，堡垒前有蛇腹形铁丝网和地雷，四个出口都用地雷和钢筋水泥障碍物封死。海岸上有 16 个坚固支撑点，配有机枪和反坦克炮。悬崖上还构筑有暗堡，内有威力极强的 88 毫米火炮，炮火杀伤范围可以覆盖整个海滩。在霍克角悬崖上，有 6 门 155 毫米海岸炮，对海上军舰的活动构成了极大威胁。

此时此刻，奥马哈海滩成了真正的“大西洋壁垒”。盟军之所以选择这里为登陆点，是因为从维尔河口到阿罗门奇之间正处在美军登陆的犹他海滩和英军登陆的海滩中间，位置非常重要。此外，盟军认为这里的守军是德军第 716 海防师的一个团，既无装甲部队，又无机动车辆，士兵大多是后备役，战斗力很差。

实际上，隆美尔曾到奥马哈海滩视察，他对德军设置的障碍物和火力配置非常不满，下令加固这一地段的防御工事。于是，德军在水下修筑了三道用钢筋和水泥构筑的屏障，并在屏障之间布设了水雷；在岸上修建了许多能够扫射滩头的坚固支撑点和战壕；在盟军有可能登陆的进出道路上布置了大量的地雷。除此之外，隆美尔还在3月中旬调来了战斗力极强的第352摩托化步兵师。遗憾的是，盟军的侦察部门没有发现德军的部署和防御变化，直到登陆部队出发后才得知第352师的去向，但这个时候已经来不及了。

面对德军在奥马哈海滩精心设下的死亡陷阱，布莱德雷仍一如既往地采取他的谨慎战法。实施登陆的是美军第5军第1师和第29师的一个团，由霍尔海军少将负责运送。

6月6日凌晨3时，美军登陆部队到达换乘区，当时海面上风力5级，浪高12米，有10艘登陆艇因风浪太大而翻沉。其他登陆艇上的士兵绝大多数都晕船了，加上海水打进艇内，士兵们又冷又湿，到达海滩时已经精疲力竭。更糟糕的是，盟军在登陆前的火力准备中，为达成战术上的突然性，在预先航空火力准备阶段没有对这一地区进行轰炸。

凌晨5时50分，2艘战列舰、4艘巡洋舰、12艘驱逐舰实施了40分钟的舰炮火力攻击，但因为害怕霍克角的德军岸炮，军舰只实施了远距离射击，准确率很低。

6时，480架B－26轰炸机对德军的防御阵地进行了直接航空火力攻击，投弹达1285吨。遗憾的是，当时云层又低又厚，飞行员怕误伤己方部队，故意延迟30秒投弹，结果这1285吨炸弹都落在了5公里之外。这样一来，德军的防御工事和火力点大都完好无损，盟军的火力攻击刚一结束，德军便开始了射击。

在军舰和飞机齐声轰鸣的同时，美军登陆部队开始以战斗队形冲击海滩。在开阔的海面上，从海峡吹来的狂风掀起了滔天巨浪，在高达三四米的大浪中，美军的战船和运输舰像一片片树叶一样，情况十分危险。

与此同时，装载着64辆两栖坦克的16艘登陆舰也在海上慢慢地蠕动着，因为风大浪高，两栖坦克无法在预定的海面下水。无奈之下，登陆舰只好载着这些重型武器继续向前行驶。没走多远，登陆舰就接二连三地碰到德军设下的水雷，爆炸声此起彼伏，火光映红了黎明前的海面。装备有105毫米火炮的几十辆两栖坦克大都葬身海底。结果，美军用于突击奥马哈海滩的重型装备，只有不到半数上了岸，损失惨重，直接影响到了登陆步兵的作战。

图为诺曼底登陆战中，美军乘登陆艇登陆时，为躲避德军水雷而沿着导绳前进的情形

6时30分，美军第5军的第一梯队步兵登上了奥马哈海滩。岸滩上的德军机关枪、迫击炮和其他各种轻重武器一起猛烈开火。很多美军士兵还未上岸就倒毙在海水中，侥幸上岸的步兵也遭到迎头痛击，成片地倒在血泊中。

为登陆部队提供即时火力支援的水陆坦克也很不顺利。西段的32辆坦克，有27辆刚下水几分钟就因风浪太大而陆续沉没，剩下的5辆勉强开上了海滩。东段的指挥员见风浪太大，水陆坦克无法下水，下令将坦克直接送上海滩，但这样到达海滩的时间就提前了。为了等待配合作战的装甲车辆，坦克登陆艇不得不在海岸附近徘徊。德军抓住机会猛烈炮击，击沉了2艘坦克登陆艇。直到6时45分，水陆坦克和装甲车辆才驶上海滩，但很快便被德军的炮火摧毁了好几辆。所以，在最初的半个小时里，第一波登陆的1500名士兵根本无法投入作战，只能为了生存而苦苦挣扎。

第一批登陆的8个连中，只有2个连登上了预定海滩，而且还被德军的火力压得抬不起头来。由工兵和海军潜水员组成的水下爆破组也伤亡惨重，装备损坏严重，但他们仍然克服困难，冒着德军的炮火清除障碍物。他们在东段开辟了2条通路，在西段开辟了4条通路，可惜在涨潮前没来得及将通路标示出来，以致后续登陆艇一直找不到通路，只能在海上听任德军炮击。

第二批登陆士兵于7时到达海滩，适逢涨潮，德军的炮火十分准确、猛烈，完全将登陆部队压制在狭窄的滩头上。在2个小时里，美军在西段没有一个人冲上海滩，在东段也只占领了一段9米宽的海滩。海面上挤满了登陆艇，秩序异常混乱，海滩勤务主任只好下令只许人员上陆，车辆物资暂时不上陆。

就在这时，转机出现了。担任舰炮火力支援的美国海军见陆上的官兵死伤累累，岸上火力控制组和海军联络组都没有消息，意识到海滩上的形势十分严峻。于是，17艘驱逐舰的官兵发扬伟大的牺牲精神，不顾搁浅、触雷和遭到炮击的危险，将驱逐舰驶到距离海滩仅730米处，进行近距离火力支援，并且只要见到陆军用曳光弹射击，就把它当作指引目标，马上进行轰击。在这些驱逐舰的积极援助下，德军的火力逐渐被压制住了，为海滩上的美军抢滩成功创造了条件。同时，美军第29师副师长诺曼·科塔准将、第116步兵团团长查尔斯·坎汉上校和第16步兵团团长乔治·泰勒上校亲临前线指挥，鼓舞受挫的部队。面对畏缩不前的美军士兵，科塔准将冷静沉着，将德军的枪弹置之度外，在海滩上大步行走，为士兵们树立了一个无所畏惧的榜样力量。

科塔一边下达命令，一边高喊着："留在海滩上的只有两种人，一种是死人，一种是等死的人。跟我来吧，让我们一起把魔鬼赶走!"在指挥官的鼓舞和带领下，士兵们也毫不示弱，他们满不在乎地说："人总有一死，也只有一死。我们都欠上帝一死。"大家不顾枪林弹雨，勇猛地向防波堤和陡壁冲去。美军的立足点渐渐扩大了，很快占领了通往纵深地带的几道壕沟。

6月6日攻击开始日这一天，布莱德雷始终坚守在“奥古斯塔”号巡洋舰上，通过无线电和战场观察员与前方保持不间断的联系。美军按照预定时间分别向犹他海滩和奥马哈海滩发起攻击后，他的心一直悬着。正当他焦急不安地等待战场的消息时，有报告说奥马哈海滩的战事进展不利，具体情况不详。

布莱德雷的心马上一沉，断定突击部队肯定在岸滩上遇到了极大的困难，损失惨重。他的决心有些动摇了。时间一分一秒地过去，他的心情变得越来越急躁，鼻子上的疖子也隐隐作痛。他在指挥室里来回踱步，焦急地等待着奥马哈海滩的消息。

1944年6月6日，反法西斯盟军在法国诺曼底成功抢占登陆场。在障碍气球的保护下，增援美军的船只和卡车到达奥马哈海滩

布莱德雷准备在下午1时30分下达命令，撤离奥马哈海滩的美军，并把后续部队转向其他登陆点。关键时刻，一位副官急匆匆地送来了最新的战报——第5军军长杰罗报告：“突击部队在海滩上牢牢地站稳了

脚跟……正在向滩头后面的防波堤和陡壁发起进攻。”

心急如焚的布莱德雷一把从副官手中拿过电报，仔细地看了一遍仍然不放心，吩咐参谋长和副官立即到岸上察看实际战况。就在参谋长和副官乘军舰匆忙赶往岸上的途中，布莱德雷又收到了一个更好的消息：突击部队已占领了两道壕沟，正向纵深推进。

这使布莱德雷终于下定了夺取奥马哈海滩的决心。中午时分，第二梯队3个团的生力军提前登陆，在舰炮和坦克的支援下，一步步地扩大登陆场，接着在“喷火”式飞机的校射指引下，美军战列舰和巡洋舰上的重炮也开始射击，打得德军鬼哭狼嚎、抱头鼠窜。

夜幕降临时，第1、第29师终于杀开一条血路，占领了正面6.4公里、纵深2.4公里的登陆场。到夜间，登陆场正面进一步扩大到8公里，登陆人员共3.5万人。军长杰罗给布莱德雷发出的第一封电报是：“感谢上帝为我们缔造了美国海军!”当然，代价也是惨重的，美军伤亡约2500人；29辆水陆两用坦克下水后，只有2辆上岸，数十辆两栖装甲车沉没。当天晚上，第5军军部上岸，美军经过浴血奋战，终于成功登上了奥马哈海滩。

在英军的战区，由于暗礁和起伏不平的地形，登普西指挥的第2集团军必须等涨潮时才能行动，因此比美军登陆的时间要晚一些。也许是天助英军，英国皇家海军舰队得以在白天向登陆海滩实施2个小时的炮击，几乎是美国海军对奥马哈海滩进行炮火攻击时间的4倍。此外，英国重型轰炸机也飞来实施了大规模轰炸。从海上和空中对英军登陆区域进行联合攻击的成效，比美军的战区要大得多。

登普西指挥的3个师，分别在由西而东的三段海滩登陆，分别是黄金、朱诺和索德海滩。这三段海滩上的战斗都不如奥马哈海滩那样激烈残酷。英军遇到的敌人是德军第716师，该师是二等部队，几乎一击即溃。英军第50师的两栖坦克在黄金海滩登陆后，很快就向内地突进了7公里；加拿大的第3师在中间的朱诺海滩登陆，虽然在海上损失了8辆坦克，但突击部队很快击溃守军，也向前突进了7公里，有些巡逻装甲车甚至突击到贝叶－卡昂公路一线；攻击索德海滩的是英军第3师，该师在海上损失了28辆坦克，剩下的12辆坦克抵达奥恩河畔，摧毁了德军的炮兵阵地。

晚上9时，第3师已向内陆推进6.4公里，并夺取了贝诺维尔附近奥恩河上的桥梁，与第6空降师会师。编入第3师的171名自由法国士兵，成为第一批解放自己祖国的法军，当他们坐在坦克上用纯正的法语向路边的居民问好时，在德军占领下饱受了数年苦难的法国人民都欢呼雀跃。

突破“大西洋壁垒”

盟军在如此恶劣的天气条件下发起登陆行动，大大出乎德军的意料，这也是号称“沙漠之狐”的隆美尔根本没有料到的。盟军空降部队刚着陆，德军元帅龙德施泰特①就接到了报告，他分析认为，这样大规模的空降必定是大规模登陆的前奏，于是下令诺曼底的全部德军进入“紧急战备”状态。他清醒地估计到，盟军两栖进攻的首要目标一定是卡昂。他命令驻扎在附近的隆美尔的第21装甲师增援卡昂；靠近夏尔特尔的第1装甲军的第12师和“模范”装甲师进入战斗状态，准备随时向卡昂出击。

本来龙德施泰特可以用这几个师击退上岸的盟军，但是德国陆军总部对盟军的两栖进攻不以为然，借口没有得到希特勒亲自批准，拒绝他动用这2个师。

当时希特勒正在远方的巴伐利亚山区休息，没有人敢去叫醒他，等他醒来时已是6月6日上午10时，盟军的空降兵着陆已经8个小时，步兵登陆也有4个小时。希特勒醒来后，听取了有关部门的报告，但一切都晚了。此时天空晴朗，满天都是盟军的飞机。德军只有第21装甲师在第一线抗击登普西指挥的突击队。不仅隆美尔还没有赶回前线，第

---

① 龙德施泰特（1875—1953）：德国陆军元帅，纳粹政权军官中资历最老的指挥官之一，一生对政治都缺乏兴趣和了解。

21 装甲师的师长费希丁格也远在巴黎，而留守的参谋长汉斯·斯派达尔[1]又无权调动集结的部队，手上仅有24 辆坦克可以利用。汉斯·斯派达尔派出了一半兵力，火速奔向奥恩河东岸与英军空降部队作战，另一半兵力则援助第 716 师守卫滩头阵地。由于仓促行动，准备不足，加上没有步兵伴随支援，他们被英军轻而易举地击退了。

诺曼底登陆战

当天下午，第 21 装甲师师长费希丁格赶回师部，集结所属部队向朱诺海滩和黄金海滩之间的卢克镇发动攻击。第 21 装甲师正在行进时，盟军的 500 架运输机从头顶飞过，为英军第 6 空降师运送后续部队和补给，费希丁格误认为盟军空降伞兵是要前后夹击自己，惊慌失措，于是放弃反击，匆忙后撤。

晚上 10 时，隆美尔终于赶回了西线德军 B 集团军群指挥所，这时

① 汉斯·斯派达尔（1897—1984）：德国陆军少将，参加过两次世界大战。参与了推翻希特勒的行动，后因龙德施泰特、凯特尔等人力保，没有被送上臭名昭著的“人民法庭”，而是一直被盖世太保囚禁。战后参与组建新的德国联邦国防军，1957 任北约驻中欧地面部队司令。

盟军的登陆部队已经控制了诺曼底海岸，将近150平方公里的桥头堡阵地基本连成了一片。

当时，多佛尔海峡还笼罩在一片烟幕中，隆美尔得到的敌情分析认为，英吉利海峡可能还有另一次大规模的进攻。但是，隆美尔已经没有时间考虑这些了，他必须应付眼前的紧急情况。

他首先打电话给第7集团军参谋长贝姆塞尔，命令他阻止盟军占据滩头阵地，但贝姆塞尔绝望地表示他根本不可能做到这一点。隆美尔愤怒地大骂贝姆塞尔无能。随后，他又打电话命令第21、第12装甲师在6月7日清晨发动反攻。但是德军已经失去战场上的主动权，第21装甲师只剩下70辆坦克，战斗力大为削弱；第12装甲师则在120公里以外，在奔袭途中又遭到盟军空军的轰炸，等他们赶到隆美尔指定的进攻地点时已经是6月7日上午9时多。隆美尔无奈，只得推迟反攻的时间。

为了摆脱被动局面，德军开始陆续加强诺曼底的反击力量。此时，希特勒、龙德施泰特、隆美尔等高级指挥官仍然认为，加来是盟军的主攻方向，诺曼底是次要方向，盟军只是在进攻之初有意搞大诺曼底的作战规模。在这种错误的判断下，隆美尔和希特勒一样，并不赞同从加来抽调兵力增援诺曼底。直到深夜，他们发现了美军第7军的一份作战命令，隆美尔才大吃一惊，知道诺曼底就是盟军的主攻方向。他隐隐感觉到，诺曼底战役直接关系到德国的生死存亡。

然而，希特勒从英国广播电台发出的消息得知盟军将于10日在比利时发动进攻后，再次怀疑诺曼底不是盟军的重点进攻方向，于是下令党卫军第1装甲师的2.1万官兵继续留在比利时，不得调去支援诺曼底。同时命令隆美尔把防御的重点放在东翼，依靠现有兵力从卡昂地区向英军进攻。希特勒的一意孤行，使盟军的登陆行动按照预定计划顺利地进行着。

布莱德雷一直在密切观察英军的动向，他认为英军行动迟缓，贻误了战机。英军在贝叶－卡昂一线投入了1个空降师和3个步兵师，共8.3万人，而德军只有第21装甲师的1.5万人和防守海滩的第352师的

3000 人。直到中午，德军第 21 装甲师才在奥恩河一带投入战斗，卡昂东北的通道实际上是敞开的。如果英军第 3 师不失时机地快速穿插，一定能够攻克卡昂；在第 6 空降师的支援下，甚至有可能全歼德第 21 装甲师。

遗憾的是，英军指挥官过于谨慎，丧失了歼敌良机，本来唾手可得的卡昂，最终没有拿到手。蒙哥马利曾夸下海口，要在攻击日用坦克消灭法莱斯之敌，结果连卡昂都没能占领。军事史学家李德哈特对此评论道："现场指挥作战的将领在一个唾手可得的胜利面前小心过了头。"

尽管盟军在战术上有些失策，但在攻击开始这一天还是取得了重大战果，突破了德军苦心经营的"大西洋壁垒"，共有 15. 6 万人登上了法国的土地，运送车辆 1. 1 万辆、物资 1. 2 万吨，而且实际伤亡大大低于预计，共伤亡或失踪 8000 人。

隆美尔企图把盟军突击部队消灭在滩头的计划彻底破产了。6 月 6 日，也就是被隆美尔预言为"决定性的 24 小时"，也被艾森豪威尔称作"历史上最长的一天"。

不过，后来的形势并不乐观，盟军不但没有完成当日的既定任务，也没有占领预定目标，尤其是没有占领卡昂和贝叶。五个滩头阵地中，只有黄金海滩和朱诺海滩连成了一片，其余滩头之间都存在不小的空隙，尤其是美、英两军之间留有一个长达 12 公里的空隙。只有顶住德军随后的反击，并将五个滩头阵地连成一片，盟军才有胜利的希望。

6 月 7 日凌晨，布莱德雷登上驱逐舰，向蒙哥马利作了简要汇报。蒙哥马利对美军第 5 军在奥马哈海滩上的重大损失十分关心。布莱德雷继续说："我们在诺曼底立足未稳，犹他海滩上杰罗的第 5 军和柯林斯的第 7 军之间仍有 16 公里的空隙，美军和英军之间也有空隙。如果德军看准了这个空隙，发动大规模反攻，那将成为我们的大灾难。"

蒙哥马利赞成布莱德雷的分析，他们马上商量对"霸王"行动计划进行某些必要的修改。原计划要求柯林斯的第 7 军登陆后立即向西南进攻，穿过科唐坦半岛，然后掉头北进，夺取港城瑟堡。他们决定改变这一计划，命令第 5 军和第 7 军尽快靠拢，在卡伦坦会师，同时使英、美两国部队尽快连接起来，加强接合部的力量。布莱德雷的副司令霍奇斯亲自负责第 5 军和第 7 军的靠拢，同时由柯林斯指挥对瑟堡的攻击。

与蒙哥马利讨论完相关问题后，布莱德雷下舰登上了奥马哈海滩，向杰罗传达修改作战计划的决定。海滩上仍然一片混乱，到处都是尸体和伤兵，满面灰尘的士兵们精疲力竭、垂头丧气。

布莱德雷在许布纳的指挥所里找到了杰罗。“大红一师”击溃德军第 352 师后，已经在海滩上站稳了脚跟，并在一步步地扩大登陆场。海军运输舰已经抵达岸边，但岸滩上混乱拥挤，无法卸载，造成岸上的部队严重缺乏火炮、弹药、坦克和各种车辆。

布莱德雷与杰罗、许布纳交换意见后，返回了“奥古斯塔”号巡洋舰。

上午 11 时左右，艾森豪威尔搭乘英海军“阿波罗”号驱逐舰，亲临战场视察。布莱德雷又上舰向艾森豪威尔汇报战况，艾森豪威尔主动迎上来，搀扶布莱德雷登上甲板。一见面，艾森豪威尔就抱怨布莱德雷没有及时向他汇报战况，弄得他无法向盟军参谋长联席会议汇报。布莱德雷感到十分惊奇，因为他几乎每小时汇报一次，一定是某个环节出现了差错。后来，艾森豪威尔派人调查后发现，布莱德雷频频发给他的战况报告，在经过蒙哥马利的司令部时，都被压在了蒙哥马利的译电室里。

布莱德雷详细地向艾森豪威尔汇报了战况，以及他和蒙哥马利根据部队的实际情况，对作战计划进行的临时变动。艾森豪威尔认真地听着，没有发表任何意见。随后，布莱德雷告别艾森豪威尔上了岸，来到柯林斯的指挥所，向柯林斯传达了修改后的作战计划。

到目前为止，以希特勒为首的德军，仍然认为盟军在诺曼底的行动是佯攻，加来地区才是盟军的主要攻击目标。面对严峻的局势，希特勒的装甲部队从一二百公里远的地方赶来，一路上在盟军的猛烈空袭下，伤亡惨重，根本无法投入战斗，失去了往日的威风。盟军一连串的火力

1944 年，诺曼底地区，布莱德雷和另一位高级将领穿着雨衣视察海滩战场

攻击持续了近一天，德军再也无力发动大规模反击了。

6 月 8 日，德军 3 个装甲师向卡昂地区发起猛攻，结果遭到英军坦克和海军军舰的联合打击，损失极大。至此，隆美尔和龙德施泰特都明白，以现有兵力根本无法消灭登陆的盟军，只得下令就地转入固守。

这一天，奥马哈海滩的美军与黄金海滩的英军靠拢，初步封闭了两地之间的缺口。三天以来，盟军总共有 25 万人、2 万辆车辆登陆。

当天布莱德雷又一次上岸视察了奥马哈海滩。在战斗的间隙，他很想念远在千里之外的家人。这天是伊丽莎白和哈尔·比尤克马结婚的日子。比尤克马于 6 月 4 日从西点军校毕业，加入了空军。婚礼过后，玛丽搬到了华盛顿康涅狄格路的一幢公寓里居住。比尤克马则前往飞行训练大队，学习驾驶空军最新式、最有战斗力的飞机——B－29 重型轰炸机。

6 月 9 日，布莱德雷的手下在杜胡角建立了一个野战司令部，第 1 集团军司令部逐步移到了岸上。

与此同时，在龙德施泰特的极力要求下，希特勒终于同意从驻加来的第 15 集团军抽调 17 个师用于诺曼底防守。但在盟军“卫士”计划的影响下，加上德军总参谋长阿尔弗雷德·约德尔①、最高统帅部办公厅主任威廉·凯特尔②、西线情报处处长罗恩纳等人的反对，希特勒在午夜时分又下令停止增援诺曼底，并将其他地区的部队火速调往加来。龙德施泰特闻讯，仰天长叹道：“这场战争输定了！”

此时，德军的增援部队第 17 装甲步兵师、第 77 步兵师、第 3 空降师，跟第 91 步兵师、第 352 师的残部合拢了，给布莱德雷造成了巨大的威胁。

6 月 10 日，杰罗和柯林斯的部队开始在卡伦坦集结，这一天，布莱德雷也从“奥古斯塔”号上岸，进入贝辛港的司令部。他刚到司令部，蒙哥马利就通知他去开会。布莱德雷情绪不错，他在会议室里展开地图，得意地向蒙哥马利及其参谋人员指出了美军的位置。蒙哥马利一直认为英军能打仗，但这次也不禁对美军刮目相看，因为美军在登陆时遇到的困难要比英军大得多。他高兴地对布莱德雷说：“我对你们的进展十分满意。”

但是，蒙哥马利手下的英军对卡昂毫无办法。“超级机密”译电组传来了德军的最新情报，龙德施泰特又调了 3 个师到卡昂。

对德军来说，卡昂具有重要的战略地位。它距巴黎 190 多公里，两个城市之间地形平坦，很适合坦克作战。一旦卡昂失守，巴黎也将岌岌可危。

为了抢在德军的增援部队抵达卡昂前占领它，蒙哥马利决定从正面或翼侧袭击卡昂，他要求杰罗的第 5 军向南面的考蒙特推进，曾在北非威

---

① 阿尔弗雷德·约德尔（1890—1946）：纳粹德国陆军大将、德军最高统帅部作战局局长、威廉·凯特尔的副手，负责制订“二战”期间德国的许多军事行动计划。在纽伦堡审判中被处以绞刑，但在行刑 6 年后又被宣判无罪。

② 威廉·凯特尔（1882—1946）：“二战”期间德军最高统帅部参谋长，战后在纽伦堡审讯被判绞刑处死。

名远扬的英军第 7 装甲师也将上岸担任尖刀队，英军第 1 空降师进行空降增援。但是，这次进攻仍然遭到了德军的顽强抵抗，最后以失败告终。

6 月 12 日，马克斯韦尔·泰勒的第 101 空降师攻占了卡伦坦，与第 5、第 7 军会合，使得薄弱部位的力量得到了加强；查尔斯·科利特的第 19 军也成功登陆，加强了接合部。

就在这一天，丘吉尔、布鲁克去看望了蒙哥马利和登普西，艾森豪威尔也陪同前来视察的马歇尔、金和阿诺德将军，乘坐驱逐舰，登上奥马哈滩头阵地。他们中午在布莱德雷的总部吃 C 级口粮，布莱德雷和霍奇斯、杰罗、柯林斯、科利特一起向他们汇报了作战情况。

这么多重要人物能够安全地踏上法国领土，清楚地表明滩头阵地是牢固的。盟军已经有 10 多个师投入了战斗，而且每天还在增加。人工港湾也已经就位，尽管仍然存在问题，但这次伟大的进攻已经成果显著。马歇尔对布莱德雷的行动十分赞赏，他们一致认为希特勒在圣诞节之前可能会失败。布莱德雷请求马歇尔给他在太平洋战区留一个收拾希特勒的指挥任务。

刚刚送走马歇尔，布莱德雷便接到情报：隆美尔从布列塔尼调来的第 17 装甲步兵师和第 6 伞兵团正迅速奔来，第二天早晨就会进攻卡伦坦。卡伦坦由美军第 101 空降师守卫，这个师几乎没有对付坦克的重武器。如果德军决心攻克卡伦坦，第 5 军和第 7 军接合部将被突破，进而危及整个滩头阵地，后果不堪设想。

布莱德雷命令杰罗向卡伦坦派遣 1 个坦克营和 1 个装甲步兵营进行支援。考虑到杰罗的兵力有限，而且正忙于其他战斗，布莱德雷在命令的末尾特意写道："考虑到这件事十分重要，只好拜托你了，希望你能完成这项任务。"

随后，布莱德雷派自己最信任的副官汉森亲自把信送去。杰罗虽然很不情愿，但还是派了一支装甲兵特遣队赶去支援，由参加过北非和西西里战役的莫里斯·罗斯指挥。果然，美军的增援部队刚到，德军就赶到了。经过顽强阻击，美军最终成功击退了德军的进攻。

杰罗的装甲部队被调走后，严重削弱了美军在考蒙特附近战线的力量。美军“大红一师”与英军第 50 师会合后，接着向前推进，支援进攻法国维莱博卡日市未遂的英军第 7 装甲师。由于“大红一师”的侧翼暴露在德军面前，刚到的德军第 2 装甲师向前推进，准备袭击美、英接合部。许布纳马上给布莱德雷发去电报，要求派美军第 2 装甲师支援他。但是，第 2 装甲师正在卡伦坦附近与德军激战，根本腾不出手来。布莱德雷无奈，只好把情况告诉蒙哥马利，蒙哥马利紧急调去第 7 装甲师，紧靠许布纳的左翼封住缺口，及时击退了德军的反扑。

德军连吃败仗，使得隆美尔企图插入英、美部队的接合部，把盟军再赶回大西洋的计划全部落空了。在之后的几天里，盟军的增援部队陆续登陆上岸，加强了桥头堡的力量。随着盟军大部队的到来，隆美尔再也无法用诺曼底有限的德军来击溃盟军了。

第八章　猛蛇出洞显神威

打破半岛上的僵局

自诺曼底登陆以来，盟军虽然暂时站稳了脚跟，但是在扩大战果时仍屡屡失利。蒙哥马利进攻卡昂受挫，影响了整个作战进程。艾森豪威尔对此非常气愤。眼下共有6个德军装甲师在蒙哥马利的正面集结，形势越来越不妙。

令盟国更加感到不安的是，从6月12日起，希特勒开始使用V－1飞弹。

V－1飞弹是一种小型的无人驾驶飞机，它以很快的速度按预定路线飞行，并靠内部机械设备中止航程。里面装有大量炸药，靠接触爆炸，爆炸威力非常大。由于飞弹的袭击，伦敦战区变得比任何人预料的都要可怕。6月12日和13日夜间，德军首次向伦敦发射了4枚V－1飞弹，炸死4人，炸伤9人。接下来的几天，德军又向伦敦发射了这种新式武器，造成多人死伤，引起了极大的恐慌，很多人都认为战争要输了。六七月间，V－1飞弹导致5000人死亡，3.5万人受伤，3万多幢房屋被击毁。

盟军的情报机关分析认为，德军将很快把V－2飞弹投入使用。V－2飞弹是一种火箭，射入高空后，以很快的速度下降，它到来的最初警告就是它的爆炸。在飞行时，既无法听到它，也无法看到它，更无法拦截它。V－2飞弹直接命中建筑物时，破坏力特别大。由于速度快，它深深地穿入地下，巨大的爆炸力直接向上发挥。因此，落到空旷地方的效果较小，但若命中一座建筑物，其爆炸力几乎可以把整座建筑物彻底摧毁。要想摧毁德国人的发射场，必须从地面上把它们清除掉。

丘吉尔对飞弹十分恼火，他在7月初建议使用毒气袭击发射场。但艾森豪威尔拒绝成为一个使用毒气的人，他说："看在上帝的分上，让我们提醒自己，使用我们的理智。"但不管怎样，必须立即采取某些措施。艾森豪威尔要求军工抓紧研制这种飞弹。另外，他一直为盟军在诺曼底进展迟缓而忧心忡忡，担心希特勒可能重新赢得主动。

为防止V－1飞弹攻击拥挤在滩头的盟军部队，艾森豪威尔命令空军司令利·马洛里派出大部分飞机，去摧毁德国的V－1飞弹发射场。形势的发展表明，盟军不能再在卡昂磨蹭了。

飞弹的袭击和风暴的破坏，大大影响了盟军向法国内地推进的速度。蒙哥马利向来小心谨慎，他在阿拉曼和突尼斯的作战风格再现于卡昂。艾森豪威尔急于打垮德军，一再督促蒙哥马利尽快发起进攻。蒙哥马利先是定于6月17日开始攻击卡昂，之后又借口后勤问题把攻击日期推迟到6月19日。艾森豪威尔大为震怒，他发报给蒙哥马利说："我已经尽力加强战斗部队和弹药供应，抽调各种人员，从各仓库调拨军需物资给你。"但为了照顾美、英两国之间的关系，他又鼓励蒙哥马利说："我十分理解，你需要积累足够的炮弹，但我希望你能尽早发起进攻……我完全相信你能攻破敌军，打一场漂亮仗。"

但蒙哥马利仍坚持6月19日为进攻日期，他希望做到万无一失。可惜天公不作美，就在蒙哥马利准备发动进攻的那天早晨，飓风横扫海峡，大风时速达56公里，把盟军历经千辛万苦修建起来的巨大人工港吹得七零八落，并把800艘舰艇推上海滩。在4天的时间里，它几乎使滩头的一切登陆活动停止下来，严重干扰了所有的军事行动。海上交通完全中断，盟军在滩头阵地上修筑的小型跑道也无法降落飞机。美军的战区内，奥马哈滩头上的"桑葚"人工码头被损毁得无法修理，大量舰船和小艇搁浅，或者被刮到海滩上。风暴还中断了卸载和分发补给品的工作，盟军被迫紧急实行严格的弹药定量供应，蒙哥马利被迫再次推迟进攻卡昂的时间。

在人造港遭到破坏后，对盟军来说，尽快夺取瑟堡比任何时候都显得紧迫。布莱德雷决定全力以赴进攻瑟堡，他把攻打瑟堡的任务交给柯林斯，并为他筹集了 4 个师的兵力来执行这项重大任务。

6 月 14 日，柯林斯指挥第 7 军发起进攻，他的第一个目标是向西推进 40 公里，抵达大西洋沿岸后封锁科唐坦半岛。李奇微的第 82 空降师和埃迪的第 9 步兵师在前面打先锋，第 90 步兵师断后。据守半岛的是德军第 91 摩托化步兵师和第 243、第 709 海岸守备师，外加隆美尔派来增援的第 77 师。

6 月 16 日，希特勒命令龙德施泰特和隆美尔死守科唐坦半岛和瑟堡。4 天后，美军经过顽强战斗，终于推进到了巴恩维尔附近的大西洋沿岸。

战役的第二阶段要求柯林斯巩固整个科唐坦半岛战线，并折向北面攻取瑟堡。这时，新来的美国第 8 军抵达法国，军长是曾经参加西西里岛和意大利战役的米德尔顿。布莱德雷把第 90 步兵师及第 82、第 101 空降师划归米德尔顿指挥，让他坚守固定战线。柯林斯的第 7 军统辖第 4、第 9 步兵和新来的第 79 师，于 6 月 19 日从固定战线出击，向北推进。

此时德军有 3 ~ 4 万人仓皇向瑟堡溃退，这是美军全速向北推进，阻止德军巩固防线的最后机会。

6 月 22 日，盟国空军进行攻击前的航空火力准备，出动 500 架次飞机对瑟堡实施密集轰炸，投弹 1100 吨。随后，美军的 3 个师从南面发起猛攻，德军殊死抵抗，双方一直激战到 6 月 24 日。德军指挥官施利本耗尽了所有预备队，并致电柏林要求将十字勋章授予有功人员，以激励士气，死守到底。

瑟堡战役激烈进行之际，艾森豪威尔第二次视察了前线。布莱德雷在混乱的奥马哈海滩迎接他，经过风暴的袭击，海滩上一片狼藉。午餐时，布莱德雷向艾森豪威尔保证近两天即可攻陷瑟堡。

由于德军不断派来增援部队，美军有被包围在科唐坦半岛的危险，布莱德雷准备紧急调回柯林斯，以部署加入杰罗、科利特和米德尔顿这几个军在南面的作战，以 4 个军的兵力向南面、西面大举突击。

为尽快攻下瑟堡，美军迫切需要海军提供舰炮火力支援，但在恶劣天气的影响下，舰炮火力支援直到 6 月 25 日才开始。海军派出 3 艘战列舰、4 艘巡洋舰、11 艘驱逐舰组成舰炮支援编队，进行了长达 7 个小时的舰炮射击，有效地压制了德军炮兵的火力。

6 月 25 日黄昏，在强大的海空军火力支援下，美军第 7 军冲入瑟堡市区。次日，施利本和港口海军司令亨尼克少将一起宣布投降，但个别失去联络的德军据点仍在负隅顽抗，美军使用坦克和轰炸机协同攻击，将德军残部逐步压缩到瑟堡的最西北端。

7 月 1 日，最后据点里的德军被迫投降。至此，美军占领了整个科唐坦半岛。

在夺取瑟堡和科唐坦半岛的战斗中，美军伤亡达 2.5 万人，德军伤亡、被俘约 3.6 万人。

在战争的炮火中，瑟堡变成了一片废墟。早在 6 月 7 日，也就是盟军登陆第二天，德军就预料到盟军必将夺取瑟堡，于是开始有计划地毁掉瑟堡，将码头、防波堤、起重机等一一炸毁，并在港口水域遍布水雷，用沉船堵塞航道。美军的一位工兵专家看了瑟堡的毁坏情况后，认为这是“历史上最周密、最彻底的破坏”。盟军占领瑟堡后，马上派出大批工兵、打捞分队、扫雷舰艇进行清除障碍的工作，足足花了 3 个星期的时间，才扫除了 13.3 万枚水雷，打捞起 20 艘沉船，恢复了瑟堡港口的吞吐能力。

7 月 16 日，盟军从瑟堡卸下了第一艘运输船上的物资。7 月底，瑟堡日卸货量达 8500 吨，到 9 月卸货量又上升到 1.7 万吨。又经过 3 个月的努力，瑟堡的卸载能力仅次于马赛，成为盟军在欧洲的第二大港口。截至 1944 年年底，共有 2137 艘运输船进入瑟堡，总卸货量达 282.6 万吨，为反法西斯战争的胜利做出了巨大贡献。

与此同时，蒙哥马利进攻卡昂失利，使英军战线出现了危险的僵局，伦敦对此深为不满，开始怀疑蒙哥马利的指挥能力。丘吉尔甚至公开发表了批评蒙哥马利的谈话。蒙哥马利把失利的部分原因归咎于空

20 世纪 40 年代，第二次世界大战期间，盟军停靠在法国海岸的增援部队和物资

军，说“空军近距离火力支援不够猛烈”。空军正焦急地等待着蒙哥马利把卡昂以南的地方交给他们修建机场，现在他的指责犹如火上浇油，激怒了空军。

艾森豪威尔对蒙哥马利也十分不满，为了督促蒙哥马利尽快行动，他曾巧妙、圆滑又带有刺激意味地给蒙哥马利发报，要求他打破僵局，并许诺可以派一个美国装甲师支援他。

布莱德雷认为德军被吸引在卡昂，指挥美军向南和西南大举进攻的时机已经成熟，于是开始实施他的作战计划，以 4 个军共 12 个师的兵力，向德军的防线正面发动大规模突击，目的是突破德军的防线，迅速夺取阿弗朗什，进而占领布列塔尼半岛。布莱德雷对这一计划极为乐观，认为一旦突破德军防线，美军就能轻而易举地到达预定地点。

然而，情况大大出乎布莱德雷的意料，他准备发动的攻势不得不向后推迟。第 7 军因为参加肃清瑟堡敌人的行动，无法及时调动和重新部署。该军第 4 师自攻击开始以来，伤亡 6000 余人，也需几天时间来补充休整。同时，由于暴风所阻，米德尔顿第 8 军的后续部队推迟了登陆时间。这样一来，布莱德雷原定于6 月 30 日发起的攻势，只能推迟到7 月 3 日。

艾森豪威尔亲自赶到布莱德雷的指挥所，他急于看到布莱德雷发起进攻。接着，他在布莱德雷的陪同下去找蒙哥马利。蒙哥马利虽然没有攻占卡昂，但仍沾沾自喜。他表示“一切都在按计划进行”，他已经把德军的主力牢牢吸引到了他的面前，美军夺取瑟堡和进行迂回作战就轻松多了。他当前的主要任务是主动出击，决不后退一步，把敌人钳制在他的战区。由此，他认为夺取卡昂及其以南地区已如探囊取物。

艾森豪威尔对蒙哥马利的这些说法未置一词，但心里十分恼火。德军不断动用 V－1 飞弹袭击伦敦，而蒙哥马利却在这里裹足不前。蒙哥马利乘机建议集中兵力攻击加来地区，首先摧毁那里的飞弹发射场，动用英军第 2 集团军、美军第 1 集团军和加拿大第 1 集团军，由他亲自指挥。

起初，布莱德雷对蒙哥马利提出的建议很不以为然，经过仔细分析，他才看出蒙哥马利城府很深，打着自己的如意算盘。说穿了，他是想独揽欧洲的盟军地面部队指挥权。根据“霸王”行动计划，布莱德雷很快将指挥美军在欧洲的全部地面部队，与蒙哥马利平起平坐；而艾森豪威尔则指挥美、英两个集团军群，地位远在蒙哥马利之上，他怎么会甘心呢？

布莱德雷清楚地认识到，一旦蒙哥马利的建议被采纳，他将不得不把第 1 集团军的指挥权交给蒙哥马利。这样，布莱德雷的集团军群司令部上岸后，对美军只能行使管理权，而由英国人行使指挥权。假如进攻加来的战役取胜，V－1 飞弹发射场被夷为平地，蒙哥马利就变成了“英雄”。到那时，他不仅不能收回第 1 集团军的指挥权，恐怕还要把巴顿的第 3 集团军也交给蒙哥马利指挥。

除了以上因素，布莱德雷认为，蒙哥马利进攻加来的计划在军事上也是行不通的。首先，盟军的后勤补给问题无法解决。8 月以后，海峡将出现持续的恶劣天气，盟军的补给舰无法在海滩登陆。盟军必须尽快夺取布列塔尼半岛上的港口，否则只能依赖堡垒来取得补给，而盟军如果进攻加来地区，必然要与希特勒在法国的主力第 15 集团军相遇，这不符合避实击虚的战术原则。

1944 年，诺曼底地区，布莱德雷和两个高级将领在交谈

考虑到这些，布莱德雷决定抵制蒙哥马利的建议，坚持原定作战计划。艾森豪威尔经过慎重思考，也觉得蒙哥马利的计划不够实际，最终没有同意。

7 月 3 日，布莱德雷下令美军发起进攻，他把 4 个军的兵力全都投入战斗，从右至左依次是米德尔顿的第 8 军、柯林斯的第 7 军、科利特的第 19 军和杰罗的第 5 军。这次战役的计划是右路的第 8 军、第 7 军沿半岛西岸推进至阿弗朗什；中路的科利特率第 19 军夺取圣洛；左路的第 5 军夺取战略要地考蒙特，以保护蒙哥马利的右翼。假如推进成功，第 1 集团军将合力向东迂回运动，从背后包抄威胁蒙哥马利的正面德军，南北夹击，一举歼灭敌人。同时也可以为巴顿的第 3 集团军登陆和进攻布列塔尼半岛打开通路。右边的第 8 军首先发起进攻，第 82 空降师进展顺利，第 79、第 90 步兵师的进展却令人失望。

布莱德雷准备解除兰德勒姆的职务，让特迪·罗斯福来指挥第 90 步兵师，没想到罗斯福因心脏病突然去世，于是，雷蒙德·S. 麦克莱恩成了第 90 步兵师师长。代替第 82 空降师的麦克马洪的第 8 师，本来是训练有素的一个师，但他们的进攻受挫了。作为布莱德雷在本宁堡的同事，麦克马洪要求解除自己的职务。布莱德雷鼓励他再打 48 小时，若无进展，再解职也不迟。

最后，布莱德雷将第 9 步兵师的副师长唐纳德·亚瑟·施特罗调来，替换了麦克马洪，但第 8 军仍未能攻破德军的防线。

7 月 4 日，在米德尔顿左侧的柯林斯的第 7 军开始进攻。由于瑟堡方面的需要，上级调整了埃迪第 9 步兵师的部署，所以柯林斯手中只有 2 个师，一个是刚刚补充 6000 名新兵的雷蒙德·巴顿的第 4 师，一个是新近调来的罗伯特·梅肯的第 83 师。第 83 师打头阵，企图突破德军以灌木围田为天然屏障的阵地，但因为德军顽强抵抗，加上全师步调不一、指挥不力，进攻失败了。柯林斯又去督促雷蒙德·巴顿的第 4 师发动进攻，但该师新兵太多，攻势十分无力。7 月 9 日，埃迪的第 9 步兵师开到前线参战，也没有动摇德军的阵地。第 7 军的进攻同样没有成功。

第 19 军于 7 月 7 日发起进攻。科利特手中握有 3 个师，一个是曾血战奥马哈海滩的格哈特的第 29 师，一个是利兰·霍布斯指挥的第 30 师，一个是保罗·巴德指挥的第 35 师。霍布斯是一员猛将，刚开始进攻，他就挥师渡过维尔河，夺取了一个重要的桥头堡。布莱德雷打算投入勒鲁瓦·沃森的第 3 装甲师，由副师长约翰·博恩率领，利用这个桥头堡向前进攻，但回旋余地太小，又因科利特、霍布斯和博恩下达的命令相互矛盾，结果部队行动步调不一致，攻击未能奏效。

这时，科利特因患急病倒下了，布莱德雷不得不把指挥第 20 军的沃尔顿·霍克从英国调来，暂时协助科利特。约翰·博恩因“指挥不力”而被解除职务，降为上校，送回美国。

至此，布莱德雷向阿弗朗什发动的突击彻底失败了，他感到非常懊丧。突击之所以失败，一是因为上面催促太紧，进攻过早过急。他应当多给柯林斯一些时间，让他在瑟堡做好部署。二是因为遇到了恶劣的天气。当时大雨滂沱，不仅车辆和坦克陷在泥里动弹不得，而且也影响了空军对地面的支援。三是因为地形带来的困难。由于事先侦察不够，灌木围田没有引起美军的足够重视，美军不知道如何在这种地形作战。

就在布莱德雷为突击失利而烦恼之际，7 月 6 日，美军的传奇将军巴顿秘密来到了法国。“坚毅”计划起到了欺骗德军的作用，德军一直误以为巴顿将率领虚构的第 1 集团军群在加来地区登陆。现在巴顿率第 3 集团军在诺曼底登陆了，为了继续欺骗德军，盟军还要将“坚毅”计划持续进行下去。此时莱斯利·麦克奈尔已经从美国起程，准备到英国接替巴顿指挥虚构的第 1 集团军群，继续迷惑德军。

巴顿来到法国前线后，压抑在心中的怒火终于爆发了，他又毫无顾忌地宣泄了一番，对艾森豪威尔、布莱德雷等人进行了猛烈的抨击。他一针见血地指出了布莱德雷的一个致命弱点：“布莱德雷的座右铭是‘有疑即停’。”

峰回路转的“眼镜蛇”行动

炎炎夏日，布莱德雷坐在指挥所里苦思冥想，终于想出了一个新的突破计划，即“眼镜蛇”计划。这是为了打破诺曼底僵局而设计的以美军为主的一次作战行动。

7 月 10 日，在艾森豪威尔的主持下，盟军高级将领召开了一次紧急会议，研究下一步的作战计划。会上，布莱德雷把酝酿已久的“眼镜蛇”计划提了出来。这个计划的核心是把美军 4 个军的兵力集中在圣洛地区的狭窄地段上实施正面突击，以柯林斯的第 7 军为先锋。地面部队突击前，空军要对正面的德军实施毁灭性打击，进攻时间定在 7 月

19 日。

大家都对这个计划表示赞同，蒙哥马利也起草了一个支援“眼镜蛇”行动的“赛马场”计划，目的是吸引德军主力。按照计划，他将命令部队于 7 月 17 日在东面发动进攻，以空中打击为先导，装甲部队突击。蒙哥马利这一支援计划，起码可以洗刷他屡战屡挫的耻辱，如果攻击顺利，他还可以分享荣誉。当他向艾森豪威尔陈述计划时，声称这是“决定性”的计划，装甲师可以在卡昂 - 法莱斯公路一带驰骋，彻底瓦解德军。

艾森豪威尔对蒙哥马利的说法很感兴趣，他还给布莱德雷写信说：“蒙哥马利的计划要求其他部队都发动强大的攻势，希望你不惜代价，抓住一切可以利用的机会，投入全部兵力，不必担心你的正面之敌会发动大规模反击。进攻都是相互支援的，如果第 2 集团军能保证与你同时突破，将取得巨大的战果。”

7 月 18 日，蒙哥马利开始实施“赛马场”计划。首先，1700 架重型轰炸机和 400 架中型轰炸机，向德军的阵地投掷了约 8000 吨炸药。接着，英军装甲部队发起冲击，并顺利推进了 5 公里左右，几乎就要突破德军的阵地。就在这时，一场大雨从天而降，弹坑和雨水造成的泥泞阻止了英军装甲部队前进的步伐，使德军得到了喘息之机，开始组织反攻，尽管他们未能收复失去的阵地，但也给英军造成了重大损失。

也许是天意，战役打响前，隆美尔不在前线，他在返回前线的路上遇到了英国空军的轰炸，身受重伤，被送进了医院。7 月 20 日又下起了倾盆大雨，把战场变成一片沼泽，英军被迫停止进攻。蒙哥马利宣布“赛马场”计划取得了预期的战果，其实只是把德军赶出卡昂，并占领了卡昂以南约 18 平方公里的地域。而且他付出的代价是惊人的，部队伤亡 4000 余人，坦克被击毁 500 余辆，是投入战斗的全部坦克的三分之一以上。

艾森豪威尔、史密斯、特德等人对蒙哥马利非常不满。尤其是艾森豪威尔，当他得知蒙哥马利又一次失利后，脸色阴沉得可怕。

花了 8000 多吨炸弹，仅仅占领 18 平方公里的土地，等于每平方公里要付出400多吨炸弹的代价。特德斥责蒙哥马利要对这次失利负责。许多美国军官认为，蒙哥马利之所以踌躇不前，是因为英国人力紧张，无法再补充第2集团军的人员损失，所以他承担不起一次全面进攻所带来的伤亡代价。艾森豪威尔辩解说，现在发动进攻从长远来看可以减少伤亡，并说明美国在欧洲的部队最终会比英国多，“然而在我们部队的数量相等时，我们必须并肩前进，共享荣誉与分担牺牲”。特德看了艾森豪威尔这封信的副本，认为这封信的口气不够强硬，蒙哥马利能避而不答，因为其中缺少命令。

大家的情绪都很低落。经过为期7周的作战，盟军突入内陆最深处仅40~48公里，仅有的128公里战线使部队缺少足够的运动空间，无法把在英国待命的美军运过来。

到7月23日为止，在诺曼底登陆的美军总兵力达77万人，其中第1集团军伤亡7.3万人；英、加军队兵力59.1万人，伤亡4.9万人。与此同时，德军在诺曼底部署了26个师，其中6个为装甲师。此外，德军第15集团军仍然毫发无损地驻守加来海峡。这意味着德军的增援能力比盟军更强。

对于蒙哥马利的失败，布莱德雷早有预料，但他的反应不像盟军最高统帅部那么强烈。他一开始就没有被蒙哥马利对“赛马场”计划的大吹大擂所迷惑，只是把它视为支援“眼镜蛇”计划的有限行动，并未寄予厚望。在他看来，从战术上讲，蒙哥马利的“赛马场”计划起到了支援美第1集团军的作用，因为他的攻势不仅把德军装甲部队的主力吸引到他的正面，而且使冯·克鲁格①的全部预备队摆在了他的正面。然而，在盟军高级指挥官中，能像布莱德雷这样客观看待“赛马场”计划的人并不多。

以“赛马场”计划的失利为起点，盟军指挥机构内部出现了明显的裂痕。艾森豪威尔和蒙哥马利的关系明显地冷淡了，只保持着一般性

---

① 冯·克鲁格（1882—1944）：纳粹德国陆军元帅，人称“聪明的汉斯”。以在政治上的摇摆及在东线的艰苦防御战而闻名。

的公事往来。蒙哥马利也知道，艾森豪威尔在极力贬低他，如果艾森豪威尔有权，甚至会解除他的职务。而布鲁克内心虽然看不起蒙哥马利，但表面上仍处处袒护他，把失利归咎于艾森豪威尔指挥不当。这种相互指责的攻击，严重影响了盟军最高统帅部的作战指挥。

通过这些矛盾，布莱德雷意识到，由于指挥机构里关系复杂，英、美两国部队的作战行动无法完全协调一致，所以，他的“眼镜蛇”计划就显得更为重要。如果“眼镜蛇”计划能够成功，将有助于弥补盟军最高指挥层的裂痕。但是，如果计划失败，后果和影响将远远超过军事上的失利，不仅蒙哥马利，甚至他和艾森豪威尔都有被免职的危险。

考虑到这些，布莱德雷感觉肩上的责任更重了，他必须小心行事，做到万无一失。他反复审查了“眼镜蛇”计划。这个计划首先要对德军的集结地域实施定位轰炸，这是要冒风险的，因为飞行员还没有完全掌握精准轰炸的技术。盟国空军要轰炸的是一片直角三角形地域，在圣洛－珀里尔公路以南，柯林斯第 7 军将在发起进攻之前向这条公路靠拢。飞行员们在轰炸时不能有半点差错，稍有不慎，炸弹就会落在自己人头上。因此，布莱德雷要求盟军飞机在公路南侧沿东西航线飞行进入轰炸区上空。这样，如果飞行员在目标前后投弹，误投的炸弹只能落在公路南侧德军一边，而不会误炸自己的部队。由于天气恶劣，“眼镜蛇”计划被迫推迟到 7 月 21 日。

7 月 19 日，布莱德雷飞往利·马洛里设在斯坦莫尔附近的司令部，就轰炸问题与特德、斯帕茨、利·马洛里等人反复商讨。最后，空军勉强同意轰炸时沿圣洛－珀里尔公路平行飞行，并且炸弹不超过 100 磅，以避免在三角地域炸出太大的弹坑，妨碍装甲部队行动。同时，为避免误炸地面部队，布莱德雷要求柯林斯的部队在公路以北向后撤到适当的地域。

开始实施“眼镜蛇”计划的前一天，艾森豪威尔亲临前线督战，他还专门乘坐飞机来到布莱德雷的驻地，视察战争准备情况。天空乌云密布，当他抵达目的地时，大雨倾盆。布莱德雷告诉他，进攻已经推迟，并责怪他在这么糟糕的天气里还坐飞机。艾森豪威尔微笑着说：

“我死的时候，他们应该等一个雨天，在暴风雨中把我埋了。这样的鬼天气可真要了我的命。”

在这次会晤中，艾森豪威尔与布莱德雷讨论了尽快组建第 12 集团军群的相关事宜。他们决定于 8 月 1 日成立美军第 12 集团军群，由布莱德雷出任集团军群司令，艾森豪威尔将指挥蒙哥马利和布莱德雷的两个集团军群。

同一天，德国发生了德军将领企图暗杀希特勒的事件，希特勒虽然幸免一死，但德军最高统帅部中出现了混乱，这是盟军大举进攻的好机会。

然而天不遂人愿，就在盟军准备发起进攻的当天晚上，又下了一场大雨，“眼镜蛇”行动只得再次推迟。

时间像流水一样过去了。7 月 24 日，天气转晴，布莱德雷决定在下午 1 时发动总攻。和以往的做法不同，他没有组织炮兵火力打击，而是由空军出动 2246 架飞机对德军阵地进行地毯式的猛烈轰炸。接近中午的时候，天空突然阴云密布，从海峡飘来一片片厚厚的乌云，严严实实地遮挡住了预定轰炸的三角形目标区。布莱德雷连忙下令撤销总攻计划，但为时已晚，执行轰炸任务的飞机已经进入法国上空，约有 400 架飞机进入目标区并投下了炸弹。由于指挥混乱，天气又不好，加上人为的失误，许多炸弹落在了美军所在的地域，结果炸死 25 人、误伤 131 人。

布莱德雷十分愤怒，对“眼镜蛇”计划的不幸开端痛心疾首，几乎对整个计划失去了信心。

此时，德军总指挥冯·克鲁格虽然意识到盟军的总攻即将开始，却错误地把蒙哥马利的作战地区看成是主攻方向，而把“眼镜蛇”行动看作是佯攻，于是匆忙把装甲部队调去阻击蒙哥马利。

7 月 25 日，晴空万里，总攻正式开始。参战的 1500 架重型轰炸机、380 架轻型轰炸机和 550 架战斗轰炸机铺天盖地而来，进入与公路平行的飞行航线目标区上空，投下了约 4000 吨炸弹和燃烧弹，轰炸的情形令人胆战。当时在场的美军军官心惊肉跳地说：“头上的轰炸机遮天蔽日，脚下地动山摇，耳畔惊雷滚滚，眼前泥土纷飞，硝烟弥漫。顷刻间就有几十人被击中，他们的尸体被高高地抛向天空，落到战壕外几十米的地方。步兵们惊恐万分，手足无措。”

布莱德雷陆续收到了现场的轰炸情报，炸弹误伤自己人的次数之多令他极度震惊。他一度认为美军遭受了重大损失，“眼镜蛇”计划似乎只能取消。但是，考虑到如果再次推迟进攻，德军必将加强圣洛地域的防御，给盟军今后的作战行动造成困难。因此，布莱德雷决定继续干下去。

事实证明，这是一个正确的决策。战后查明情况，轰炸确实给自己的部队造成了一定的损失，但损失并不是很大。不过，代替巴顿的莱斯利·麦克奈尔在前往利兰·霍布斯的第 30 师的一个分队进行视察时，一颗炸弹正好落在他藏身的战壕里，把他的身体抛到 20 米以外，全身血肉模糊，除了衣领上的三颗将星外，其他什么都认不出来了。艾森豪威尔看到这种情况，脸色铁青，闷闷不乐地拂袖而去，乘坐飞机回到设在英国的司令部。空军炸死炸伤这么多自己人，使他情绪十分低落，认为这次战役一定会失败。

实际上，轰炸取得了重大战果。炸弹把德军的阵地几乎夷为平地，火炮、车辆被埋入地下，坦克变成了废铁，通信线路被炸断，德军数千人被炸死炸伤，装甲部队的指挥所被摧毁，重型装备几乎损失殆尽，3 个附属空降团全部被歼灭。

空军刚刚撤离战场，地面部队马上发起了进攻。柯林斯的第 7 军一马当先，将 3 个师投入战斗。埃迪的第 9 步兵师、雷蒙德·巴顿的第 4 师和霍布斯的第 30 师一起杀向德军。开始的时候，德军还本能地进行了抵抗，但是很快就因完全失去指挥，战线一片混乱。柯林斯当机立断，紧急调许布纳的“大红一师”参战，装甲部队随后跟进。

终于，持续一个多月的僵局被打破了。柯林斯的部队打得很漂亮，在德军的防线上撕开了一个很宽的突破口，并大力向南推进。在柯林斯的右边，米德尔顿的第 8 军也取得了突破，装甲部队推进了约 60 公里，第 4、第 6 装甲师一路杀敌，终于攻到了目标地点——阿弗朗什城，城里的德军不是落荒而逃，就是举手投降。

7 月 28 日，布莱德雷兴奋地向艾森豪威尔报喜说："今晚第 1 集团军司令部的全体人员无不兴奋异常，我们取得了重大战绩。情况并不像你走时那么悲观，如果你一直在这里，我相信你会和我们一样高兴。德军已经被驱逐出战壕，士气一落千丈，我们将乘胜追击，穷追到底。"

愁眉苦脸的艾森豪威尔接到布莱德雷的信息后，精神大振。他马上乘坐飞机前往第 1 集团军，视察战斗情况。当他亲眼看到盟军成功突破法国围田，向纵深地带发起进攻时，几天前那种抑郁沮丧的情绪一扫而光，脸上露出了难得的笑容。随后，他继续给蒙哥马利施加压力："时间从来没有这么重要过，我们不应等待天气或诸事齐备……我相信，现在用 3 个师进攻比 5 天后用 6 个师进攻要好得多。"蒙哥马利终于有了紧迫感，他命令登普西的部队要"不怕伤亡，加紧活动"，"必须随时随地尽可能骚扰、攻击、袭击敌人"。

打了胜仗，人人都很高兴，巴顿也不例外。此前，巴顿曾对"眼镜蛇"计划抱观望态度，他在发起进攻前私下说："这是一次毫无把握的战斗。"现在，他不得不承认布莱德雷"确实干得很漂亮"，"我唯一的乐事就是在我投入战斗以前他就打了胜仗"。

布莱德雷的"眼镜蛇"行动的胜利，是诺曼底战役的一个重大转折点。从此，局势的天平开始向美军大幅度倾斜。

解放巴黎

从登陆的 6 月 6 日算起，盟军度过了艰难的 7 个星期。不利的地形、恶劣的气候和德军的顽强抵抗，将盟军死死地拖在科唐坦半岛上。如今，盟军终于突破德军的防线，杀出科唐坦半岛，可以大刀阔斧地开始新的战斗了。

此时此刻，布莱德雷可谓春风得意。在他制订的"眼镜蛇"计划出炉之初，很多将领对这个计划持怀疑态度，就连巴顿也觉得有些不妥。现在看来，当初的担心是没有必要的。这次行动是盟军自诺曼底登陆之后的又一次杰作。盟军上下一片沸腾，都在期盼着新一轮的进攻。

原计划在 8 月初成立的美军第 12 集团军群现在已经建成，司令部设在库汤斯。布莱德雷把第 1 集团军交给继任的霍奇斯后，便到库汤斯走马上任了。直到盟军最高司令部在欧洲大陆设立前进指挥所为止，布莱德雷将继续受蒙哥马利指挥，但实际上是在艾森豪威尔的直接指挥下战斗。同一天，巴顿的第 3 集团军也正式建成。这样一来，布莱德雷的第 12 集团军群便包括了霍奇斯的第 1 集团军和巴顿的第 3 集团军。这 2 个集团军共有 5 个装甲师、16 个步兵师，整个集团军群约有 40 万战斗人员，加上勤务、支援和特种部队等相关人员，约 90.3 万人。蒙哥马利统辖的登普西的第 2 集团军和克里勒的加拿大第 1 集团军，共 16 个师，约 66.3 万人。

在任命布莱德雷为集团军群司令时，艾森豪威尔对其他将领的任命也做了考虑。当时，在美军高级将领中，布莱德雷虽然与霍奇斯、巴顿都是三星中将，但是他的职务最高，按理应授予四颗将星。但这样一来，布莱德雷与艾森豪威尔就成了同级，将引起很多不必要的麻烦。基于此，艾森豪威尔建议实行永久性军衔，这样布莱德雷在战后仍可保持在陆军中的重要地位，薪金和退休金也会增加，而且具备了出任陆军参谋长的条件。

1944 年 9 月 16 日，布莱德雷正式晋升为少将。这也意味着，布莱德雷与蒙哥马利平起平坐了。

对于新成立的美军第 12 集团军群，蒙哥马利并不高兴。他的参谋长曾经写道：“尽管蒙哥马利已经答应为布莱德雷建立他的集团军群司令部提供帮助，但是，他可能会像往常一样，在做出承诺以后并不急于付诸行动，要想让他迈出第一步，还得等上一段时间。”

作为集团军群司令，布莱德雷肩上的担子是沉重的。美国陆军自成立以来，指挥和操作集团军群方面的经验十分有限。第一次世界大战期间，潘兴将军曾在法国指挥过 2 个集团军，但时间很短，只有 2 个星期，根本谈不上什么经验。第二次世界大战爆发前，一些指挥院校开始对集团军群进行研究，但仍停留在理论上。

在没有明确的条例可以遵循，又没有现成经验可供借鉴的情况下，布莱德雷只得按照亚历山大在突尼斯、西西里岛和意大利指挥盟军集团军群的模式，建立起第 12 集团军群的指挥参谋机构。他知道，要想充分行使集团军群司令的职权，必须做到以下几点：

第一，把两个集团军的控制权牢牢掌握在自己手中，以便随时发布的任务训令能够不折不扣地得到执行；

第二，密切关注战局发展，及时对任务进行更改；

第三，监督下属对作战计划和作战命令的执行情况，必要时还要过问某一个师的具体行动。

第 12 集团军群司令部设在法国乡村，参谋长是列夫·艾伦，另外还有行政、人事、情报、作战、后勤 5 位副参谋长。

布莱德雷的司令部代号为“鹰”，共有 200 名官兵。考虑到这么庞大的机构行动不便，为了行动迅捷，能随时和前线部队一起向前推进，布莱德雷抽调人员组建了一个高度机动的小型司令部，称为“鹰前进司令部”，主要人员有情报副参谋长、作战副参谋长、后勤副参谋长等，在大型运输车内办公。布莱德雷配备了一辆“专车”，兼有办公室和生活间的功能。空军还调给布莱德雷一架漂亮的双引擎 C－47 新型运输机，机上设有沙发、办公桌和椅子。

布莱德雷就任集团军群司令后，布列塔尼半岛的残余德军尚未肃清。按照“霸王”行动计划的部署，巴顿的第 3 集团军应首先扫荡半岛，夺取圣马洛、布雷斯特、洛里昂、圣纳泽尔等重要港口，然后再展开战斗。根据德军主力已调往诺曼底的情报，布莱德雷与艾森豪威尔、巴顿商量后决定，只派巴顿手下的第 8 军参加扫荡战斗，其他军则改派到东线作战。巴顿已经有一段时间没有参加战斗了，这一次，他终于有机会指挥第 8 军的装甲师和机械化步兵师大战布列塔尼半岛上的残敌。

在肃清布列塔尼半岛残敌的战斗中，报纸上频频出现巴顿的头条新闻，报道他的战绩。但是，德军遵从希特勒血战到底的命令，在撤到重要港口后仍负隅顽抗，最终，美军以高昂的代价夺取了已经无关紧要的布雷斯特港。

战后，许多军事历史学家批评布莱德雷在布列塔尼半岛投入了过多的兵力，付出了无谓的牺牲。布莱德雷则认为，他派巴顿扫荡布列塔尼半岛，主要是为了解决后勤问题。

当时盟军每天需要2.6万吨作战物资，布列塔尼战斗开始时，盟军仅靠瑟堡港和空中运输解决后勤补给问题。8月份，遭到破坏的瑟堡港只运进了三分之一的物资，其他物资仍从奥马哈和犹他海滩运输。因此，夺取半岛的港口并非无关紧要。此外，夺取半岛上的港口后，美军便可以不经英吉利海峡，而是直接从半岛上岸参战。

在整个半岛上，德军约有5万非主力部队，德军精锐的空降第2师也秘密调往半岛。如果忽视半岛，将给阿弗朗什－雷恩－圣纳泽尔一线增加压力，使盟军不得不加强这一线的防御。所以，肃清半岛的残敌可谓一举多得。

美军从阿弗朗什不断扩大缺口，柯林斯的第7军打到了莫泰恩，巴顿手下的第15、第20军冲过拉瓦尔的开阔地，占领了通往勒芒的公路。仅3天时间，海斯利普便率第15军推进了约120公里。在第3集团军战事进展顺利的同时，左翼的美第1集团军却打得异常艰苦。霍奇斯手下的第5、第19军向维尔猛攻，但德军殊死抵抗，挫败了美军的进攻。

布莱德雷曾经指挥过的第28师也失败了。科利特对劳埃德·布朗师长十分不满，于是，布莱德雷免去了布朗的师长职务，代之以第9步兵师的副师长詹姆斯·E. 沃顿。数小时后，由于沃顿身负重伤，师长暂时由诺曼·科塔担任，这个师曾是登陆奥马哈海滩的精锐，后来也一直不负众望。

这时，蒙哥马利按计划紧紧地守住卡昂，吸引德军的主力，以便美军突破防线向东迂回，全歼布列塔尼半岛之敌。但是，蒙哥马利谨慎有余、勇猛不足，未能发动更大的攻势。他应该及早打到法莱斯，并为空军提供建造机场的土地。

7月27日，艾森豪威尔、史密斯与丘吉尔、布鲁克共进晚餐时，严厉地批评了蒙哥马利。

英军决定于8月2日开始大规模的进攻，加大夺取维尔的力度。当英军接近维尔市郊时，美军第 5、第 19 军也从西面逼近维尔市。盟军高层之间互相批评，双方各执一词，对蒙哥马利的做法态度迥异。不过，这种内部矛盾还没有发展到危险的地步。按照“霸王”行动计划，盟军在诺曼底站稳脚跟后，德军将发现“坚毅”计划是一个骗局，其主力部队必然退到塞纳河一线防守，与盟军决战。但是，希特勒在遇刺受伤后，不敢再相信冯·克鲁格对他的忠诚，于是亲自制订了西线的战略，严令德军不许向塞纳河方向退却，坚守每一寸土地。他把第 15 集团军的几个师从加来调往诺曼底，并从法国南部调来兵力，一共 7 个师，聚集在诺曼底，准备与盟军决战。

布莱德雷认为目前的战况对盟军很有利，希特勒的战略正好给盟军提供了良机，可以从塞纳河以西包围德军。8 月 2 日，艾森豪威尔根据布莱德雷的建议向马歇尔汇报，准备向东北方向进攻，歼灭德军机械化部队主力，一直打到加来。8 月上旬，布莱德雷开始考虑怎样围歼德军。他计划在夺取布列塔尼半岛后，将第 1 集团军沿卡昂 – 勒芒一线摆开，建立运输线；然后让 6 个装甲师作为先锋，机械化步兵居后，向巴黎挺进。与此同时，在奥尔良以北空投 3 个空降师，阻止德军沿巴黎 – 奥尔良一线溃逃，同时起到掩护进攻巴黎的部队南翼的作用。达到目的以后，地面部队向东南的巴黎、东面的塞纳河和北面的迪埃普发起进攻，最终攻占巴黎，歼灭德军第 15 集团军后，便肃清了进攻德国本土的障碍。

俗话说：兵马未动，粮草先行。再宏伟的计划也需要以强有力的后勤补给为基础，装甲部队和机械化步兵需要大量的油料，以保证进军巴黎的速度。布莱德雷寄希望于蒙哥马利，即以他手下的加拿大第 1 集团军夺取法莱斯，建立补给线。

8 月 2 日，正当布莱德雷还在设想新计划时，希特勒命令冯·克鲁格攻击美军防守脆弱的莫泰恩地区，企图靠这次有限的进攻让主力撤到塞纳河。

8 月 7 日，克鲁格将几个装甲师从蒙哥马利战区调到美军战区，企图突破莫泰恩，夺取阿弗朗什。布莱德雷获得情报的时间虽然很晚，但他迅速加强了莫泰恩防线。许布纳的“大红一师”在8月3日攻占莫泰恩后，将该城交给了霍布斯的第30师，而“大红一师”则调往马延，紧挨着埃迪的第9步兵师。雷蒙德·巴顿的第4师部署在圣波伊斯担任预备队，罗斯的第3装甲师的一部分也在附近。最后，布鲁克斯的第2装甲师路过该地，加入了“大红一师”的防御战线。

除此以外，布莱德雷在8月6日获得情报后，又将巴德的第35师调给柯林斯，同时打电话通知雷蒙德·巴顿，要求他所派出的向沃克的第20军靠拢的第80、第35师停止前进，以防不测。

德军主力向莫泰恩发动进攻后，利兰·霍布斯的第30师勇猛地进行阻击，盟军飞机也向德军的装甲部队实施猛烈轰炸。结果，德军的进攻无异于一场自杀。

布莱德雷于8月7日当天驱车前往巴顿的指挥所，了解了布列塔尼的战况。同时，他向巴顿通报了莫泰恩遭到反击的情况，以及他试图从巴黎到迪埃普远距离包抄的新构想。巴顿没有提出太多异议，但要求让他的第3集团军实施横扫式的突击。

这天傍晚，丘吉尔来到布莱德雷的司令部，称赞布莱德雷“干得真漂亮”。丘吉尔这次来访，主要目的是想说服布莱德雷取消“龙骑兵”作战计划。美军主张在马赛实施辅助登陆，8天后便开始行动，但丘吉尔主张不要冒险登陆，而是将部队从布列塔尼半岛的港口投入法国。布莱德雷早就收到了艾森豪威尔的警告，所以他从容地搪塞丘吉尔，使他的游说毫无结果。

当天夜里，蒙哥马利命令加拿大第1集团军突击卡昂东南35公里的法莱斯，遭到了德军3个师的顽强抵抗，但加拿大军队一天就推进了约10公里。在离法莱斯20公里处，蒙哥马利命令部队停下来，这次进攻减轻了柯林斯方面的压力。

布莱德雷认为，德军对莫泰恩的反击，为盟军发动袭击提供了机会。德军并不急于撤退，而是寸土必守。加拿大军队若能推进到法莱斯，布莱德雷就准备进攻阿尔让当，在几天内包围诺曼底的德军，这比远距离快速合围更有利，无须建立补给线就可以行动。

8 月 8 日，布莱德雷去找巴顿讨论新计划，巴顿的反应很冷淡，他更倾向于远距离快速合围的打法。当天上午，布莱德雷又去找正在库汤斯巡视战场的艾森豪威尔讨论新计划，他向艾森豪威尔简要地说明了新计划。与巴顿相反，艾森豪威尔对此非常感兴趣，马上到第 12 集团军群司令部详细讨论这一计划。得到艾森豪威尔的批准后，布莱德雷当即打电话给巴顿，督促第 15 军由勒芒 – 阿尔让当一线向北转移。巴顿乐观地认为，10 天内就可结束战斗。

这时，艾森豪威尔也给蒙哥马利打电话说明了新计划。蒙哥马利先是大吃一惊，之后便同意了布莱德雷的计划。他也想让加拿大部队先攻占法莱斯。对于美军掉头合围德军这一宏大构想，他企图在战后将这一功劳归于他的部署。

8 月 10 日，法莱斯围歼战开始了。当海斯利普的第 15 军在勒芒掉头北移时，冯 · 克鲁格马上发现了盟军的企图，他想放弃进攻莫泰恩的计划，转向塞纳河突围，但希特勒表示反对，命令克鲁格掉头攻击第 15 军的左翼。

8 月 12 日，一个德军装甲师向阿尔让当转移，第 15 军暴露在德军面前。之后，加拿大部队毫无进展，仍缓慢地在法莱斯以北 16 公里处推进，合拢包围的计划濒于危险境地。

这种状况一直持续到下午，布莱德雷来到艾森豪威尔的前线指挥所，建议加强合拢包围圈的力量，并命令柯林斯的第 7 军增援海斯利普的左翼，将部队插进第 15 军与德军从莫泰恩撤退的路线之间。

8 月 13 日，第 15 军接近了阿尔让当，但加拿大军队仍滞留在法莱斯 10 公里以外，两军之间有 31 公里的空隙。

巴顿求胜心切，打算穿过集团军的边界线，把缺口堵死。他打电话给布莱德雷说："请让我向法莱斯进军。我们可以把德军赶下海去，重演敦刻尔克的一幕。"但布莱德雷不相信巴顿可以挡住突围的德军，因而没有同意。另外，他认为加拿大军队能够合围。

但是，在巴顿的授权下，第 15 军继续前进，于 8 月 13 日清晨又向前推进了约 13 公里，离法莱斯仅 10 公里。

军令如山，布莱德雷对巴顿擅自同意第 15 军超越界线区十分气恼，这意味着违背盟军之间的协议，很容易引起盟军飞机的误炸。但巴顿为了抢先进入法莱斯，给英军一次打击，不惜冒险。他在电话里与布莱德雷争吵起来，布莱德雷强令巴顿停止移动，构筑工事。之后，布莱德雷来到蒙哥马利的指挥所，与艾森豪威尔等人讨论战略、战术形势。蒙哥马利未能完成合围计划，又抛出一个把战争打出诺曼底和塞纳河的宏伟计划，并要美军居于从属地位。

8 月 14 日早晨，克里勒的加拿大第 1 集团军和登普西的第 2 集团军再度攻击法莱斯，美军第 15 军则停止前进，构筑工事。柯林斯的第 7 军封住缺口后，布莱德雷因为过于相信情报的准确性，以为德军主力已经撤退，决定实施向东北迂回运动，围歼逃窜德军的计划，并下令抽走第 15 军的 3 个师向东北方向进行大迂回运动，而把法莱斯的缺口交给霍奇斯的第 1 集团军负责。

巴顿接到布莱德雷关于实施迂回包抄的命令后，当天下午便制定了一个行动方案，并亲自飞临布莱德雷的指挥所。巴顿对自己的行动方案十分自信，他的计划是让沃克的第 20 军向东北迂回到德勒，库克的第 12 军向东北迂回到夏尔特尔。布莱德雷同意了，命令巴顿当天下午就开始执行这一计划。巴顿不由得暗自庆幸，他在日记中写道："我非常高兴。晚上 8 点，我就命令各军开始行动，这样即使蒙哥马利节外生枝，想来阻止我们，恐怕也来不及了。"

由于情报的误导，布莱德雷不知道德军主力仍在包围圈里，而他将部队调走后，无法形成强有力的包围圈。8 月 15 日，情报部门更正了之前的情报，说德军主力根本没有撤退，至少有 5 个装甲师仍在阿尔让当。布莱德雷大吃一惊，认为这些德军对突击部队构成了严重威胁。他马上命令休·加菲在杰罗到达之前指挥这里的部队，然后赶往巴顿的指挥所，撤销了向东北迂回运动的命令，并通知海斯利普和沃克掉头返回，支援在阿尔让当突击部的加菲。然而，这个时候，巴顿的 3 个军已经根据布莱德雷原来的命令朝东北方向进发，似乎为时已晚。

8 月 16 日，德军真的开始撤退了。德军装甲师疯狂地进攻守卫阿尔让当的麦克莱恩的第 90 步兵师阵地。该师坚持几个小时后开始动摇，布莱德雷及其参谋人员在指挥所里，紧张得连心都快跳出来了。幸好麦克莱恩指挥有方，很快又稳住了阵地。就在同一天，蒙哥马利的部队攻克了法莱斯，但他们离美军仍有 25 公里，双方之间存在一个战役缺口。德军纷纷涌向这个缺口，拼命想要突出重围。如果盟军不能及时封闭缺口，德军就有可能从这里突围逃走。但是，很显然蒙哥马利和布莱德雷都无法让部队迅速合拢。

正当布莱德雷焦急万分、苦无良策之时，蒙哥马利打来电话，建议把合拢的地点改为更东面的查博伊斯。如果布莱德雷同意这个建议，他将立即命令克里勒的加拿大军队转向东南，通过特鲁恩直奔查博伊斯。可惜蒙哥马利的建议也迟了。巴顿手下的 3 个军已经以惊人的速度横扫德军，分别到达了德勒、夏尔特尔和奥尔良。布莱德雷只能命令由杰罗指挥的临时拼凑起来、准备防守阿尔让当的一个军，紧急赶往查博伊斯，与英军共同执行合围任务。这个军包括勒克莱尔的纪律松弛的法国装甲师和麦克布莱德的缺乏作战经验的第 80 步兵师。

布莱德雷对这个军能否顺利完成任务毫无把握。那天夜里，他翻来覆去，久久不能入睡。他为自己判断失误而深感内疚。他曾经暗暗发誓，绝不过分依赖情报，但他仍然相信了情报。由于这一错误，他的一道命令就把几个主要的军调到了东北面。如果他不这么着急，这 3 个主力军就可以在查博伊斯合围德军。可现在他手头兵力薄弱，远远不足以实施合围。战局的发展正如他担心的那样，克里勒的加拿大军队转向东南，通过特鲁恩，到 8 月 19 日才顺利抵达查博伊斯。杰罗的部队也缓慢地赶来了，两支部队联合起来，包围了德军的 12 个师，其中一半是装甲师。遗憾的是，盟军合围的钳子太过薄弱，根本咬不住被包围的德军。

8 月 20 日至 21 日，被围德军组织了突围，约有 4 万多人成功逃走。逃出包围圈的德军以塞纳河为天然屏障，迅速建立了防线。其实这个时候，盟军仍有机会切断德军的退路，在德勒的海斯利普第 15 军恰好处在完成这一任务的最佳位置上。

布莱德雷经与蒙哥马利协商，命令海斯利普继续朝东北方向进攻，直奔塞纳河畔的芒特，占领芒特后沿河两岸北击鲁昂。同时，他又命令科利特的第 19 军火速离开勒芒，向东北进攻埃夫勒，以保护海斯利普的左翼。海斯利普和科利特沉着地指挥部队向前进攻。德军惊惶失措，一直后撤，根本来不及组织防御便渡过塞纳河，狼狈地逃往德国边界方向。

战争是如此的残酷，硝烟弥漫，哀鸿遍野。无论盟军还是德军，都希望战争早日结束。

根据德军溃逃过塞纳河的最新形势，盟军打算马不停蹄地冲过塞纳河，防止德军在河东建立防御阵地，尽可能围歼那里的德军。

在北面，先头部队海斯利普的第 15 军已经在芒特渡过了塞纳河。除此之外，布莱德雷还命令沃克的第 20 军、库克的第 12 军向塞纳河推进，分别在巴黎以南的默伦、特鲁瓦突击渡河。

8 月 21 日，美军开始了行动。库克因突然患病住进了医院，布莱德雷只好免去他的指挥职务，任命第 9 步兵师师长曼顿・埃迪为第 12 军军长。在巴顿的督促下，沃克的第 20 军和埃迪的第 12 军在几天内就抵达了预定的目的地，并准备按原计划沿南锡－梅斯－法兰克福一线向阿登山脉以南推进。

盟军的迅速推进，使巴黎重获曙光的日子近在眼前。在欧洲，巴黎是人人心驰神往的名城，谁都想捷足先登，成为巴黎的解放者。但布莱德雷却不这样认为，从战略上考虑，巴黎对进军德国不仅毫无意义，反而会使盟军背上沉重的包袱。德军的主力部队早已把巴黎抛在后边，目前驻守巴黎的只是一些后备部队。

布莱德雷认为，盟军应该迅速绕过巴黎，孤立那里的守军，待消灭溃逃的德军后再来收复这座城市。盟军如果分兵解放巴黎，不仅将放慢东进速度，而且需要每天向 400 万巴黎居民供应 4000 吨食品和各类生活必需品，使本来就很繁重的运输线变得更加紧张。盟军最高统帅部采纳了布莱德雷的建议，准备绕过巴黎。

然而，一个意外事件使盟军不得不改变计划。8 月 19 日，在法国警察的支持下，巴黎爆发了自发性的抗德运动。德国占领军司令迪特里希·冯·肖里茨见大势已去，决定与抵抗力量停火。但抗德运动的领导者认为停火只是德军的缓兵之计，于是派使者潜出巴黎，要求盟军给予援助。

1944年9月1日，盟军最高统帅艾森豪威尔访问巴黎，和布莱德雷（左）、法国将领柯尼克（右）、英国空军元帅泰德在凯旋门下合影

布莱德雷授权杰罗的第5军执行这项任务。8月25日，巴黎获得解放。从政治角度来看，解放巴黎是盟军的重大胜利。艾森豪威尔决定邀请蒙哥马利和布莱德雷一起进城，但蒙哥马利没有接受邀请。8月27日，布莱德雷陪同艾森豪威尔前往巴黎，并在8月29日和“自由法国部队”领袖戴高乐[①]将军一起检阅了部队。

---

① 戴高乐（1890—1970）：法国军事家、政治家、外交家、作家，法兰西第五共和国的创建者。法国人民尊称他为“戴高乐将军”。

第九章　内部争斗藏危机

一路突击 VS 两路进攻

从诺曼底登陆到巴黎解放，标志着盟军在欧洲开辟的第二战场取得了决定性的胜利，也标志着整个诺曼底战役的胜利。

在这场决定性的战役中，布莱德雷始终是战争的直接组织者和指挥者。他从集团军司令升任集团军群司令后，更成了美军在“二战”战场的重要指挥官之一。在他手下，霍奇斯、巴顿等一批猛将英勇杀敌，所向披靡。这次盟军迅速渡过塞纳河，穷追德军，看似形势有利，实际上隐藏着极大的危险：一是德军没有遭到毁灭性的打击，仍然保持着强大的战斗力；二是美军的后勤补给出现了困难，尤其是汽油严重缺乏。这两个因素使布莱德雷和其他盟军将领意识到，必须依据实际情况制订新的战略计划。

布莱德雷和蒙哥马利分别提出了自己的计划，但是他们的意见很不一致。早在 7 月 2 日，蒙哥马利就向艾森豪威尔和布莱德雷提出，由他率 3 个集团军，其中包括布莱德雷率领的第 1 集团军，直接进攻加来。直到诺曼底战役后期，蒙哥马利仍然没有放弃这一想法。8 月 13 日，他向艾森豪威尔和布莱德雷透露了他的总计划：渡过塞纳河后，取消两路进军的打法，采用“一路突击”的战略，即由他率领盟军 4 个集团军主力，实施“一路突击”，向东北方向横扫过去，歼灭加来地区的德第 15 集团军。随后，他将在比利时建立庞大的盟国机场，夺取安特卫普和鹿特丹，以解决后勤补给问题。同时摧毁威胁英国的 V－1 和 V－2

飞弹发射场，挥师占领鲁尔工业区，东捣柏林。

从总体来看，蒙哥马利的计划令人欢欣鼓舞和眼花缭乱。但是，他的计划依赖于以最快的速度突击混乱不堪、士气低落的德军，集中盟国所有的人力物力归他指挥。布莱德雷根本无法接受这个计划。蒙哥马利企图掌握更大的权力，指挥所有盟军地面部队，这将置艾森豪威尔于何地？从9月开始，美军的人数将是英军的3倍，美国公众也不能接受由蒙哥马利来指挥美军，让他独占功劳。

布莱德雷认为，从蒙哥马利在阿拉曼战役到最近的法莱斯战役的表现来看，他并不善于集结部队，而且过于谨慎，不愿冒险追击敌人，扩大战果。蒙哥马利要求以最快的速度追击敌人至柏林的主张，也不符合布莱德雷的风格，他不同意把赌注压在这个“战争史上最冒险的行动之一”上面。

蒙哥马利的计划的确会触犯美国应有的利益。马歇尔对此深为忧虑，写信劝艾森豪威尔按原计划尽快担负起地面部队总指挥的职责，以免节外生枝，引起盟军将领的不和。

除了政治上的不良影响外，布莱德雷认为蒙哥马利的计划在军事上也有许多缺陷。蒙哥马利计划的核心是“高速”追击，无法停下来打扫战场，这就意味着盟军将不可避免地要绕过一些德军固守的地方。这样一来，盟军在前进的过程中必须分兵应付这些地方的德军，以保护翼侧安全。究竟要分出多少兵力，没有谁能够预料，少则10个师，多则20个师。不管分出多少个师的兵力，盟军的力量都将受到极大削弱，在进入德国时势必成为强弩之末。另外，蒙哥马利选择的进军路线，地形复杂，江河纵横、水渠交错，易守难攻，装甲部队根本无法展开行动。从这个方向追击德军，盟军将陷入一场持久的消耗战。而且蒙哥马利也无法解决调集炮兵、步兵协同作战的难题，英军和加拿大军缺乏美军的两吨半卡车，也没有良好的火炮牵引车。

考虑到以上几点，布莱德雷坚决反对蒙哥马利的计划，甚至说蒙哥马利是神经错乱。他断言，德军至少能组建20个或30个精锐师来捍卫德国本土，蒙哥马利“一路突击”，进攻矛头必将显得软弱无力，无法突破德军的抵抗，而他也没有充足的时间打开安特卫普港，补给品的运输还将依赖几处登陆的海滩。“一路突击”必然使盟军翼侧暴露，易遭德军反击，有可能被赶回塞纳河边。

布莱德雷一向主张稳扎稳打，力求万无一失，所以他的计划要保守得多。他一直认为，德军一定会在“西部壁垒”拼死抵抗，在德国边界，盟军将有一场硬仗要打，所以他坚持“两路进攻”的战略，即蒙哥马利的 2 个集团军在阿登山脉以北推进，他的 2 个集团军则在阿登山脉以南进攻。两军在德国西部边界的齐格菲防线（纳粹德国在第二次世界大战开始前，在西部边境地区构筑的对抗法国马其诺防线的筑垒体系）或莱茵河停下来补给、休整，然后再发起进攻。同时，为了夺取安特卫普港和摧毁 V 式飞弹发射场，蒙哥马利派出部分兵力北上；美军则抽调一定兵力支援，把李奇微的第 18 空降军调给蒙哥马利，运送将士通过水乡泽国，然后再从第 1 集团军中抽出 1 个军来支援蒙哥马利。调走 6 个师后，布莱德雷手下仍有 15 个师的兵力进军萨尔。

8 月 18 日，艾森豪威尔来到第 12 集团军群司令部，与布莱德雷商讨最后的战略计划。艾森豪威尔也认为蒙哥马利以 40 个师的兵力实施“一路突击”的战略是危险的，他倾向于布莱德雷的计划。

当天，艾森豪威尔致信蒙哥马利，说明了他对战略计划的意见。蒙哥马利得知自己的计划被否决后，很不高兴，在他的司令部里闭门不出。他不甘心，于是派他的参谋长德·甘冈到盟军总部进行游说，说服了艾森豪威尔及其作战副参谋长平克·布尔，同意派李奇微的第 18 空降军和第 1 集团军支援。布莱德雷和巴顿对此感到很沮丧。8 月 23 日，蒙哥马利又亲自飞往布莱德雷的司令部，要求布莱德雷全力支持他的计划。布莱德雷有分寸地表示支持他向东北方向夺取港口和摧毁德军飞弹发射场的想法，但在由蒙哥马利率 4 个集团军攻占柏林及让他放弃进攻萨尔的问题上，他没有做出丝毫让步。

蒙哥马利前脚刚走，巴顿便像一头被激怒的公牛一样来找布莱德雷。此时布莱德雷也火气冲天，当着巴顿的面，不停地擂着桌面，嚷道：“最高统帅部是干什么的！”

这时，巴顿想出了一个解决争端的主意：他和布莱德雷、霍奇斯提出集体辞职，促使艾森豪威尔让步。布莱德雷虽然很生气，但是经过冷静思考，他觉得为了一时的个人意气而放弃部队是不明智的举动。

不久，艾森豪威尔带着参谋长史密斯前往蒙哥马利的司令部，对战略计划进行最后的协调。正在气头上的蒙哥马利为了显示自己的尊严，将史密斯拒之门外，不允许他参加讨论，搞得气氛异常紧张。

蒙哥马利建议由他的第 21 集团军群单独向鲁尔地区进攻，布莱德雷的部队负责支援，否则，结果将会失败。他还表示，艾森豪威尔“不应降格参与陆上作战而成为一名地面部队的总司令”，最高统帅“应当高瞻远瞩，以便客观公正地观察整个复杂的局势”，而让别人替他指挥陆上作战。对此，艾森豪威尔平静而坚定地解释说，考虑到马歇尔的坚持和美国公众的意见，他必须指挥陆上作战。他将在 9 月 1 日接过指挥权。

蒙哥马利见无法动摇艾森豪威尔的决心，于是又把话题转移到作战计划上来。他要求巴顿按兵不动，空降军和第 1 集团军归他领导，并优先得到补给。几经争论，艾森豪威尔同意让蒙哥马利指挥空降军，并且在第 21 集团军群右翼和布莱德雷的左翼之间“有进行必要的作战协调权力”。另外，第 21 集团军群将优先得到补给品。

尽管如此，蒙哥马利心里仍不服气。他逢人便发牢骚说：“我们做好了渡过塞纳河的准备……问题是我们没有制订出把战区看作整体的基本计划。我们的战略变得‘四分五裂’……我很失望。我所受的军事教育告诉我，我们逃脱不了惩罚……我们抛弃了集中兵力的原则。”

布莱德雷内心更加不满，他不愿抽调那么多兵力去支援蒙哥马利。他认为作战计划大部分采用了蒙哥马利的意见。现在蒙哥马利除了手头的 2 个集团军外，还有权对原本属于布莱德雷的第 1 集团军“进行协调”。布莱德雷感到蒙哥马利为了争名夺利，处心积虑，讨价还价。很多人也认为艾森豪威尔的作战方案丢掉了早日结束战争的机会。到战争结束后，布莱德雷才意识到艾森豪威尔的决定是稳妥的。抽调兵力支援蒙哥马利夺取重要港口和摧毁飞弹发射场，抓住了取胜的关键，而那种盲目追击的战略才是冒险的行动，艾森豪威尔巧妙地调和了盟军高级将领之间的分歧。

就这样，一场有关新战略的争论在艾森豪威尔的调和下结束了，等待盟军将领的将是一场更大规模的战斗。

盟军全线进攻

战略方针基本确定后，盟军发起了新的进攻。8 月下旬，蒙哥马利将 3 个集团军部署在塞纳河沿岸 200 公里长的战线上。加拿大克里勒的第 1 集团军、英军登普西的第 2 集团军分别居于左翼和中翼，美军霍奇斯的第 1 集团军居于右翼。蒙哥马利指挥着 22 个半师 40 万战斗人员的部队，其中有 8 个半是装甲师，目标是夺取安特卫普港。

布莱德雷的第 12 集团军群仅剩下巴顿的第 3 集团军，而且第 3 集团军也只有埃迪的第 12 军和沃克的第 20 军能参加行动。米德尔顿的第 8 军仍在布列塔尼，海斯利普的第 15 军正离开芒特。布莱德雷深感兵力太弱，于是将麦克莱恩的第 90 步兵师和麦克布莱德的第 80 师调给巴顿，以充实他的力量。在此之前，巴顿对蒙哥马利的做法深恶痛绝，但战斗一开始，他马上变得豪迈奔放、乐观自信。他确信这是消灭德军、结束战争的最佳时机，尽管他的任务是配合蒙哥马利作战。

8 月 26 日，巴顿率两个机械化军从默伦和特鲁瓦出发东进，发动了一场闪电战。他以神奇的速度向前推进，8 月 29 日，埃迪的第 12 军夺取了夏隆，直逼圣米希尔；8 月 30 日，沃克的第 20 军攻占了兰斯，次日又占领了凡尔登①。9 月 1 日，两个军渡过默兹河，在河东建立桥头堡，离德国本土仅 100 公里。

9 月 2 日，艾森豪威尔来到凡尔赛②，与布莱德雷、霍奇斯、巴顿

---

① 凡尔登：世界级历史文化名城，是法国洛林大区默兹省（55 省）的一个市镇，也是该省的一个副省会和该省最大的城市。

② 凡尔赛：法国巴黎的卫星城，伊夫林省省会，位于巴黎西南 15 公里处，曾是法兰西王朝的行政中心。

一起讨论未来的作战计划。他对巴顿的进展虽然感到很高兴，但还是提醒巴顿："小心点！你的名誉并不值钱！""我的名誉现在不错啊！"巴顿笑着回答，"我的部队在前方，机会好得不能再好，希望您能同意拨给第 3 集团军额外的汽油，以便我的军队继续前进！"经过讨价还价，艾森豪威尔允许巴顿继续向曼海姆和法兰克福进击。

蒙哥马利这次的进攻也很神速。8 月 29 日攻击开始后，仅 6 天时间，充当前锋的布莱恩·霍罗克斯[①]的第 30 军便推进了 400 公里，攻占了亚眠、里尔和布鲁塞尔。9 月 4 日，第 30 军攻占了安特卫普；加拿大第 1 集团军占领了迪埃普，并把德军第 15 集团军孤立在勒阿弗尔、加来和敦刻尔克；霍奇斯的第 3 集团军在登普西右翼杀向比利时；柯林斯的第 7 军俘虏了 2.5 万名德军。

当进攻正顺风顺水时，蒙哥马利又犯了老毛病，没有命令手下夺取距安特卫普 120 公里的阿纳姆，那是莱茵河畔的咽喉要地。9 月 4 日，第 30 军停了下来，丧失了强渡莱茵河的良机。第二天，德军开始在安特卫普的阿尔贝运河对岸构筑工事，抵御盟军的进攻。同时，蒙哥马利也没能控制安特卫普与公海之间的斯凯尔德湾，使得德军在岛屿上构筑了海岸炮阵地。蒙哥马利的失误使德军得到了喘息的机会，德军第 15 集团军迅速增援了岛屿。直到 11 月 28 日，盟军才得以启用安特卫普港，使这场突击战的战果大打折扣。

蒙哥马利的全线追击行动一直持续到 9 月初，最后因补给品严重缺乏而陷入困境。盟军大约有 28 个师在法国和比利时作战，每天需要 2 万吨物资，加上供应巴黎的几千吨物资，后勤补给根本供应不上，艾森豪威尔只好给各战斗师严格分配定量物资。

由于法国铁路系统被毁坏，盟军主要靠几千辆卡车往返于诺曼底和前线之间运输作战物资，但这远远不够，因而严重影响了作战。在这种情况下，布莱德雷与蒙哥马利再次发生了冲突。

---

① 布莱恩·霍罗克斯：英国陆军中将，"二战"期间在北非、西北欧指挥作战，历任第 8 集团军 13 军军长、第 30 军军长，率部迅速收复比利时、荷兰大片领土。1944 年在阿纳姆战役中，其部队损失惨重。

蒙哥马利计划将李奇微的伞兵空降在德尔讷，协助进攻布鲁塞尔，但霍奇斯的第1集团军早在空降行动前便越过了德尔讷。布莱德雷要求蒙哥马利调派飞机空运汽油，但蒙哥马利为谨慎起见，不肯放手，结果延误了近一周才将飞机投入使用。9月1日，美军的汽油即将耗尽，布莱德雷命令第1集团军在蒙斯附近停止前进，巴顿在默兹河畔停止追击。

第1集团军虽然不归蒙哥马利直接指挥，但他有权协调行动。布莱德雷的命令使蒙哥马利火冒三丈，他责备布莱德雷把汽油转给了巴顿。实际上，巴顿缴获了德军100万加仑的劣质汽油。一向脾气暴躁的巴顿知道蒙哥马利的指责后，怒火中烧，甚至当着士兵的面骂娘。

英国首相丘吉尔担心蒙哥马利的自尊心受到伤害，为了不让蒙哥马利有“降级”的感觉，他说服英王授予蒙哥马利陆军元帅军衔。这样做又引起了布莱德雷和巴顿的不满。英国陆军元帅相当于美国的四星上将，从军衔上讲，蒙哥马利与艾森豪威尔是同级了。对于蒙哥马利夺取安特卫普后的战略，艾森豪威尔尚未做出决断，布莱德雷和蒙哥马利仍在为各自的战略设想而奋力争取。

9月2日，艾森豪威尔在布莱德雷的司令部，与布莱德雷及其手下的集团军司令巴顿、霍奇斯讨论战略战术问题。布莱德雷主张继续两路突击。艾森豪威尔表示同意，但他担心蒙哥马利反对和后勤补给的问题。巴顿对于艾森豪威尔的犹豫很不耐烦，他表示可以用声誉担保，即使减少供应，他也可以凭借自己的能力杀到德国去。最后，艾森豪威尔除了没有确定进攻日期外，全盘接受了布莱德雷的计划。

9月4日，艾森豪威尔发布命令，阿登山脉以北的部队占领安特卫普后，立即突破保护鲁尔区的那段齐格菲防线，夺取鲁尔区；阿登山以南的部队则突破南段的齐格菲防线，然后突击萨尔区，夺取法兰克福。这项命令要求尽快实行。

离开布莱德雷的司令部后，艾森豪威尔的专机遭遇风暴，迫降在沙滩上，艾森豪威尔的右腿受了伤，只得卧床休息，把工作交给布莱德雷，由布莱德雷向蒙哥马利提出新的战略计划。

9 月 3 日，布莱德雷飞往登普西设在亚眠的司令部，与蒙哥马利和登普西会晤，传达了新的战略计划。蒙哥马利虽然极为不快，但他没有表露出来，反而表示完全同意这个计划。他们研究并划分了各个集团军的界线，蒙哥马利当即向他的集团军司令和军长下达了任务。

布莱德雷以为蒙哥马利完全支持自己，于是高高兴兴地离开了登普西的司令部。实际上，蒙哥马利只是出于礼貌才得体地接待了他们，内心其实愤愤不平。第二天，蒙哥马利便向艾森豪威尔发出了一封怒气冲冲、蛮横无理的电报，坚决要求艾森豪威尔支持他的“一路突击”战略，由他率军攻打柏林。他的理由是盟军后勤补给困难，不足以支持“两路突击”，应该集中兵力“一路突击”，向德国进攻。如果实施“两路突击”，势必分散兵力，无法形成强有力的攻势。

为了让自己的战略能够实施，蒙哥马利甚至不顾艾森豪威尔的腿伤，要求艾森豪威尔第二天到他的司令部商讨有关问题。正遭受腿伤折磨的艾森豪威尔被蒙哥马利的态度激怒了，他否决了蒙哥马利的主张，仍然坚持布莱德雷提出的计划，决定从多个地段突破“西部壁垒”，以最快的速度在广阔的战线上强渡莱茵河。而对蒙哥马利攻占柏林的战略，艾森豪威尔表示要等待启用安特卫普在内的港口和夺取鲁尔区、萨尔区后才能决定。

直到这个时候，蒙哥马利仍不死心，又提出了另一个要求——给他增加兵力，并要求当面与艾森豪威尔商谈有关问题。

布莱德雷在9 月 2 日已命令霍奇斯和巴顿开始实施“两路突击”计划。霍奇斯在阿登山以北调动科利特的第 19 军进攻科隆，柯林斯的第 7 军进攻波恩，杰罗的第 5 军进攻科布伦茨。柯林斯和杰罗得到汽油等补给后马上开始了行动，科利特稍后也开始了行动。9 月 5 日，第 7 军到达默兹河，9 月 7 日夺取了列日。9 月 10 日，他们来到离齐格菲防线以西仅 16 公里的欧本；第 5 军在阿登山地和卢森堡的进展也比较顺利，于9 月 10 日抵达离齐格菲防线不到 16 公里的地方；第 19 军的第 2 装甲师和第 30 步兵师则于 9 月 10 日渡过了阿尔贝运河。

巴顿在南路补充汽油后，于9 月 5 日出发，率 2 个军共 6 个师，先期夺取了摩泽尔河畔的南锡和梅斯，然后直逼法兰克福。巴顿对按时抵达莱茵河信心十足，他情绪饱满，扬扬得意。但是，已经前进到齐格菲防线的霍奇斯开始谨慎起来，他不相信情报部门提出的关于德军防御力量薄弱的看法，命令部队暂停两天，等待弹药补给。

失败的“市场－花园”计划

在经历了这么长时间的战斗后，盟军以为离彻底打败法西斯德军的日子不远了。然而，德军不久便组织了一次大规模的抵抗行动，令盟军大为震惊。

9 月 8 日，德军开始向伦敦发射飞弹，丘吉尔和英军重要将领都不在英国。于是，伦敦的官员们以英国政府的名义，连续致电蒙哥马利，督促他迅速攻占德军发射飞弹的区域。这次袭击成了蒙哥马利重提“一路突击”战略的大好机会。他抓住这次良机，又发动了一场推行其战略的运动，制订代号为“市场－花园”的作战计划。蒙哥马利曾经表示完全同意布莱德雷提出的战略计划，并准备开始执行，但没过几天他却变卦了。他既不预先商量，也不事先通知，突然就提出了一个全新的计划，弄得布莱德雷措手不及。

布莱德雷对蒙哥马利违背盟约并偷偷摸摸制订新计划的行为，十分愤怒、失望和震惊。“市场－花园”计划以实施大规模空降作战为主要作战手段。参战部队包括空降部队，共约 15 万人。布莱德雷马上明白了蒙哥马利的用心。“市场－花园”计划并非如他所说，是一场助攻行动，而是他处心积虑谋划已久的“一路突击”战略的翻版。他将要投入这个计划的 14 个师的兵力，与布莱德雷指挥的 2 个集团军 16 个师的兵力不相上下。如果“市场－花园”计划得以实施，蒙哥马利在渡过莱茵河并建立桥头堡后，无疑将从莱茵河继续向东突击，横穿德国北部平原，直达柏林。这样一来，“市场－花园”计划将使蒙哥马利成为进军柏林的主攻力量，美军到时将被迫让出作战物资，甚至停止前进，失去攻打德军老巢的机会。

愤怒的布莱德雷立即打电话给艾森豪威尔，抗议蒙哥马利的计划，指出他的计划实际上仍是以“一路突击”战略代替“两路突击”战略，迫使美军支持他一意孤行地攻打柏林。从战术上讲，蒙哥马利的战略会使美、英两军之间的距离加大，主力调走后留下的空隙会让德军乘虚而入，招致危险。若遇德军反扑，他们可能将登普西孤立在荷兰。布莱德雷坚持要蒙哥马利扫清斯凯尔德湾，封锁德军第15集团军的逃路，控制安特卫普以保障后勤供应安全后，才能进攻柏林。但艾森豪威尔在电话里支支吾吾，说不出个所以然来，布莱德雷马上意识到他已经同意了蒙哥马利的计划。

艾森豪威尔为什么要同意蒙哥马利的计划，一再改变主意，布莱德雷对此百思不得其解。艾森豪威尔确实有他自己的考虑和意图。空降部队是一支强有力的突击力量，但自盟军登陆欧洲大陆以来，空降部队一直没有发挥应有的作用。为此，艾森豪威尔一直受到马歇尔和阿纳德的批评。布莱德雷的计划中并没有使用空降部队的内容。而蒙哥马利提出的“市场－花园”计划，在夺取阿纳姆的行动中，恰好能充分利用空降部队进行突击。在艾森豪威尔看来，这是一次为空降部队正名的绝佳机会。他早就想实施大规模的空降部队作战，但总是因各种压力而被迫放弃，这次既然蒙哥马利主动提出来，他也想利用这个机会检验一下空降部队的威力。

此外，德军V型飞弹在伦敦引起的恐慌，也促使他倾向于蒙哥马利的计划。V－2飞弹是一种空前可怕的武器，弹头重1000磅，弹道高，速度快，在人们发现它以前，它就已经击中了目标。皇家空军和高射炮兵能够击落速度较慢的V－1飞弹，但对V－2飞弹却束手无策。V－2飞弹不仅能随时打击伦敦，而且也能袭击盟军的供应基地。所以，艾森豪威尔同意了能够摧毁V－2发射场的“市场－花园”作战计划。

当然，“市场－花园”计划也存在一些明显的缺点。它是从比利时和德国的边境向北，而不是向东推进，这就使英军第2集团军和第4集团军之间出现了一个缺口。霍奇斯不得不调动部队来堵住这个缺口，这样一来，各支部队的距离拉得更开，战线比以前更为宽阔。另外，英军

1945 年，德国新研制的 V－2 飞弹被安装在发射架上

虽然占领了安特卫普港，但因为德军仍然控制着凯尔特河的河口，盟军无法使用安特卫普这个欧洲最大的港口。

9 月 9 日，艾森豪威尔不顾腿伤未愈，特意赶到凡尔赛与布莱德雷会面，听取他对“市场－花园”计划的意见。他们两人谈了一夜，布莱德雷详细陈述了他反对蒙哥马利放弃扫清斯凯尔德湾而直接去攻打阿纳姆的理由。此时，德军正在组织有效的抵抗，仅在阿纳姆地区就有 3 个德军装甲师（第 2、第 116、第 9 步兵师）在集结，其中，德军第 2 装甲师就驻扎在埃因霍温，摆在蒙哥马利进攻路线的正前方。另有情报显示，德军 B 集团军群司令沃尔特·莫德尔①已经在阿纳姆市郊的奥斯贝克设立了司令部，加强了这一地区的指挥，而且正在将德军第 9 步兵师、第 10 装甲师调往阿纳姆地区。

---

① 沃尔特·莫德尔（1891—1945）：德国陆军元帅，因防御能力出色而被称为“防守大师”“希特勒的救火队员”。1945 年 4 月在鲁尔战役失败后自杀身亡。

蒙哥马利显然低估了德军的力量。对于布莱德雷的意见和分析，艾森豪威尔很不以为然，他认为，为了夺取莱茵河对岸的阿纳姆桥头堡，冒点险是必要的。但为了打消布莱德雷的顾虑，统一盟军的行动，艾森豪威尔还是向他保证：蒙哥马利只有在实施“市场－花园”计划的过程中，才能优先得到汽油、弹药等补给；他将发布特别命令，要求蒙哥马利在夺取莱茵河桥头堡后马上停止进攻，决不会允许蒙哥马利向柏林实施“一路突击”；美军的作战行动不会纳入蒙哥马利的“市场－花园”计划。在蒙哥马利实施“市场－花园”计划的同时，如果后勤补给允许，霍奇斯和巴顿可以大力向莱茵河推进。“市场－花园”计划完成后，蒙哥马利的主要任务是肃清斯凯尔德湾的残敌，控制并启用安特卫普港。

第二天一早，艾森豪威尔又马不停蹄地乘飞机到布鲁塞尔与蒙哥马利会晤。由于艾森豪威尔行动不便，蒙哥马利和特德赶到布鲁塞尔机场，在艾森豪威尔乘坐的飞机上举行了会谈。

会议刚开始，蒙哥马利一见到艾森豪威尔的首席行政长官、英国将军汉弗莱·米德尔顿·盖尔[①]，气就不打一处来。他认为盖尔虽然是英国人，但总是不为自己人说话，因此他傲慢地要求盖尔不能参加会谈。艾森豪威尔心里异常不快，但为了团结，他答应了蒙哥马利的要求。讨论期间，蒙哥马利态度蛮横无理，出言不逊，居然挥舞着一叠文件，用极其强烈的语气对艾森豪威尔的战略和指示进行了谴责。

这一次，艾森豪威尔再也无法容忍了。他俯过身去，用手拍了拍蒙哥马利，客气地对他说：“镇静点，蒙哥马利！你不能这样跟我说话，我是你的上司。”

蒙哥马利这才意识到自己的失态，连忙说：“对不起，艾森豪威尔。”

在艾森豪威尔的再三询问下，蒙哥马利和盘托出了“市场－花园”

---

① 汉弗莱·米德尔顿·盖尔（1890—1971）：英国陆军中将，主要从事后勤管理工作，盟军登陆诺曼底前后的后勤部部长，艾森豪威尔的副参谋长。

计划的真正目的。正如布莱德雷所料，蒙哥马利的真正目标不是阿纳姆，而是柏林。他打算在占领阿纳姆后，让第2集团军及所属的4个半空降师绕过鲁尔区北部，越过德国北部平原，直扑柏林；霍奇斯的第3集团军从东路经亚琛抵达科隆，由南侧包围鲁尔区，与登普西会师后进攻柏林。如此便形成了以23个师的兵力进攻柏林的态势。这才是蒙哥马利的如意算盘。巴顿的第3集团军将失去参战的机会，不得不采取守势，这是美军将领不能容忍的。

会议的气氛很不协调。蒙哥马利固执己见，艾森豪威尔的态度也变得坚决起来，明确表示不能支持一路攻打柏林的战略，他坚决地对蒙哥马利说："'一路突击'计划无须讨论。你的'市场－花园'计划必须在夺取莱茵河对岸的桥头堡后停下来，否则司令部将下令停止对你的供应。"

艾森豪威尔认为蒙哥马利简直是疯了，想让自己把所有部队都交给他去攻打柏林。艾森豪威尔坚决要求蒙哥马利攻克阿纳姆后，立即回师扫清斯凯尔德湾，尽快使安特卫普得到启用。总之，蒙哥马利不能自由行动。

按照计划，蒙哥马利应于9月17日实施"市场－花园"计划，但他在9月11日打电话给艾森豪威尔，要求推迟到9月23日或26日才行动，原因是供应困难。实际上，蒙哥马利是想把登普西手下的第8军从诺曼底调来，使该军放弃负责运输物资的工作。

艾森豪威尔当着布莱德雷的面怒发冲冠，脸色发青，他对蒙哥马利反复无常的举动表现出极度的厌烦，但是又没有什么好办法制约他。最后，艾森豪威尔想出了一个两全其美的办法。9月12日，他派史密斯飞往布鲁塞尔，向蒙哥马利当面转达他的口信，答应每天再多给蒙哥马利1000吨补给品，作为交换条件，蒙哥马利必须如期实施"市场－花园"计划。为了提供这些物资，美军新到的第26、第95、第104步兵师必须停止前进，调走他们的卡车加入"红球快车"行列，再抽调经验丰富的人员和卡车去保障蒙哥马利的供给。史密斯还建议蒙哥马利向阿纳姆再空降一个师，因为据情报部门急电，德军第9、第10师已驻扎在阿纳姆。

不过，要从美军和战区资源中再拨出这么多的补给品并非易事，它将使到达瑟堡的 3 个美军师失去交通工具，因为他们的卡车将用来为“市场 – 花园”行动运送补给。同时，为了给这次行动提供支援，艾森豪威尔还动用了布莱德雷的一部分军队。

为了与蒙哥马利比个高低，布莱德雷在 9 月 12 日向霍奇斯和巴顿介绍完“市场 – 花园”计划后，与他们讨论了美军的作战和供应问题。尽管供应不如蒙哥马利，布莱德雷还是决定先让两位集团军司令继续前进，突破齐格菲防线，不必停留。这个命令后来得到了艾森豪威尔的许可。

从作战行动上看，布莱德雷先于蒙哥马利开始了自己的行动。柯林斯和杰罗的部队被霍奇斯派作侦察性部队，结果杰罗的部队成了最先跨入德国边界的盟军部队。柯林斯的部队也于 9 月 12 日从亚琛以南进入了德国。德军寸土不让，在毫无军事价值的地段也拼死抵抗，美军被迫停止前进。科利特的第 19 军仅有 2 个师，他奉命在亚琛以北突击齐格菲防线，但蒙哥马利把霍罗克斯的第 30 军从科利特的左翼调去攻打阿纳姆，也没有按承诺让第 8 军去填补缺口，甚至连招呼也没打，结果导致美军的左翼出现了一个 90 公里的大缺口，科利特一动，缺口便将加大。

此时，阿登山脉以南的巴顿派第 20、第 12 军在梅斯、南锡攻打德军，也遇到了激烈的抵抗。骁勇善战的巴顿这一次遇到了挫折，面对德军的拼死抵抗，他不得不暂时停下来。

9 月 15 日，埃迪夺取了南锡；海斯利普率两个师攻占了埃皮纳尔，2 天后又攻占了吕内维尔；沃克则不太顺利，没能夺取梅斯。这样，巴顿便不能向萨尔区前进了。

德军沿齐格菲防线积极构筑工事，下定决心“捍卫”自己的国土。从圣洛开始，盟军共推进了 520 公里，但到德国边境时，运动战变成了阵地战，形成了两军对峙的局面。

布莱德雷的部队受阻了，这是他步入艰难时期的开端，更残酷的日子还在后头。那么，蒙哥马利于 9 月 17 日起实施的行动进展如何呢？实际上，蒙哥马利的进攻也失败了。

德军在阿纳姆及其南部集结，并且在战场上缴获了盟军关于“市场 - 花园”计划的文本。德军集团军司令莫德尔亲自指挥，沿路反击蒙哥马利的部队。

蒙马马利按预定时间开始了行动，按时空投了 3 个空降师。到午夜时分，美军第 101、第 82 空降师在埃因霍温和奈梅亨附近的预定区域站稳了脚跟。但英军第 1“红色魔鬼”空降师却偏离目标，空投到了埃因霍温以西近 12 公里的地方，失去了突然袭击的效果。不过，这个师还是在白天占领了埃因霍温公路大桥的北端。

1944 年 9 月 17 日，大约 1 万名盟军空降兵借助降落伞或滑翔机进入被德国占领的荷兰地区，抢占莱茵河、默兹河和瓦尔河上的主要桥梁

在紧接其后的行动中，英第 30 军遇到了德军的激烈抵抗。原来，德国陆军元帅莫德尔接任司令官后，迅速对德军进行了重组。他在埃因霍温集结了一支由伞兵和党卫军装甲部队组成的强大部队。

由于缺少足够的后勤支援，加上天气恶劣，双方激战一个星期后，盟军的防守区域被压缩到大约只有 1 平方公里。9 月 24 日晚，第 1 空降师从阿纳姆向蒙哥马利发电报说："官兵们已经精疲力竭，不仅缺粮缺水，而且缺乏武器弹药，高级军官也伤亡惨重……"在这种情况下，蒙哥马利只得下令部队撤至下莱茵河南岸阿纳姆以西地区进行防御。至此，"市场 – 花园"行动宣告结束。

"市场 – 花园"行动是盟军自诺曼底登陆以来进行的规模最大的一次空降作战，盟军一共损失 1.7 万人，比进攻诺曼底损失的人数还要多。盟军以血的事实证明布莱德雷的观点是正确的。事后，布莱德雷尖锐地指出，允许蒙哥马利发动攻势，是艾森豪威尔在第二次世界大战中最大的战术失误。

第十章　转败为胜大反击

暂停战略攻势

除了给盟军带来难堪之外，“市场－花园”行动没有任何好处。对于这次行动，责任最大的是艾森豪威尔，然后是蒙哥马利、刘易斯·海德·布里尔顿[①]和博伊·布朗宁[②]。然而，蒙哥马利毫无反省的意思，又把失败的责任推给别人。此后，他并没有因此而放弃争权夺利的做法，相反，高级将领之间的斗争升级了。

战争的形势越来越严峻，在欧洲大陆，除了布莱德雷的第12集团军群以外，还有成功执行“龙骑兵”计划后组建的另一个美军集团军群，司令官是杰克·德弗斯。

1944年9月22日，艾森豪威尔在凡尔赛的司令部召开盟军高级司令会议，研究形势和制定未来战争的方针。这是自诺曼底登陆以来最重要的一次高级将领会议。蒙哥马利借口执行“市场－花园”行动脱不开身，仅派参谋长德·甘冈代替他参加会议。

布莱德雷在筹备会议时就用口头和书面两种形式向艾森豪威尔陈述了自己的意见，认为必须启用安特卫普港；向德国纵深进攻并与德军周

① 刘易斯·海德·布里尔顿（1890—1967）：“二战”时美国陆军第9航空队中将，转战于菲律宾、缅甸、中东和西欧战场，最后任盟军第1空降集团军司令。克拉克机场和阿纳姆的两次惨败影响了他的声誉。

② 博伊·布朗宁（1896—1965）：英国空军中将，英国空降兵的创始人之一。“二战”期间参加过西西里登陆战、“市场－花园”行动。

旋，迫使其无法集中兵力；对首要目标鲁尔区发动两路突击，南北夹击。蒙哥马利的集团军群将构成北半钳，巴顿的第3集团军将构成南半钳，后者通过萨尔直扑法兰克福向北与蒙哥马利会合；霍奇斯则向东攻击科隆。

这几个建议与蒙哥马利的主张恰好相反，蒙哥马利仍然坚持9月4日提出的由他率军向鲁尔区进攻并沿北路直抵柏林的战略，同时指定霍奇斯担任他的援军。蒙哥马利以集中财力、人力为由，企图使右翼的整个第12集团军群停下进攻步伐，作为他的预备役部队。

在布莱德雷与蒙哥马利针锋相对的争论中，艾森豪威尔又一次偏袒了蒙哥马利。他决定，由蒙哥马利在霍奇斯的支援下去夺取鲁尔区，安特卫普港交给加拿大军队去解决；巴顿的任务是防御而不是进攻。

实际上，蒙哥马利也困难重重，他无法向鲁尔实施猛攻。“市场-花园”行动把他拖住了，大批德军被吸引了过去。蒙哥马利无奈，只得在英第8军和美第19军之间的皮尔沼泽地与德军混战。结果，霍奇斯手下借给蒙哥马利的第7装甲师伤亡惨重却一无所获，布莱德雷还解除了师长西尔维斯特的职务。由于补给困难，天气恶劣，盟军进入10月份后已是寸步难行。

布莱德雷对艾森豪威尔和蒙哥马利都很失望，他估计要到1945年春才有机会发动进攻。

10月6日，马歇尔来欧洲巡视战况，与艾森豪威尔、布莱德雷、霍奇斯、巴顿等人以及各位军长、师长交谈。马歇尔的到来，犹如一股春风吹到了美军将领中。他乐观地看待时局，并督促制订11月份的进攻计划，甚至希望能够在圣诞节前结束战争。布莱德雷本来不想扫兴，但还是向马歇承阐述了后勤问题的严重性，他认为圣诞节能打到莱茵河就算胜利了。

10月8日，在布莱德雷的陪同下，马歇尔来到了蒙哥马利设在埃因霍温的前线司令部。蒙哥马利坚持要与马歇尔单独谈话。他们走进密室后，蒙哥马利开始喋喋不休地谴责艾森豪威尔指挥不力：“自从艾森豪威尔亲自指挥地面战斗以来……军队就按国籍和地区分散了，无法掌握情况，部队缺乏作战指令，失去了控制……”在蒙哥马利看来，艾森豪威尔统率全部地面部队的结果令人很不满意，应该另外任命一名地面部队司令官。马歇尔阴沉着脸，极力克制自己，一言不发。

后来，马歇尔承认自己差点有失身份地与蒙哥马利争吵起来，他认为蒙哥马利表现得太利己主义了，简直不近情理。事后，蒙哥马利仍没有罢休，继续与艾森豪威尔争论。

10 月 10 日，蒙哥马利送给史密斯一份“西欧指挥要则”，开头就说：“目前西欧盟军内部的指挥机构不能令人满意。”言下之意是说，自从他不再担任地面部队总司令以来，事事不如意。他认为有必要另设一名地面部队总司令来指挥夺取鲁尔区的战斗，而且要立即任命他本人担任这一职务，或者将艾森豪威尔的战术司令部前移，由他或布莱德雷负责指挥地面部队。他还虚情假意地表示，如果艾森豪威尔选择了布莱德雷，他愿意在“亲密朋友布莱德雷的领导下服务”。

艾森豪威尔被激怒了，他写了一封信，在征得马歇尔的同意后，发给了蒙哥马利。艾森豪威尔在信中严肃地提出，安特卫普港才是眼前的主要问题。马歇尔和布鲁克对此已经达成了共识，而安特卫普港根本不涉及指挥权问题。艾森豪威尔尖锐地指出：现在已经不是诺曼底滩头，他的职责是督促各个战场，授予集团军群司令一定的权力去领导作战。如果蒙哥马利无力完成进攻安特卫普及鲁尔区的任务，可以考虑由布莱德雷去完成，蒙哥马利本人负责提供援助。如果这样还不满意，则交给当局裁定。

10 月 16 日，蒙哥马利意识到自己做得有些过分，连忙表示愿意服从艾森豪威尔的指挥，首先考虑安特卫普的问题。

为了扫清斯凯尔德湾，蒙哥马利派登普西手下的第 12 军支援加拿大军队。布莱德雷也抽调了第 104 步兵师参加行动，该师师长是在西西里战役中被解职的特里·艾伦。如此一来，包括第 101、第 82 空降师和第 7 装甲师在内，蒙哥马利控制了美军的 4 个师。

11 月 8 日，蒙哥马利在指挥军队奋战 3 个星期后，终于肃清了斯凯尔德湾，盟军共损失 1.3 万人。后来在回忆录中，蒙哥马利承认他低估了开通安特卫普港的困难，犯了错误。

由于蒙哥马利10月初进攻鲁尔区的失利，以及马歇尔来访等一系列事件，布莱德雷在9月22日提出的战略终于被艾森豪威尔采纳了。10月18日，艾森豪威尔决定以布莱德雷的第12集团军群为主力，兵分两路突击莱茵河。这也是蒙哥马利自诺曼底登陆以来首次担任配角。为了防止蒙哥马利再次借兵，布莱德雷把辛普森的第9集团军调归霍奇斯指挥。

在阿登山脉以北的辛普森和霍奇斯面对的形势十分复杂，仅以地形来说，在罗尔河和许特根森林的南端，德国建造了7个水坝。假如德军破坏水坝，将淹没河流下游，使渡河难度加大或根本无法渡河。直到10月下旬，布莱德雷才意识到那些水坝所构成的威胁，连忙命令诺曼·科塔率第28师于11月2日在炮兵、工兵的支援下，进攻施密特镇，试图及早控制水坝和溢洪道。德军新组建的第116装甲师及另两个王牌师依仗地形进行了顽强抵抗，加上美军坦克无法在崎岖的地形上推进、空军因为天气恶劣无法支援，最后，科塔所部损失6000人，被迫撤退。

科塔的失利并没有影响布莱德雷进攻的决心，这是美军自参加欧洲战争以来首次担任主角，他绝不能放弃这样的机会。艾森豪威尔已经决定，假如布莱德雷在1945年年初仍不能取得突破，将把第9集团军交给蒙哥马利去北部执行新的任务。

巴顿对即将到来的进攻劲头十足，但他的进攻是在恶劣的天气和几乎没有空中支援的情况下进行的，每前进一步都要付出巨大的代价。经过3个星期的浴血奋战，他终于杀开了一条血路，但却被死死地拦在了齐格菲防线前，寸步难行。残酷的战斗使他的部队损失了2.7万人。当布莱德雷拒绝动用第83师时，他不由得怒发冲冠，难以自制。

尽管如此，布莱德雷仍然冷静地处置一切，按预定方案努力。阿登山脉以北的进攻由辛普森、霍奇斯的部队实施。辛普森手下麦克莱恩的第19军、吉勒姆的第13军和霍奇斯手下柯林斯的第7军、杰罗的第5军，向科隆和波恩发起进攻。布莱德雷命第7、第19军为各自集团军的先锋。在攻击前，空军实施大规模轰炸。柯林斯英勇善战，他手下有罗斯的第3装甲师、许布纳的“大红一师”、雷蒙德·巴顿的第4师、艾伦的第104师，还包括从杰罗第5军调来的第5装甲师的半个师。布莱德雷希望他能够像突破圣洛那样直抵莱茵河，为美军立下奇功。

11月16日，天气晴朗，因天气恶劣而一再推迟的进攻终于开始了。盟军的2200架轰炸机在1000架战斗机的护航下，实施了大规模轰炸，一共在德军的前锋部队头上投下了1万吨炸弹。接着，1200门大炮又连续炮击了德军的前沿阵地。之后，部队开始攻击，但仍遇到了德军的顽强抵抗。在许特根森林的复杂地形中，美军很快陷入了困境。在3个星期里，柯林斯的部队在森林中与德军展开了残酷的战斗，仅推进了10公里。11月28日，麦克莱恩的部队到达罗尔河，杰罗随后赶到，柯林斯则在12月16日才到达罗尔河。但是，即使美军的两个集团军付出了伤亡3.5万人的代价，仍然没能夺取罗尔河水坝。

至此，美军进攻莱茵河、包围鲁尔区的努力宣告失败。巴顿向萨尔推进了60公里，辛普森和霍奇斯推进了16公里。两支部队均遭到德军的顽强抵抗，只好与德军展开消耗战。部队离莱茵河和鲁尔区还很远。

蒙哥马利很善于捕捉机会，他趁美军受挫，于11月17日给英国陆军大臣布鲁克写信攻击艾森豪威尔，认为艾森豪威尔在其军事生涯中从未指挥过任何部队，不宜直接指挥这么大规模的作战行动，而应任命一名独立统管地面部队的司令官。除此之外，盟军应集中兵力在北路一线突击，才会形成“巨大的爆破力”。

布鲁克支持蒙哥马利的意见，但因为美军人数占绝对优势，布鲁克并不指望由蒙哥马利担任地面部队总司令，反而建议任用布莱德雷。蒙哥马利则表示，如果这样的话，进攻要分成南北两路，北路由他指挥，南路由布莱德雷指挥。但是，布鲁克认为这个方案不会被美国接受。

11月24日，布鲁克向蒙哥马利提出，任命布莱德雷为地面部队总司令，蒙哥马利本人负责北集群，巴顿负责南集群。11月26日，蒙哥马利来到伦敦，同意了这一建议的前半部分，即由布莱德雷担任地面部队总司令，但建议将巴顿的第3集团军调归他统辖，南路大军由德弗斯指挥。

11 月 27 日和 12 月 4 日，布鲁克两次向丘吉尔提出上述建议，有意更换艾森豪威尔。但丘吉尔认为艾森豪威尔的合作精神很强，不能轻易换人，因而明确拒绝了他的建议。蒙哥马利不顾丘吉尔的态度，仍然想要向艾森豪威尔摊牌。他把艾森豪威尔邀请到自己的司令部，提出了新的计划，但艾森豪威尔断然拒绝，并对其新计划避而不谈。蒙哥马利讨了个没趣，只好就此罢手。但是很快他又有了一个新的想法，那就是全面控制盟军部队。

11 月 30 日，蒙哥马利致信艾森豪威尔，着重说明美军进攻失利，主要是布莱德雷在战略上的失误，为此需要制订一个决不能再失败的新计划。面对这一切，艾森豪威尔最终决定在荷兰马斯特里赫特市的辛普森的司令部召开高级将领会议，协调解决战略和指挥问题。

布莱德雷又累又气，一病不起，住进卢森堡旅馆里一连几天没有出门。12 月 1 日，艾森豪威尔在会议前特意来看望他。艾森豪威尔努力安慰布莱德雷，对蒙哥马利表示出极大的愤慨，说他对蒙哥马利认为的自诺曼底登陆以来“事情就不那么顺利”的说法十分反感。艾森豪威尔认为，盟军取得了重大突破，横扫法国和比利时，已经抵达莱茵河，逼近德国领土。

12 月 7 日，会议如期召开。布莱德雷拖着病体参加了会议。会上，蒙哥马利夸夸其谈，重谈了他的那些陈词滥调。归纳起来，他的意见基本有以下三点：

第一，对德国的主攻应投入盟军的全部兵力，从北面突击鲁尔区，得手后直抵柏林；

第二，部署在阿登山北麓的盟军部队担任主攻，由蒙哥马利统一指挥；

第三，巴顿的第 3 集团军和德弗斯的第 6 集团军群都应停止前进，就地组织防御。

这一次，蒙哥马利如愿以偿，艾森豪威尔把主攻方向定在北面，由蒙哥马利指挥，辛普森的第 9 集团军负责支援。布莱德雷率领巴顿和德弗斯的两个集团军继续向德国发动攻击，夺取波恩、法兰克福后，朝北向鲁尔区进攻。

布莱德雷心里很不痛快，因为确立这一方案，等于宣布了他主攻的失败，他只能率军支援蒙哥马利了。不过，蒙哥马利也没有达到他的真正目的，大权仍掌握在艾森豪威尔手中，美军仍然可以进攻，不存在由蒙哥马利单独攻打鲁尔区和攻打柏林的计划。会议结束后，蒙哥马利又写信给布鲁克，企图说服丘吉尔、罗斯福等人召开英美参谋长联席会议。罗斯福听从了马歇尔的建议，拒绝召开首脑会议。

12 月 12 日，艾森豪威尔和特德应邀参加了英军的参谋长会议。会上，布鲁克抨击了艾森豪威尔的新作战计划和“两路突击”计划。但丘吉尔却公然袒护艾森豪威尔，这让布鲁克十分吃惊。丘吉尔私下承认，他这样做是出于对艾森豪威尔客人身份的尊重。

阿登山林的猛虎

战争形势瞬息万变，谁也无法预料将要发生什么事情。11 月，布莱德雷指挥大军攻击齐格菲防线和莱茵河受挫，盟军上下一片悲观，艾森豪威尔等决策者都认为要到 1945 年 4 月、5 月才能打破僵局，发动春季攻势。

此时已经进入 12 月，盟军的乐观情绪首先从情报部门复苏了。情报部门分析认为，在 11 月的进攻中，巴顿俘虏了 6 万德军，相当于 6 个师的兵力。之后的进攻使德军一天伤亡约 9000 人，一个星期就损失了 5 个师的兵力，这是任何国家都无法承受的巨大消耗。同时，德军在东、西两线作战，兵源日益枯竭，加上盟军飞机不断轰炸距德军前线很近的腹地和军事设施，使德军日益陷入困境。所以，布莱德雷的情报副参谋长埃迪·赛伯特在 12 月 12 日的一周总结中，认为德军比估计的更为软弱，突破点随时会出现。蒙哥马利的情报副参谋长威廉斯更加乐观，认为德军的处境很糟糕，已经无力发动大举进攻。

布莱德雷也从情报部门获悉，龙德施泰特已经重新出任德军西线司令官。但是，希特勒是否仍掌控西线的战略战术制定却不得而知。布莱德雷当然希望希特勒主持西线战略，这样盟军便可以乘机在莱茵河以西歼灭德军。所有军事行动都按规范制定且执行的职业军人龙德施泰特，反而给盟军造成了很大的威胁。与他对阵，盟军必须控制罗尔河上的水坝，才能过河向莱茵河挺进。“超级破译”情报组的情报也表明，龙德施泰特正在科隆部署强大的第 6 装甲集团军，第 5 装甲集团军已从前线后撤，补充给养并进行休整。因此，布莱德雷判断，龙德施泰特会在罗尔河和莱茵河之间适合坦克作战的地域进行反击，而第 6 装甲集团军可能会作为主要的反击部队。

美军第 1 集团军的情报副参谋长蒙克·迪克森在 12 月 10 日的报告中认为，龙德施泰特的反攻肯定是在盟军渡过罗尔河以后，盟军必须控制罗尔河上的水坝，不让水坝为德军利用。所有人都认为德军的反击是袭扰性的，因为龙德施泰特不会动用他的装甲部队的预备队来冒险。因此，艾森豪威尔和其他高级将领都没有料到希特勒会亲自指挥，发动歇斯底里的疯狂反击，甚至是垂死挣扎。

实际上，希特勒仍密切注视着西线的战况，龙德施泰特只是一个前台人物。希特勒正在策划一次孤注一掷的大规模战略反攻，用 4 个集团军共 40 万人的兵力，在阿登山区实施闪电袭击，以 7 个装甲师打头阵来拦腰切断盟军。等盟军被分割成两半后，再夺占盟军的后勤基地，封锁安特卫普港，最后将盟军分割包围，一口一口地吃掉。

早在 1944 年 8 月 31 日，希特勒便在大本营对一些将军发表训话，试图给他们灌输“铁的意志”。他说：“如有必要，我们将在莱茵河上作战，这没有什么大不了的。不管遇到什么情况，我们都要战斗下去，正如腓特烈大帝所说，要一直打到那些该死的敌人筋疲力尽无法再战为止。我们要坚持到底，直到赢得今后 50 ~ 100 年内能够保障德国民族生命安全的和平局面为止。这个和平局面，绝对不能像 1918 年那样再次玷污我们的荣誉。我活着就是为了领导这一战斗，因为我知道，如果没有铁的意志，这场战斗是不可能取得胜利的。”

希特勒的演讲具有极大的煽动性，接着，他又对将军们说明了他坚信前途光明的一些理由。他说："历史证明，所有的联盟都不可能长久。当盟军之间的关系变得十分紧张的时候，他们离决裂也就不远了。所以，现在我们唯一要做的就是等待恰当的时机。"

纳粹德国的国民教育与宣传部部长保罗·戈培尔①受命组织"总动员"的工作。新任补充军司令的海因里希·希姆莱②负责建立25个人民步兵师，负责防守西线。1944年9月到10月，德国有50万人参加了陆军。15～18岁的孩子和50～60岁的男子都要应征入伍。军队在大学、中学、机关和工厂里到处搜寻入伍者。军备和战时生产部部长艾伯特·斯佩尔③曾向希特勒抗议说，军火生产因为技术工人应征入伍而受到了严重影响。

仅从军事角度来看，希特勒还是有一定能力的。阿登地区在历史上一直是个战略要地，德军曾经数次派军通过阿登地区与法军作战，而且取得了两次决定性的胜利。最后一次是在1940年的五六月，龙德施泰特率领装甲部队越过阿登山脉，渡过默兹河，迅速地沿着高原挺进到法国海岸，迫使英军从敦刻尔克撤退及法国投降。

但是，盟军不仅认为阿登地区不适宜发起进攻，还忽视了它可能成为德军进攻的路线。阿登地区的对面除了几乎无法通行的艾弗尔地区，似乎不存在任何障碍。因此，盟军认为这一地区即使被德军占领也没有什么大不了的。

希特勒加紧了备战的步伐，拼凑了近2500辆新的或改装的坦克和重炮。他还征调了28个师，包括9个装甲师，用以突破阿登森林。另外还有6个师，负责在主要攻势发动之后，进攻阿尔萨斯。戈林还承诺拼凑3000架战斗机。不过，拼凑这样的兵力意味着取消对东线德军的增援。德军东线的司令官们认为，要想击退苏联准备在1945年1月发

---

① 保罗·戈培尔（1897—1945）：纳粹德国的国民教育与宣传部部长，擅长讲演，主张以铁腕捍卫希特勒政权和维持第三帝国的体制，被认为是"创造希特勒的人"。

② 海因里希·希姆莱（1900—1945）：纳粹德国的法西斯战犯，历任纳粹党卫队队长、党卫队帝国长官、盖世太保首脑、警察总监、内政部部长等要职。

③ 艾伯特·斯佩尔（1905—1981）：德国建筑师，在纳粹德国时期成为装备部部长以及帝国经济领导人，在后来的纽伦堡审判中成为主要战犯。

动的冬季攻势，这种增援是必不可少的。但是，当负责东线战场的参谋总长海因茨·古德里安①表示异议时，希特勒痛斥道：“你有什么资格教训我！我在战场上指挥过5年德国陆军，获得了许多实战经验，参谋总部根本没有人能够与我相比。我也研究过克劳塞维茨和毛奇，读过他们所有的军事论文。我比你要清楚得多！”

希特勒又开始了滔滔不绝的演讲，他对指挥官们说：

我们面对的敌人可谓前所未有，既有极端的资本主义国家，也有极端的共产主义国家；一方面，英国在垂死挣扎，另一方面，原本作为殖民地的美国则一心想要取而代之。它们的成分那么复杂，目的又是那么的不同，打着各自的如意算盘。英国想要保住自己在地中海的地盘，美国企图继承英国的衣钵，苏联则想得到巴尔干。

现在这三个国家争吵不休。如果我们能够像蜘蛛一样坐在网的中央，密切关注局势的发展，便可以发现它们之间越来越深的矛盾。只要我们发动几次攻击，它们这个松散的联盟，随时都有可能破裂……所以，我们一定要坚持必胜的信心，让敌人知道，无论如何，我们绝不会投降！绝不会！

这就是希特勒的本事，即使面临着全线溃败的危险，他依然信心百倍，并且能让他的部下跟着他一起疯狂。

而此时的盟军，经过激烈残酷的战斗，兵力十分紧张，兵员奇缺，几乎没有一个机动师了，一些地段的防守相当薄弱。尤其是在正面战线上，阿登山区的霍奇斯和巴顿两个集团军之间140公里宽的地域最为薄弱，由已划归第1集团军的米德尔顿的第8军防守。1940年，德军就是从这一地带进攻法国的，这是一个十分危险的地域。但布莱德雷并没有把这个地区当作危险区域，因为他从情报部门获知，在这一地段的正

① 海因茨·古德里安（1888—1954）：德国陆军大将，“闪击战”创始人，“装甲战”和“坦克战”的倡导者，被称为“德军装甲兵之父”。

面，德军只稀疏地部署了一些临时性部队。盟军很多高级将领认为，这是德军在训练新组建的部队，然后再把他们送到前线。

当然，艾森豪威尔并未排除德军在这个地区采取行动的可能性。他曾经不止一次地提及美军在这个地区兵力薄弱的情况，有一次他还评论说：“我们也许可以在我们的手里发现一个‘淘气的小凯塞林’。”

在艾森豪威尔的敦促下，布莱德雷也认真地考虑过这种可能性。在盟军发动攻势时，布莱德雷陪同艾森豪威尔来到第 8 军军长米德尔顿设在阿登山脉中段巴斯托尼的司令部视察。

布莱德雷和米德尔顿一起巡视了这个树木繁茂的前线，他们走在小路上，讨论着这个地区的布防情况。

米德尔顿说：“将军，你觉得由 3 个师防守 140 公里长的战线是否——”说到这儿，米德尔顿停了下来，看着布莱德雷。

布莱德雷停住脚步，问道：“你怎么看?”

“现在每个师的人员都缺编很多，如果德军对这个地区发起进攻，我担心——”米德尔顿有些担心地说。

“不用担心，他们不会从这里上来的。”布莱德雷安慰道。

“也许吧，但是他们以前从这里通过几次。”米德尔顿说。

“如果德军真的从阿登发起进攻，你打算怎么应对?”布莱德雷询问道。

米德尔顿思考了一会儿，回答说：“如果他们真的从这里来，我们可以后撤到默兹河一带进行阻击作战。我们可以迟滞他们的前进，直到你攻打他们的侧翼。”

布莱德雷对米德尔顿的计划感到很满意，他们一致认为，在默兹河这个难以逾越的障碍以东的阿登地区，没有任何东西值得德军发起进攻。但出于战略上的考虑，他给米德尔顿调来了新近到达的第 9 装甲师，并安排了一个名叫“橡皮鸭子”的佯动部队到这个地区行动。米德尔顿把第 9 装甲师的一个步兵营部署在战线上，以方便他们获得首次作战经验。

随后，布莱德雷向艾森豪威尔详细汇报了视察的情况，并一起研讨了那里的局势。布莱德雷简要讲述了当德军在阿登地区发动全面攻势时他可能采取的做法。他认为，由于盟军在西侧集结了重兵，敌人在没有扩大其突入盟军集结地区基地的情况下，肯定无法渡过默兹河。因此，如果德军真的向阿登地区发动进攻，巴顿指挥的第 3 集团军 25 万人和第 1 集团军剩下的 21.5 万人可以对其进行合围，使德军成为瓮中之鳖。

艾森豪威尔认真地听着，内心权衡着各种可能的作战方案。他很清楚，由于罗斯福总统决定将一部分部队调往太平洋战区，美军已经没有足够的人员补充了。陆军部最近已经把每月的兵员补充额从 8 万人减少到 6.7 万人。眼下部队编制短缺的情况相当严重，而且新近补充的部队大多没有作战经验。在这种情况下，如果加强阿登地区的防守兵力，盟军只能放弃旨在消耗德军力量的冬季攻势。

在谈到补充兵员的问题时，布莱德雷用近乎暴怒的声音嚷道："难道他们不知道我们有可能输掉欧洲的这场战争吗?"但是，他们两个都明白，他们必须做出选择，要么冒以稀疏兵力防守阿登地区的风险，要么放弃冬季进攻。

不过，他们都不认为会输掉欧洲的这场战争，只是在集中考虑将于下月开始的突入德国境内的攻势，最后艾森豪威尔接受了前者，同意了布莱德雷在前线的部署。

随后，布莱德雷与米德尔顿一起调整了部署，决定由 4 个师防守阿登山区，由北向南，依次为第 106、第 28、第 4 师和第 9 装甲师。他们认为这样就可以抵挡住德军的反击。尽管这个地区兵力单薄，但是布莱德雷并不担心。万一德军在这一带发动骚扰性进攻，他可以从北面调动霍奇斯的部队，从南面调动巴顿的部队支援米德尔顿，再以强大的机动部队迅速歼灭来犯之敌。

布莱德雷认为，德军不会这么做，因为德军若在这个地区发起进攻，正中盟军下怀，为盟军提供了歼灭他们的良机。但在乐观的情绪中，他和艾森豪威尔也多少有些担忧，因为形势正在悄悄地发生变化。

12 月 15 日夜间，天上下着小雪，阿登森林附近大雪覆盖的群山都笼罩在浓雾之中。根据天气预报，接下来几天都将是这样的天气，盟军的飞机在这一时期无法起飞，从而使德军的供应线免遭诺曼底的厄运。连着 5 天的天气确实帮了希特勒一个大忙。德军这次完全出乎盟军意料的行动，在 12 月 16 日早晨取得初步进展后，又接连几次突破盟军的阵地。

12 月 16 日当天，巴顿的情报副参谋长奥斯卡・科克向指挥部提交了一份有关德军整编、集结部队方面的情报。自 11 月 20 日以后，科克就注意到了德军的反常现象，11 月 27 日和 12 月 11 日，他数次提出了敌人发动有限反击的可能性，“德军建立了庞大的装甲预备队，使得他们足以发动破坏盟国攻势的骚扰性进攻”。在 12 月 16 日的通报中，他进一步指出：“重新组建的德军装甲师可能会直接参战，进行大规模反攻。”其实，艾森豪威尔、布莱德雷以及其他盟军高级指挥官都知道德军大规模集结装甲部队的情况，但是他们都没有把这件事放在心上。

布莱德雷虽然认为德军进攻的可能性极小，但他还是与米德尔顿制订了应对策略。如果德军发动骚扰性进攻，他要求米德尔顿边打边撤，甚至可以退到默兹河，但要尽量迟滞德军。他打算用战术空军打击德军，并派第 9、第 3 集团军的预备队和第 7、第 10 装甲师切断德军的退路，第 1 集团军的预备队“大红一师”也可参加战斗。不到关键时刻，他不会轻易动用预备队。他相信，这些计划足以应付德军第 6 装甲集团军的骚扰性进攻。

现在，布莱德雷满脑子考虑的仍然是如何解决兵员短缺的问题，经过几个月的战斗，各部队伤亡很大，造成了人员危机。12 月 16 日，布莱德雷派人飞回华盛顿，请求加速步兵的轮换。他自己则前往凡尔赛与艾森豪威尔会面，得知艾森豪威尔已经被晋升为陆军五星上将。艾森豪威尔表示要向马歇尔建议晋升布莱德雷为四星上将（最终，布莱德雷被授予临时四星上将），这样一来，布莱德雷就和蒙哥马利平级了。幸福来得有些突然，但也在布莱德雷的意料之中。

傍晚时分，艾森豪威尔在盟军最高统帅部的作战中心召开了会议，与会人员包括布莱德雷、史密斯、斯帕茨、特德和情报军官肯尼斯・斯特朗。会议刚刚开始，斯特朗的副手汤姆・比特斯就出现在门口，一向冷静的他神情有些慌张。斯特朗返回后报告说，根据局部的报告，黎明时分，德军在阿登地区发动了一系列针对盟军最薄弱的防守环节的攻势。那里只有一支即将解散的骑兵，以及刚刚到达、未经战斗洗礼的第106师，布莱德雷把他们安排在那里，本意是想让他们远离危险。斯特朗分析认为，这次进攻很可能使第1集团军面临很大的威胁。

不过，布莱德雷对这些含糊不清的报告并未加以重视，认为是德军有限的骚扰性攻击。谁知到了晚上，告急的文电如雪片般飞到盟军最高统帅部。这时，艾森豪威尔和布莱德雷等人才如梦初醒，明白这不是一般的袭扰，而是一场有计划的大规模反击。他们感到万分震惊，一时手足无措。战况清楚地表明，德军是向阿登山区发动了全面进攻，德军在开始反击前的隐蔽伪装是成功的。

直到12月17日拂晓，盟军情报机构才侦听到龙德施泰特下令进攻的密码命令："命运之钟已经敲响，强大的进攻部队冲向盟军，生死存亡在此一举。"

史密斯开玩笑地对布莱德雷说："喂，布莱德雷，你不是期望反攻吗？现在你盼望的事情终于发生了。"

布莱德雷忧郁地回答："是的！可是，我所希望的反击不是规模如此大的反攻。"

布莱德雷惆怅地吹了一口气，他知道阿登战役已经打响了。艾森豪威尔很快意识到了眼前的危险，他督促布莱德雷打电话给巴顿和自己的参谋长列夫·艾伦，命令第10、第7装甲师分别向北和向南接近德军突出部的根部，并要求巴顿和霍奇斯停止前进，派精锐部队支援装甲部队。可是，这一次巴顿的反应显然有些迟钝，他藐视这种做法，勉强派出了第10装甲师。他的看法和布莱德雷过去的认识一样，认定这只是骚扰性进攻，不必胆小怕事。

12月17日夜间，德军的一支装甲部队抵达斯塔佛洛，距美军第1集团军总部驻地斯巴仅13公里，美军仓皇撤退。更严重的是，它距一个存有300万加仑汽油的美军供应站不到2公里。德军非常缺乏汽油，一旦他们占领这个供应站，将前进得更远更快。

这个时候，希特勒实施的“狮鹫”计划又进一步加剧了盟军的混乱。经约德尔同意，第150装甲旅负责执行这一任务。这个旅包括2个坦克连、3个侦察连、3个摩托化步兵营和一些防空及火力支援部队。这支部队的一部分将随约瑟夫·迪特里希[①]的先头部队一起前进，他们穿上美军和英军的服装，迅速向前推进，以突然袭击的手段夺取默兹河上的安吉斯桥、阿米桥和休伊桥。

另外，德军还让9个能讲流利英语和美国俚语的德军官兵组成一个小分队，他们穿着美式军服，驾驶美式车辆，佩带美式武器，在美军后方的道路上活动，散布灾难性的消息，改变路标，尽可能在盟军后方制造紧张和混乱。一时间，美军内部惶恐不安，真假难辨。

在整个阿登地区，在荒郊野外的小路上或茂密的松林中，50万美军挤成一团。证件、军阶及口令、暗语都失去了作用，当两支军队相遇时，大家都小心翼翼地玩起了文字游戏。为了确认对方的身份，从美国的地理环境到当红影星，要求回答的问题可谓千奇百怪。

布莱德雷也曾经三次被士兵喝令要他证明自己的身份。第一次士兵要求布莱德雷回答伊利诺伊州的首府在哪里，尽管布莱德雷正确地回答说是斯普林菲尔德，但士兵坚持说是芝加哥，结果，布莱德雷差点被关起来。第二次问的是打橄榄球的规则，这对布莱德雷倒是小菜一碟。第三次要求布莱德雷说出一位名叫贝蒂·格拉布尔的金发碧眼女郎现任丈夫的名字，看到布莱德雷为难的样子，提问的士兵十分得意，不过最后还是放他走了。

布莱德雷再也无法安睡，反复思考着退敌之策。很显然，现在必须调整战略，不仅要击退德军的反攻，还要使希特勒付出高昂的代价。只要打好这场战役，便有可能在莱茵河以西歼灭德军。他想派巴顿全力向北、霍奇斯向南，形成钳形攻势，再来一个“法莱斯战役”，围歼德军于罗尔河以西。

---

① 约瑟夫·迪特里希（1892—1966）：德国武装党卫队最重要的将领之一，而且因与希特勒有特殊关系，在纳粹运动早期就是希特勒的私人保镖。

但是，米德尔顿支撑不住了。新近参战的第99、第106两个师遭到德军的沉重打击，仓皇溃退；本来就不满员的第28、第4师也因经受不住攻击而溃退。

事态的发展没有想象的那么简单。艾森豪威尔、史密斯和布莱德雷等人召开了紧急会议，磋商应对策略。他们一致认为，德军这次是有备而来，目标不只是要推进到列日和默兹河，而是要打垮盟军。

艾森豪威尔决定紧急抽调盟军最高统帅部掌握的预备队第82、第101空降师，赶到巴斯托尼－圣维特一线，增援第7、第9和第10装甲师。同时命令第11、第17装甲师立即从英国赶来，担任盟军最高统帅部的预备队，并加强保卫默兹河的力量。

鉴于德军对最南端第4师的攻击最猛烈，直接威胁到布莱德雷设在卢森堡的前线指挥司令部，艾森豪威尔建议布莱德雷撤到凡尔登大本营。但布莱德雷坚决拒绝了这一建议，他说："我决不带着司令部后撤，这样做会动摇军心，影响到前线士兵的锐气。"

因为天气不好，布莱德雷不能乘坐飞机，只好乘小汽车赶回司令部。司令部里一片忙乱，大家都阴沉着脸，地图上标满了表示德军装甲师进攻的箭头。布莱德雷焦急万分，强压怒火道："哪个混账弄来这么多敌军?"随后，他把情报官员狠狠地批评了一顿。

12月18日，根据布莱德雷的指示，巴顿率领参谋人员来到卢森堡。现在，巴顿成了布莱德雷最为倚重的一支攻击力量，但是巴顿一向脾气暴躁，难以驾驭。因此，刚见面布莱德雷就坦率地对巴顿说："你不会喜欢我的想法，但现在形势紧张，我们必须尽快寻找一个解决办法。"

接着，布莱德雷简要向巴顿说明德军的突击情况，并概括说明了自己的战略意图：美军不得不停止向东的进攻行动，让霍奇斯的集团军掉头向南、巴顿的集团军向北，支援阿登地区的美军。令布莱德雷感到高兴的是，巴顿这次没有提出反对意见，而是答应全力支援阿登地区作战。布莱德雷乘胜追击，立即问道："现在情况危急，你打算采取什么措施去支援米德尔顿?"

巴顿不假思索地回答说："我将马上派出第 4 装甲师及第 26、第 80 步兵师，大约在 24 小时内开始向北进击。"

离开布莱德雷的司令部后，巴顿马上率领第 3 集团军向北挺进。布莱德雷本想乘飞机到霍奇斯那里，当面告诉他作战计划的调整情况。但霍奇斯的第 1 集团军已经遭到德军第 6 装甲军的全力攻击，他手下的第 5、第 8 军也不同程度地受到德军第 6 装甲军的沉重打击，正在撤退，霍奇斯的司令部从斯帕后撤到列日郊外的乔德枫丹。

前线形势一片混乱，布莱德雷坐在电话旁，打了几个电话，终于了解到霍奇斯的一些部队或被德军打散并包围，或在德军的攻击下纷纷溃逃；一些有组织的部队则在巴斯托尼、圣维特等地顽强抵抗德军的进攻。霍奇斯只能坚守自己的阵地，根本无法组织反击。因此，反击的重任落在了巴顿肩上。

12 月 19 日，艾森豪威尔在布莱德雷的司令部召开了紧急会议。蒙哥马利派吉纳德代表他参加会议。大部分人认为蒙哥马利的缺席是对艾森豪威尔和他们的侮辱，不过，艾森豪威尔不以为意地笑着说："英国人不想把美国人的战斗弄复杂。"

特德、平克·布尔、斯特朗、巴顿、德弗斯等，一个个心情沉重、脸色阴沉。艾森豪威尔见状，想用几句话扫去大家脸上的阴云，于是假装轻松地说道："我们的机会来了，希特勒这个疯子已经将他的一群肥羊赶进我们的羊圈，我相信下次我们在这里开庆功会的时候，一定会有美味的烤全羊供我们下酒！现在，我们应该高高兴兴地研究如何将这批羊干净彻底地赶进屠宰场！"

巴顿连忙接着说："说得好，我们要鼓足勇气，大不了让那些混账一直打到巴黎。然后，我们再回过头来收拾他们，把他们一口一口吃掉。"巴顿说话时滑稽的神情引起了哄堂大笑，整个会场的氛围顿时轻松了许多。

此时，德军已从正面突击盟军防线的纵深地带，霍奇斯的第 1 集团军处境尤其艰难。因此，盟军只有两种选择，要么全面撤退到默兹河一线；要么按照布莱德雷的计划，命令巴顿集团军向德军南翼突出部迅速发动大规模进攻。经过反复讨论，大家一致同意了布莱德雷的计划。问题的关键是，巴顿能否及时组织足够强大的兵力发起进攻，来减轻霍奇斯的压力。

艾森豪威尔忧愁地问巴顿："你什么时候才能发起进攻？"

巴顿自负地说："12 月 22 日，3 个师。"

这是一个很多人都不愿意承担的任务，因为这需要在极短的时间内把部队从正在作战的战场撤下来，并在没有做好充分准备的情况下，跨过冰冻的 250 多公里的道路，直接投入一场空前猛烈的战斗中。艾森豪威尔对于巴顿能否在 12 月 22 日发动进攻也心存怀疑，于是恼怒地对巴顿说："军无戏言！"

盟军正面临着潜在的灾难，艾森豪威尔不想虚张声势，他要的是深思熟虑、富于理智的回答。巴顿的进攻事关重大，3 个师显然不够。因此，布莱德雷决定将巴顿的 3 个师编成新编第 3 军，由约翰·米利金任军长，再把米德尔顿的第 8 军调给巴顿。

布莱德雷还不知道米德尔顿的第 106 步兵师已经被打垮，他以为米德尔顿还有 3 个步兵师，加上已派出的第 9 装甲师的一部分和第 10 装甲师，这样，巴顿便可以指挥 6 个师的兵力反击德军。

艾森豪威尔听了布莱德雷的详细汇报，同意发起进攻。但是他还不能完全相信巴顿，于是要求布莱德雷监督进攻，并把进攻时间定在 12 月 23 日或 24 日。

12 月 20 日，布莱德雷得知米德尔顿的第 8 军损失惨重，几乎没有可以参战的步兵，连忙采取紧急补救措施，派埃迪的第 12 军参战，并把沃克的第 20 军的大部分部队调来；同时命令德弗斯把第 15 军调往东北方向，接管原第 3 集团军的大部分防线。与此同时，美军在全线展开阻击。

德军进攻正面的霍奇斯第 1 集团军虽然进行了顽强的抵抗，但仍然损失惨重。李奇微指挥第 18 空降军的第 82、第 101 空降师支援圣维特、巴斯托尼。除第 7 装甲师外，辛普森又把第 30 步兵师调给霍奇斯。得到增援的第 1 集团军，开始在北面突出部的战略要地挖战壕固守。这样一来，德军要想再往前推进一步，必须付出血的代价！

残酷的大血战

从目前的局势来看，德军的攻势注定会失败。蒙哥马利率盟军进攻鲁尔区的战略在英国人的头脑中已经根深蒂固，布鲁克的参谋部也已起草文件，企图推翻艾森豪威尔的计划。当然，马歇尔依然很支持艾森豪威尔，认为美军在欧洲的兵力远比英军多，英国不太容易利用美军暂时的挫折夺权。但是，蒙哥马利仍然固执地想要大干一场。

德军切入阿登山，拦腰切断南北两军，为蒙哥马利争取成为阿登山以北的地面部队司令提供了机会，如果他心愿得偿，将可以控制霍奇斯的第 1 集团军。

12 月 19 日，艾森豪威尔、布莱德雷、巴顿和德弗斯正在凡尔登商讨巴顿的反攻计划。这时，蒙哥马利给布鲁克发去电报，声称美军一片混乱，“美军战区的情况不堪提起，糟透了……乱作一团，一切都表明他们正在全面溃退。很明显，美军掌握不了也控制不住局势，更没有人知道该何去何从……战线已经被分割成两半，指挥部总是不健全，实际上是处于瘫痪状态。在这种情况下，我认为应当由我全权指挥北线战区的所有部队。最好你能给艾森豪威尔下达这个命令，局势发展要求当机立断，否则后果不堪设想”。

通过这份电报，可以清楚地看出蒙哥马利的用意，那就是通过美、英参谋长联合委员会向艾森豪威尔施加压力，让蒙哥马利指挥阿登山脉以北的地面部队，包括布莱德雷的几个集团军。蒙哥马利的这份报告，加上美军前线一些支离破碎的吓人警报，弄得盟军最高统帅部惊惶失措。

艾森豪威尔的情报助理参谋长斯特朗刚刚参加完艾森豪威尔与布莱德雷等人的会晤，盟军最高统帅部的一位灵通人士就把他拉到一边，向他透露了蒙哥马利对战局的看法和建议，即由艾森豪威尔任命蒙哥马利为阿登山以北地区的地面部队司令官。随后，他们正式把这个建议告诉艾森豪威尔的参谋长史密斯。在盟军司令部里，史密斯以一触即发的火暴性子而闻名，他一听到这个建议，立马火冒三丈，当即予以否定。随后，他听取了有关战局的介绍，才逐渐冷静下来。

12 月 19 日深夜，布莱德雷接到了史密斯的电话。史密斯把盟军最高统帅部的临时决定通知他，在电话中，史密斯严肃地说："现在战势危急，你和霍奇斯、辛普森都失去了联系，这样做能省去我们的许多麻烦。"

正一筹莫展的布莱德雷突然听到这个决定，不由得目瞪口呆。几个小时前，他才离开艾森豪威尔的司令部。当时，艾森豪威尔并不担心他和霍奇斯、辛普森之间的通信联络，也没有说过蒙哥马利要去指挥这两个集团军。现在这个问题突然摆在他的面前，让他感到难以接受，但又无可奈何。

战局已经发展到一个十分关键的时刻，霍奇斯已经率领部队在前线血战了 4 天 4 夜，精疲力竭，但仍然没能打退德军的进攻。一向谨小慎微的霍奇斯，此时也不像巴顿那样在困难面前总是信心十足了，这使布莱德雷对战斗也失去了信心。本来他想告诉史密斯，前线的情况并不像蒙哥马利报告的那样危急，一切都在控制之中，根本不用把美军交给蒙哥马利指挥。但事情来得太突然了，根本没有时间让他去理出个头绪。

想到这里，布莱德雷激动地拨通了史密斯的电话，对他说："我很难明确表示拒绝。你知道，如果蒙哥马利是一位美军指挥官，我会毫不犹豫地同意你的意见。但目前情况并非如此，而是非常复杂，我只能告诉你，这样做可能会引发一系列政治上的问题。再则，这样安排是否真的对战局有效？希望你能和艾森豪威尔再考虑一下这个问题。"

布莱德雷说完，准备放下电话，史密斯听出了他的顾虑，于是马上劝他暂时别放下电话，并对他说："第 1、第 9 集团军划归蒙哥马利指挥是暂时的，危机一过，立即归还。"

12 月 20 日上午 9 时，巴顿来到布莱德雷的司令部，讨论下一步的进攻计划。这时，艾森豪威尔也打来电话，正式通知布莱德雷让蒙哥马利负责北战区。他在电话里征求布莱德雷的意见并安慰他说，这种调整只是暂时的。布莱德雷放下电话后，巴顿在一旁不满地说："艾森豪威尔说的都是借口，我们和霍奇斯、辛普森的电话联系一切正常。艾森豪威尔肯定是受到了丘吉尔的压力才这样做的。"

艾森豪威尔当天便正式任命蒙哥马利为北线总指挥，并给他发去一份书面通知："请告诉我，你个人对打开北部战区局面的看法，特别是为了缩短战线，集中强大的后备力量歼灭比利时境内的敌人，必要时，是否可以放弃一部分第1集团军控制的地域。"显然，蒙哥马利前天悲观的报告已经对艾森豪威尔产生了作用。当天晚上，他再次电告蒙哥马利和布莱德雷部署军队后撤事宜。

蒙哥马利及其参谋长德·甘冈来到霍奇斯的司令部，会见了霍奇斯和辛普森。经过简单研究战局，蒙哥马利认为当前的任务应该是调整战线，把兵力集中到有利的地区，放弃一部分地区，尤其是那些难以防守的突出部，比如圣维特地区。"先生们!"蒙哥马利最后加重语气说，"没有一个有条不紊的战场，我们就不能取得胜利。"

一直受布莱德雷领导的霍奇斯和辛普森，对蒙哥马利突然成为他们的上司非常反感。霍奇斯显然不同意放弃经过血战得来的土地，于是当面和蒙哥马利顶撞起来。蒙哥马利好说歹说，也没能说服霍奇斯和辛普森，只好打消这个念头，气冲冲地离开了。

其实，面对危急的形势，霍奇斯已经制订了作战计划。他本来计划由柯林斯的第7军向南反击德军突出部，支援巴顿即将发起的进攻。但蒙哥马利对这一计划作了修改，不让柯林斯拦腰攻入德军突出部，与巴顿在赫法利策附近会师，而是提出去西北方向开辟马尔凯战场，因为他根据情报判断德军会在马尔凯掉头攻击西北方向，在那慕尔和列日之间渡过默兹河。尽管这个计划谨小慎微，似乎是法莱斯缺口战役的翻版，但是蒙哥马利没有组织反攻，又一次错过了机会。

另外，蒙哥马利根本没有像艾森豪威尔、史密斯、布莱德雷指派的那样，派霍罗克斯那能攻善守的第30军助美军一臂之力，并向较近的马尔凯进攻，开辟新战场，反而让柯林斯远途奔袭，失去了拦腰攻击德军的机会。在突出部战役中，蒙哥马利仅派了一支由第29装甲旅组成的象征性部队。对于柯林斯，蒙哥马利仅派了60辆坦克支援其右翼。

此外，蒙哥马利与霍奇斯、辛普森商讨完战略计划后，又给布鲁克和艾森豪威尔发去电报："战斗打响后，一直没有见到集团军群司令布莱德雷的踪影，他的参谋人员也不露面。……后方没有预备队，士气一落千丈。……他们似乎乐于给人下达不切实际的死命令……需要一两天的时间才能整顿好美军的战线，现在已对战局失去了控制，不彻底扭转当前的局面，盟军将一败涂地。"

实际上，蒙哥马利根本没有把布莱德雷放在心上，更瞧不起霍奇斯等人。他离开霍奇斯的司令部后，打电话给史密斯，声称霍奇斯面容憔悴，有患心脏病的危险，建议免除其第1集团军司令的职务，让他回美国养病。

艾森豪威尔和史密斯对蒙哥马利的挑剔非常反感，他们冷静地拒绝了蒙哥马利的要求。为了安抚布莱德雷和霍奇斯等人，艾森豪威尔反复做工作，一面写信鼓励霍奇斯和辛普森，一面告诉布莱德雷，他已向马歇尔建议提升布莱德雷的军衔。

12月22日，巴顿按照凡尔登确定的行动计划发起进攻，由南向北攻击德军突出部。

这次进攻由约翰·米利金的第3军负责。强将手下无弱兵，米利金和巴顿一样，作战极其英勇顽强。左翼，休·加菲将军的第4装甲师很快攻到了布尔农和马特兰格；右翼，第26师向前推进30公里后才在朗布罗赫－格罗斯伯斯地区与德军交上火；第80师前进6公里后，在梅尔齐希遭到德军的顽强抵抗，但很快便肃清了该城的守军。巴顿兴高采烈地在日记中赞扬道："米利金比我预料的要干得好。我让他到前线听一听炮弹的爆炸声和子弹的呼啸声，相信他会干得更出色。"

这个时候，德军意识到了巴斯托尼的重要性。德军总指挥龙德施泰特说："如果巴斯托尼被盟军控制，将影响我们所有向西推进的部队，破坏我们的补给系统，牵制住我军的许多兵力。"他赶紧派兵去围攻巴斯托尼镇，试图拔掉这个插入德军突出部的障碍。奉命去增援的是大名鼎鼎的弗里兹·拜尔林和冯·卢特维兹。他们很快便把巴斯托尼团团围住，拜尔林派人到巴斯托尼进行恫吓和劝降。被困在巴斯托尼的第 101 空降师代理师长安东尼·麦考利夫①气愤地骂了一声“白痴”，便将前来劝降的代表送回了德军阵地。

麦考利夫的举动极大地激励了美军士兵的战斗热情。当天晚上，麦考利夫发动了一系列突然袭击，打得德军仓皇失措，好不容易才稳住阵脚。随后，德军决定全力拿下巴斯托尼，于是连夜向该镇发动了全面攻击。炮弹如雨点般倾泻到城里，步兵则跟在装甲部队后面往里冲。

巴斯托尼危在旦夕。12 月 23 日，巴顿决定向巴斯托尼提供大规模的空军支持。艾森豪威尔也不惜成本，先后派出 7 个战斗轰炸机群、11 个中型轰炸机群、第 8 航空队的 1 个师以及一些皇家空军的运输机。盟军的轰炸极大地破坏了德军的补给线，让德军心惊胆战。没过多久，德军停止了对巴斯托尼的炮击。

12 月 24 日圣诞节前夜，第 4 装甲师遭到了德军的猛烈反击，后退了数公里。尽管前线炮声隆隆，战斗正在激烈地进行，布莱德雷和巴顿仍按照传统的习惯，出席了在卢森堡基督教堂举行的圣诞晚会。布莱德雷的心情十分沉重，后来他回忆说：“这是我一生中最不愉快的时刻，不仅前线形势紧张，而且自己的第 1 和第 9 集团军又被蒙哥马利控制。一切似乎都处于未知之中。”

这一期间，由于对蒙哥马利接管第 1、第 9 集团军很不放心，布莱德雷一直与辛普森、霍奇斯保持着密切的联系。他从霍奇斯那里了解到了蒙哥马利对于北战区的作战部署，也掌握了后来出现的一系列情况。尽管蒙哥马利向艾森豪威尔保证过，经过浴血奋战得来的每一寸土地都不应放弃，现在他却命令美军向后撤退。他声称要“整顿战线”，不顾霍奇斯的强烈反对，强令李奇微将第 18 空降军司令部撤出圣维特；更不顾加文的反对，让第 82 空降师北撤。按照蒙哥马利的计划，他要整顿战线，柯林斯的第 7 军也要在马尔凯无限期防御，放弃进攻。这样，

---

① 安东尼·麦考利夫（1898—1975）：美国陆军上将，“二战”期间任第 101 空降师炮兵指挥官、代理师长。参加过诺曼底登陆战役、阿登战役、突出部战役。

当巴顿的部队接近巴斯托尼时，蒙哥马利并没有出兵策应。

圣诞节那天，布莱德雷接到了蒙哥马利的电话，蒙哥马利建议召开紧急会议，协调南北战线的作战行动。布莱德雷应邀飞往蒙哥马利设在比利时圣特隆德附近的司令部。飞机在机场降落后，布莱德雷走出机舱，只见机场内冷冷清清，空无一人，只有风卷着雪在跑道上飞舞。这显然是一种有意的侮辱，布莱德雷十分气愤，对随行的副官说立即飞回卢森堡。这时，霍奇斯派人来接布莱德雷。由于蒙哥马利没有派人到机场迎接，更没有给布莱德雷等人带路，他们走了许多弯路才找到蒙哥马利的司令部。蒙哥马利的接待也很冷淡，甚至连茶点都没有准备。

会议期间，蒙哥马利趾高气扬，竟然像对待小学生那样训斥布莱德雷。当天晚上，蒙哥马利还写信给布鲁克，把布莱德雷说得一无是处，说布莱德雷“身体瘦弱”“心力交瘁”，整个战役是美军的一次“血的教训”，是布莱德雷吞下的“一颗苦果”，正是布莱德雷指挥失当才给了德军可乘之机，致使美军的战线一片混乱。

受到如此侮辱的布莱德雷，肺都要气炸了，但他克制着自己，保持沉默，任凭蒙哥马利唠叨无礼。蒙哥马利声称这次约见布莱德雷，目的在于协调南北两线的作战行动，但他们两人的观点相去甚远，根本无法达到协调行动的目的。蒙哥马利认为霍奇斯力量太弱，只好居于守势，经 3 个月准备才能反攻；巴顿的力量也不足以使进攻成功，徒劳无益，最好撤到萨尔河至孚日山脉，乃至撤到摩泽尔河一线。蒙哥马利是想让盟军所有的集团军都停下来防御，以调整部署，等到时机成熟时再由他率领大军实施突击。

但布莱德雷的看法与蒙哥马利的主张截然相反。他认为，从目前的情况来看，希特勒投入阿登战役的德军并不像蒙哥马利所说的那样毫发无损，相反损失惨重，装甲部队的汽油和弹药都已经消耗殆尽，德军已是强弩之末。而且现在风停雪消，天气转晴，这种情况便于占据优势的盟军空军出击。很明显，反击的时机已经成熟，何必再等 3 个月的时间呢?

他们一直争吵到夜里，仍然没有取得任何结果，会议不欢而散。布莱德雷沮丧地飞回自己的司令部，向巴顿介绍了会议的简况。性情暴躁的巴顿听说蒙哥马利主张撤退，不禁大为光火，厉声说道："这实在令人气恼，要是命令我向后撤退，我就辞职不干了。"

俗话说，人为一口气，佛为一炷香。经过反复思考，布莱德雷决定主动出击。第二天一早，他打电话给艾森豪威尔说，蒙哥马利固执己见，坚持取守固势，正在失去一次彻底击溃敌军的战机。布莱德雷直截了当地提出把第1、第9集团军归还给他，以便在北战区采取行动。同时，他表示要将司令部迁到那慕尔，以便组织美军反攻。

随后，布莱德雷又致电位于最前线的霍奇斯，详细地向他分析了当前的局势："现在的局势绝没有蒙哥马利说的那样严重，因此，任何主张退却的行动计划，任何无所作为的观点，都是错误的。美军虽然遭受严重损失，但德军也好不到哪里去，而且目前德军的兵力比第1集团军更弱。只要我们主动采取行动，希特勒就会迅速完蛋。美军应尽量去夺取战场的主动权，从进攻的角度考虑每一步行动。"

正如布莱德雷所料，经过几个昼夜的连续奋战，到12月26日，巴顿第3集团军的先遣部队乘德军休息之际，杀出一条血路冲进了巴斯托尼，与第101空降师胜利会合。巴斯托尼终于度过了最危险的阶段，防御力量大大得到增加，德军对巴斯托尼的围攻终于告一段落。

随后，美军始终牢牢据守着巴斯托尼，使其成为向德军大举进攻的一个牢固支撑点。这个支撑点就像一个钉子一样，将德军死死地钉在这一地区。

与此同时，柯林斯违抗蒙哥马利的命令，让哈蒙的第2装甲师冲出迪纳特附近的防线阵地，袭击龙德施泰特向西移动的德军装甲先遣部队，并歼灭了德军第2装甲师，迫使德军停止向西进攻。

美军的这两次胜利，大大鼓舞了盟军的士气。布莱德雷抓住这一有利时机，建议盟军最高统帅部重新考虑未来的作战计划。

12月27日，艾森豪威尔通知蒙哥马利、布莱德雷到布鲁塞尔开会。当天晚上，布莱德雷急匆匆地打电话给艾森豪威尔，准备进一步强调在北部战线发动强大进攻的必要性。不巧的是，艾森豪威尔已经登上火车起程了，布莱德雷只好向史密斯陈述了自己的观点。“该死的史密斯!”布莱德雷顾不上礼节，开诚布公地表达了自己心中的愤懑，“难道你不能让蒙哥马利向北推进吗？今天我可以肯定地说，其他同伴几乎都取得了辉煌的战绩，而他却要后退。不是今晚，就是明天后退。”

布莱德雷要求立即在北部战区行动起来。事有凑巧，艾森豪威尔的火车在途中被德军飞机炸毁，布鲁塞尔的会议推迟到 12 月 28 日举行。艾森豪威尔答应在盟军最高统帅部与布莱德雷见面。有机会在与蒙哥马利会晤之前见到艾森豪威尔，布莱德雷十分高兴。这样，他又得到了一次机会，强调迅速采取果断行动的迫切性。巴顿对布莱德雷先于蒙哥马利与艾森豪威尔交谈抱着很大希望，他兴奋地说：“如果艾森豪威尔把第 1、第 9 集团军还给布莱德雷，那么，我们就能把全部德军装进口袋。我希望艾森豪威尔能够这样做。”

布莱德雷乘坐飞机来到巴黎，然后驱车去凡尔赛见艾森豪威尔。此时，盟军最高司令部已经收到了迪特纳和巴斯托尼的胜利捷报，艾森豪威尔非常热情地与布莱德雷握手问好。布莱德雷信心十足，但只是微笑着。随后，艾森豪威尔、特德、史密斯、斯特朗、布尔、怀特利等人和布莱德雷在一种和谐的气氛中，讨论了盟军的战略问题。

布莱德雷在会上胸有成竹地提出了近期、长期两个战略。近期战略是立即向德军突出部的腰部发动一次钳形攻势。巴顿在其他部队的支援下从巴斯托尼向东，直逼赫法利策和圣维特；霍奇斯也向东南反攻，与巴顿会合。第 1 集团军以柯林斯的第 7 军为攻击先锋，李奇微的第 18 空降军掩护，直杀圣维特。布莱德雷认为这个战略可以将德军包围起来，一举歼灭。同时，他提出将第 12 集团军群司令部迁到那慕尔或迪纳特，以便协调第 1、第 3 集团军的作战。长期战略则主张利用希特勒在突出部战役中的错误，将盟军的作战计划进行大的修改。这个计划被布莱德雷的下属称为“快速”进攻计划，主要优点是可以随时实施，这可以说是拦腰袭击德军突出部的近期战略的发展，向德军纵深推进，一步到位。

在盟军最困难的时刻，艾森豪威尔变得更加刚毅和冷静，展示了他的雄才大略。他完全支持布莱德雷的近期战略。不过，他在与蒙哥马利会谈前没有做出任何决定，因为他对布莱德雷的长期战略兴趣不大。蒙哥马利也比以前通融，倾向于布莱德雷的近期战略，他许诺发起一次有限的进攻，这让艾森豪威尔兴奋不已。不过，在霍奇斯和巴顿合围赫法利策之前，蒙哥马利不愿将部队归还布莱德雷指挥。

艾森豪威尔对盟军的长期战略自有打算，他不愿像跨越塞纳河那样渡过易守难攻的莱茵河，也不愿冒突出部战役之险，而主张肃清莱茵河以西之敌，然后集结重兵，由蒙哥马利率大军总攻，辛普森的第 9 集团军负责增援。当然，艾森豪威尔也承认“快速”进攻计划的优点。

最后，艾森豪威尔有条件地支持了布莱德雷。假如布莱德雷的进攻未能实现“决定性的胜利”，则中止计划，以防出现消耗战。一旦出现这种情况，布莱德雷便只能充当防御的将领，无权再去担任主攻的总指挥。

要想实施“快速”进攻计划，布莱德雷需要第 9 集团军的支援，但艾森豪威尔不愿将已归蒙哥马利指挥的部队再划归布莱德雷，他深感与蒙哥马利的斗争令人精疲力竭。

12 月 28 日，艾森豪威尔在比利时的哈瑟尔特与蒙哥马利会面，发现蒙哥马利许诺在突出部反攻只是虚放一枪。这一次，艾森豪威尔沉不住气了，他一反常态，要求蒙哥马利执行他的作战计划：3 天之内，如果德军不进攻，蒙哥马利必须在 1945 年 1 月 1 日挥师前进！艾森豪威尔决定不再允许蒙哥马利像以往那样长期集结部队，谨小慎微地行动。

当讨论到盟军的长期战略时，蒙哥马利本能地反对布莱德雷的“快速”进攻计划，而极力主张他的“一路进攻”计划。艾森豪威尔本人虽然不赞同布莱德雷的战略，但他主张总攻前要在莱茵河以西集结所有的盟军部队。对此，蒙哥马利没有沉住气，居然像训斥布莱德雷那样训斥艾森豪威尔，反复地唠叨不听从他的意见的后果。最后，蒙哥马利竟然写信给布鲁克，还说艾森豪威尔放弃了正面进攻计划。

跟两位集团军群司令会晤后，艾森豪威尔开始着手拟订盟军的近期和长期作战计划的纲要，布莱德雷的近期进攻计划及附有限制条件的长期进攻计划被采纳了。布莱德雷在战略上战胜了蒙哥马利，蒙哥马利至少要在奉命执行拦腰切断德军突击部的近期计划后，将第 1 集团军归还布莱德雷指挥。

蒙哥马利很不甘心，于是又给艾森豪威尔发去公函，提出自己的长期作战计划，建议撤销布莱德雷的“快速”进攻计划，由他率领所有盟军，包括布莱德雷的部队，向鲁尔区以北发动大规模的“一路突击”计划。另外，他认为艾森豪威尔所主张的总攻前将所有盟军部队集结于莱茵河以西的计划也应放弃。

蒙哥马利在公函中直言不讳、狂妄自大，令艾森豪威尔非常不快。蒙哥马利还直截了当地要求由他负责北部战区的“指挥、控制和协调”，以免重蹈覆辙，再吃大亏。艾森豪威尔对他的狂妄气愤不已。

这个时候，英国正掀起一股反美宣传高潮，肆意抨击艾森豪威尔、布莱德雷和盟军最高司令部，并把蒙哥马利捧为突出部战役的英雄，要求任命他为盟军的地面部队司令。反美宣传惊动了马歇尔，他电告艾森豪威尔，警告他绝不能让步，绝不能让蒙哥马利控制任何美军的主力部队。

12 月 30 日，布莱德雷命令巴顿率领第 3、第 8、第 12 军发动了向赫法利策的强攻。但蒙哥马利没有让柯林斯的第 7 军和李奇微的第 18 空降军向南推进，还说 1 月 3 日前不能发动进攻，支援巴顿。布莱德雷会见蒙哥马利的联络官托马斯・比格兰时，比格兰问布莱德雷有什么话要说，布莱德雷极力克制自己，但仍火药味十足地说：“让他的进攻见鬼去吧，但我不会去对他说。”

蒙哥马利等待着德军向霍奇斯的大举进攻，却迟迟不采取行动去支援巴顿，加上他给艾森豪威尔的信以及英国的反美宣传，弄得艾森豪威尔和史密斯气愤至极。艾森豪威尔决定先解决指挥权的问题，他依仗马歇尔的强力支持和美军人数的绝对优势，写信给美、英参谋长联合委员会，要求他们在自己和蒙哥马利之间做出选择。毫无疑问，信一发出，蒙哥马利就要被解职了。

12 月 30 日，蒙哥马利的参谋长德・甘冈从史密斯那里了解到事态的严重性后，急匆匆地冒着暴风雪飞往巴黎，来到盟军最高司令部，请求史密斯陪他去见艾森豪威尔，以平息危机。当时艾森豪威尔与特德正在讨论关于“要我还是要蒙哥马利”的电报稿，这使德·甘冈意识到了事情的严重性。

艾森豪威尔实在不堪忍受蒙哥马利不择手段地一再争权，他被弄得焦头烂额，甚至无法正常工作。在德·甘冈的一再请求下，他勉强答应推迟一天发出电报，给德·甘冈一次“打破僵局”的机会。德·甘冈早料到了这一步，于是交给艾森豪威尔一封加密信件，以挽救蒙哥马利。蒙哥马利在信中深表歉意，表示将百分之百地执行艾森豪威尔的决定。最后署名是“您最忠实的仆人，蒙哥马利”。

德·甘冈这一招很灵，事情很快平息了。12 月 31 日，艾森豪威尔向蒙哥马利和布莱德雷发出了作战纲要，并以圆滑、坚定的姿态给蒙哥马利写了一封信，强调以后不要破坏彼此之间的信任，以免毁掉盟军的共同大业。

第十一章　运筹帷幄越天堑

盟军统帅地位之争

拿破仑曾经说过：“不想当将军的士兵不是好士兵。”在第二次世界大战的欧洲战场上，正上演着一场关于指挥权的争夺战。艾森豪威尔刚刚平息蒙哥马利对指挥权的争夺，英国首相丘吉尔和英军参谋长布鲁克又挑起了一场更高层面的统帅地位之争。

1945 年 1 月初，罗斯福、丘吉尔、斯大林等人开始筹备 2 月初在雅尔塔的会晤。此前，罗斯福、丘吉尔在马耳他与美、英参谋长联合委员会成员讨论了新的战略，包括向德国腹地发动最后总攻的西线战略问题。丘吉尔和布鲁克既反对布莱德雷的中部进攻计划，又反对艾森豪威尔屯聚大军，然后再进抵莱茵河的决策，而支持蒙哥马利的西线战略，同意蒙哥马利率大军向鲁尔区以北地区实施大规模进攻的计划，其余部队则在亚琛到瑞士一线居守势。为了实现蒙哥马利的战略，他们甚至在马耳他会议上四处游说，企图让人们采纳英军的战略。

1 月 2 日，艾森豪威尔飞往埃泰恩与布莱德雷会晤，他们在汽车里交谈，在地图上指指点点。艾森豪威尔自信能说服英国人，相信英国首脑不可能在马耳他会议上左右美、英参谋长联合委员会和罗斯福。在这次会面中，艾森豪威尔要求尽快实施正面进攻计划，进抵莱茵河。然而，艾森豪威尔碰了壁，他根本无法说服丘吉尔和布鲁克。另外，丘吉尔还节外生枝地提出了新的建议：英国空军急于提升特德为波特尔空军元帅之下的第二号人物，并希望提拔亚历山大接替特德出任盟军最高副统帅。

艾森豪威尔也喜欢亚历山大，知道他善于指挥地面作战，因此不假思索地同意了这个建议。其实，这只是英国耍的花招，他们要在艾森豪威尔身边安插一个地面部队司令。精明的马歇尔一听这个建议，马上来电警告艾森豪威尔，指出英国是想安插人抓地面部队指挥权，用以抵消艾森豪威尔对丘吉尔的直接影响。艾森豪威尔听从马歇尔的忠告，拒绝了这个建议，丘吉尔只好继续施加压力，要求数月后实施该建议。

突出部战役的临时指挥机构是绝对保密的，蒙哥马利指挥美军第1、第9集团军与布莱德雷指挥南线部队的分工，是严禁新闻界报道的。然而，报刊在1月初报道了这件事，盟军最高统帅部被迫在1月5日发表声明证实此事。声明中说，由于德军切断了阿登地区，蒙哥马利和布莱德雷分别指挥北路、南路大军进攻，因通信中断，美军的两个集团军便划归蒙哥马利指挥。

但是，这个拙劣的声明并未说明这些安排是临时性的，也没有指出第1集团军不久仍归布莱德雷指挥。这样蒙哥马利的身份便被抬高了，英国新闻界开始大肆吹捧蒙哥马利，弄得原来亲英的美国人都十分愤慨。

1月7日，丘吉尔写信给罗斯福，企图平息来势凶猛的支持蒙哥马利的浪潮。他指出艾森豪威尔与蒙哥马利的关系，正如布莱德雷与巴顿的关系那样良好，“破坏我们的联盟将是巨大的灾难”，并对美军在1944年的战役中，特别是在巴斯托尼战斗中的非凡表现表示衷心的祝贺。

也就在这一天，蒙哥马利精心安排了记者招待会，强烈呼吁盟军团结一致，并呼吁英国报刊停止诽谤艾森豪威尔。然而，这个招待会的作用适得其反，它使蒙哥马利俨然成为盟军中最称职的指挥官。尽管蒙哥马利一再强调艾森豪威尔是盟军最高统帅、他最亲密的朋友和上司，在客观上却抬高了他自己的地位。

布莱德雷看出蒙哥马利是“醉翁之意不在酒”，他再也无法忍受英国报刊的反美宣传，结果，很少在下属面前大发雷霆的他，第一次也是罕有的一次在参谋人员面前发了火。布莱德雷还向手下保证，艾森豪威尔不会设新的副职，马歇尔将军也会支持最高统帅。

对于英国的反美宣传和蒙哥马利的招待会，布莱德雷很快进行了反击。他首先打电话给艾森豪威尔，强烈反对盟军最高统帅部和蒙哥马利关于突出部战役及指挥方面的报道方式，同时又趁机探听自己在马耳他会议后的地位问题，表示若将自己置于蒙哥马利之下，由蒙哥马利指挥整个地面部队，那么他就回国。布莱德雷还表示，巴顿也绝不会在蒙哥马利手下干。

面对老同学的最后通牒，艾森豪威尔答应直接给丘吉尔本人打电话，澄清事实的真相。随后，布莱德雷谨慎地采纳了副官汉森等人的建议，发表了一个稳妥的声明，澄清有关突出部战役和指挥方面的错误报道。起初，布莱德雷担心他的声明会被德国利用，暴露盟军的不和。但为了树立美军的信心，他顾不了那么多了，不经艾森豪威尔同意便发表了声明。

艾森豪威尔履行了自己对布莱德雷的诺言，给丘吉尔打了电话，告诉丘吉尔有关布莱德雷的情绪，并准备授予布莱德雷铜星勋章，以表彰他在突出部战役中的功绩。丘吉尔也不顾布鲁克的反对，发来电报祝贺布莱德雷。

布莱德雷还召开了记者招待会，歌颂了美军将领辛普森、霍奇斯、巴顿及广大士兵的英勇作战行为，并着重指出两个集团军归蒙哥马利指挥是“临时的”，声称留一小部分军队留守阿登战线是故意冒险。为了鼓励美军的士气，布莱德雷故意说重新调整战略时，第 9 集团军将归还第 12 集团军群。招待会结束后，《纽约时报》以大字标题“布莱德雷宣称，冒险可能获胜”进行了报道。

招待会结束时，布莱德雷让手下人向记者散发了他签发的嘉奖美军士兵的命令，并将自己的铜星勋章奖状、丘吉尔的贺电散发给记者。

这一招还挺灵，英国的反美宣传浪潮退了下去，蒙哥马利也不再被新闻界吹捧了。最妙的是，丘吉尔意识到必须澄清事实了，他在 1 月 18 日对下院发表了称赞美军战绩的总结报告。

另一边，蒙哥马利终于让柯林斯的第 7 军和李奇微的第 18 空降军参与进攻了。第 7 军共有 5 个师，其中哈蒙的第 2 装甲师、罗斯的第 3 装甲师更是精锐中的精锐。但因为温度极低、道路结冰、雪花飞舞和雾气弥漫，加上德军顽强抵抗，美军的进展十分缓慢。布莱德雷了解到这一情况后，十分焦急，但又无能为力。

危急时刻，布莱德雷命令在南部的巴顿也发动强攻。巴顿率部在恶劣的天气下英勇向前，与风雪、泥泞及德军搏斗。詹姆斯·范佛里特的第 90 师也英勇无比，不负众望。巴顿极度渴望第 3 集团军早日与第 1 集团军会合，以便布莱德雷重新执掌第 1 集团军的指挥大权，他不愿让胆小怕事的蒙哥马利来控制第 1 集团军。尽管因天气所阻而进展缓慢，南北两军还是越来越接近了。

在胜利在望之际，布莱德雷收到了蒙哥马利的一封来信。在信中，蒙哥马利对美军大加赞扬：

亲爱的布莱德雷：

阿登战役已近尾声，待此战取胜，万事理顺，你的两个集团军将立即归还。在此有两点需着重提及：

一、我能有机会指挥你的精锐之师，真乃三生有幸。

二、你的部下表现十分出色。霍奇斯和辛普森是两位杰出的将领，我能与他们并肩战斗，是最大的乐事。第 1 集团军的柯林斯和李奇微也是两位杰出的军长。第 1 集团军可谓人才济济，这么多卓越的军长荟萃于一个集团军里，实属罕见。

战斗在北线的我全体官兵都向南线的战友致以最崇高的敬意，因为如果没有南线的战友坚守巴斯托尼，整个战局将不堪设想。

谨向你和乔治·巴顿致以亲切的问候和崇高的敬意。

顺致良好的祝愿

蒙哥马利

1 月 16 日，南北两支部队在赫法利策胜利会师，拦腰切断了德军的突出部，完成了包围。但是，由于巴顿的正面进攻过于缓慢，蒙哥马利迟迟不发起进攻，德军又处处抵抗，所以，龙德施泰特在盟军合围之前，趁机将大部分军队和装备撤走，向东逃脱了。

艾森豪威尔向丘吉尔建议，希望苏联红军于1月12日至14日，在北起波罗的海、南至喀尔巴阡山长达1900公里的正面，对德军发起强大的攻势，以威胁柏林。这样一来，希特勒将不得不从西线抽调兵力去加强东线的兵力，盟军可以乘机迅速推进。

1月23日，美军攻占圣维特。1月27日，美军第3集团军的前锋抵达乌尔河。1月29日，盟军将德军全部赶到反扑前的出发阵地。至此，德军在阿登地区的反扑被彻底粉碎，而且损失惨重，死伤和失踪约12万人，损失1600架飞机、6000辆汽车、600辆坦克和重炮。盟军则伤亡和失踪10万余人，坦克和反坦克炮共损失733辆（门）。

阿登战役的胜利加速了德军西线的失败步伐，还葬送了东线的德军，因为希特勒将他最后的后备力量投入阿登战役，他很快便尝到了苦果。

1月12日，苏联元帅朱可夫[①]率部跨过华沙南面和北面的维斯杜拉河，于1月17日解放了华沙。再往北，苏联的两个军团占领了半个东普鲁士，挺进到但泽湾。这是大战爆发以来苏联红军发动的规模最大的攻势，仅在波兰和东普鲁士就投入了180个师的兵力，其中很大一部分是装甲师。到1月27日，苏联红军声势浩大的进攻，使纳粹德国面临着全军覆灭的危险。

更为严重的是，苏联红军占领了西里西亚的工业基地。负责军火生产的斯佩尔说，西里西亚失守以后，德国生产的煤只有1944年产量的四分之一，钢只有1944年的六分之一。很显然，1945年对希特勒来说是灾难深重的一年。

此外，罗马尼亚和匈牙利油田的丧失，加上德国人造汽油工厂遭到

---

① 朱可夫（1896—1974）：苏联元帅，“二战”期间先后指挥了列宁格勒保卫战、莫斯科保卫战、斯大林格勒会战等战役，成功粉碎了德国的侵略，并率领苏联红军攻占柏林。

朱可夫画像

轰炸，使得德军的汽油非常缺乏，很多战斗机还没有起飞便被盟军的空军炸毁在飞机场上。同时，由于缺乏汽油，很多装甲师都无法出动。

到了这个时候，希特勒仍然不愿服输，战争还要继续进行下去，更加残酷的战役——莱茵河之战正等着盟军去完成。

兵临莱茵河

莱茵河之战即将打响，盟军的各路大军都跃跃欲试，准备在这一战中大显身手。

1945 年 1 月 16 日，艾森豪威尔在凡尔赛约见了布莱德雷。由于在赫法利策集结兵力的时间大大超过了预定日期，艾森豪威尔在会见中面带愠色。布莱德雷见状，心中忐忑不安，担心艾森豪威尔会以延误时间为由，取消他的“快速”进攻计划。不过，艾森豪威尔并没有向布莱德雷兴师问罪，也没有对他的“快速”进攻计划“开刀”。他向布莱德雷简述了一道正在起草中的命令，“快速”进攻计划作为主要内容之一，被写进了命令之中。

布莱德雷听了，悬着的心终于放了下来。命令中规定：“中央集团军群要充分利用德军在阿登山区的溃退，大踏步地向前推进，力争重创敌军，一举突破‘西部壁垒’。如果此举成功，然后沿普吕姆－尤斯科琛一线向东北进击。但是，为了防止出现意外情况，中央集团军群必须随时准备在阿登山区转入防御，由北部集团军群发动攻势。”命令还规定，在中部集团军群发动进攻的同时，蒙哥马利的集团军群也在北部开始实施其作战计划，该计划分为两个阶段实施，代号分别为“真实”和“手榴弹”。

蒙哥马利原来设想在 2 月 1 日开始实施“真实”和“手榴弹”作战计划，但由于种种原因，艾森豪威尔命令他推迟实施日期，明确规定先实施布莱德雷的“快速”进攻计划。不过，艾森豪威尔做出这一决定是有条件的，如果中部集团军群进攻受阻，停滞不前，“真实”和“手榴弹”计划将马上付诸实施。除此之外，艾森豪威尔还决定减少调配给蒙哥马利的美军，从蒙哥马利直接指挥的辛普森第 9 集团军的 16 个师中，抽出 4 个师另作他用。为了弥补第 9 集团军兵力的不足，艾森豪威尔命令柯林斯的第 7 军负责支援该集团军及掩护其右翼。

布莱德雷对艾森豪威尔的决定不胜欢喜。他的“快速”进攻计划被安排在“真实”和“手榴弹”计划之前优先实施，而且艾森豪威尔对他的作战计划没有做出明确的时间限制，如果进展顺利，他便可一直率军前进，直抵莱茵河畔。

为免夜长梦多，中途生变，布莱德雷决定尽快发动攻势。但根据艾森豪威尔的指令，霍奇斯的第 1 集团军将从 1 月 17 日午夜起归建，霍奇斯已经在斯帕重新建立了集团军司令部。

1 月 18 日，布莱德雷到斯帕拜访了霍奇斯，向他口头传达了艾森

伯纳德·劳·蒙哥马利画像

豪威尔的命令，要求他组织部队，准备发起进攻。

巧合的是，蒙哥马利为了交接第1集团军，也在同一天来到了斯帕。布莱德雷礼貌地迎接了蒙哥马利，但态度冷淡。除了寒暄之外，他只与蒙哥马利商谈部队交接的相关事宜，而对艾森豪威尔正在起草的作战命令只字未提，他知道这个命令肯定会激起蒙哥马利的怒气。

事隔一天，艾森豪威尔的作战命令下达到了蒙哥马利的司令部。果然不出所料，蒙哥马利为此大动肝火，他立即致电布鲁克，抱怨布莱德雷又“自作主张，擅自采取行动”，抱怨艾森豪威尔企图以草率的不负责任的行动来代替自己那深思熟虑的作战计划。他还激烈地抨击艾森豪威尔允许布莱德雷在他的“真实”和“手榴弹”计划之前，实施“快速”进攻计划。

艾森豪威尔十分担心德弗斯的南部战区的形势，如果那里受到威胁，必将影响北部战区的作战计划。位于南部战区的是德弗斯指挥的第6集团军群，下辖美军桑迪·帕奇的第7集团军和法军德·塔西尼[①]的第1集团军。法军在11月攻占斯特拉斯堡后，在科尔马一带形成一个长48公里、宽80公里的口袋，装入了约5万名德军。但由于指挥不力，部队行动缓慢，德·塔西尼未能歼灭“科尔马口袋”中的德军。艾森豪威尔为此寝食难安，他要求德弗斯坚决歼灭“科尔马口袋”地区的德军。但德弗斯和布莱德雷等人一样，手中兵力有限，心有余而力不足。根据艾森豪威尔的要求，德弗斯命令德·塔西尼的第1集团军由北向南，沿莱茵河肃清“科尔马口袋”里的德军，但法军开始行动不久就陷入了困境，德弗斯只好请求艾森豪威尔给他增加一些兵力。

艾森豪威尔经过考虑，决定调拨给德弗斯5个美军师，外加1.2万名勤务人员，支援德·塔西尼的第1集团军歼灭“科尔马口袋”中的敌人。其中，第35师是从巴顿的第3集团军里抽调的。

1月23日，布莱德雷接到了盟军最高统帅部抽调兵力的命令，不禁大为恼火。巴顿得知此事更是大发雷霆。调走第35师，必将影响“快速”进攻计划的实施。但事情还不止于此，盟军最高统帅部坚持再从第12集团军群抽调4个师的兵力。布莱德雷认为，这样抽调兵力还不如让蒙哥马利暂时接管辛普森第9集团军的战线，把该集团军调往南部战区。

当然，布莱德雷清楚地知道，盟军最高统帅部不会采取这种措施，所以他也没有提出这一建议。不过，他当时的心情相当郁闷，他愤愤地坐下来，用最激烈的措辞写了一份备忘录，说艾森豪威尔处处迁就蒙哥马利，不敢动他的一兵一卒。

蒙哥马利得知此事后，也对艾森豪威尔怨声载道。他致信布鲁克抱怨说：“艾森豪威尔对南部科尔马和斯特拉斯堡的战局忧虑重重，他抽

---

① 德·塔西尼（1889—1952）：“二战”期间的法国陆军高级将领，原法属中南半岛高级专员兼远征军总司令，法国元帅。

调大批兵力南下，这样一来，‘真实’和‘手榴弹’两个行动计划必将延期实施。我们一再要求把大量精锐部队投入‘手榴弹’计划，但我们的愿望正在化为泡影……我认为，一切问题的症结，在于没有集中的统一指挥，3 个集团军群各行其是，缺乏协调。近来我学会了自我安慰，保持一点幽默感，否则就算气不死也会气疯。”

布莱德雷打电话给艾森豪威尔，抗议盟军最高统帅部从中部战线抽调兵力增援德弗斯的决定。他说调走 5 个师，等于去掉一个整军，将大大削弱他实施“快速”进攻计划的力量。布莱德雷以为这样可以促使盟军最高统帅部改变原来的决定，但到第二天，当他与巴顿、霍奇斯讨论“快速”进攻计划的最后一些细节时，盟军最高统帅部打来电话，坚持要他调出 4 个师去增援德弗斯。布莱德雷知道木已成舟，发火也无济于事，于是他要平克·布尔接电话，反复说明自己的观点，还说这不仅涉及战术原则问题，而且关系到美军的声誉。

在场的人都极为赞赏布莱德雷的态度，说他与盟军最高统帅部的争论有理、有利、有节。巴顿的参谋长巴特·盖伊当时恰好在场，他在日记里生动地记录了当时的情景：在场的人都激动地站起来，报以热烈掌声和欢呼声。巴顿的嗓门最高，连电话另一端的说话人都能听得清清楚楚。巴顿大声喊道：“让他们见鬼去吧！我们都辞职不干了，我来带头。”

盟军最高统帅部终于让步了，没有再从第 12 集团军群调走兵力，而是从最高统帅部的战略预备队中调出 4 个师，去增援南部战区的德弗斯。这几个师编为一个军，配属德·塔西尼的第 1 集团军。一个星期后，得到增援的德·塔西尼集团军发动攻势，很快楔入“科尔马口袋”地区，可惜口袋里已空空如也，斯特拉斯堡以南、莱茵河以西的 5 万德军早已全部逃脱。

在这次战斗中，德弗斯表现欠佳，给艾森豪威尔留下了不好的印象。后来，在艾森豪威尔提供给马歇尔的地面部队军官鉴定表中，德弗斯被列在了第 24 位，排在第一位的则是布莱德雷。

鉴于德弗斯南部战区的局势，艾森豪威尔把布莱德雷从中部突破德军防线的“快速”进攻计划，摆到了很高的地位。

1 月 26 日，按照艾森豪威尔的要求，布莱德雷把第 12 集团军群司令部移到了默兹河畔的那慕尔，这样他就能更好地协调霍奇斯第 1 集团军和巴顿第 3 集团军的作战行动，并与蒙哥马利保持不间断的联系。

布莱德雷的副官选择了一座外表像王室的宫殿、内部装饰富丽堂皇的建筑物作为司令部的驻地。布莱德雷觉得司令部不宜设在这里，但他忙于拟订进攻计划，只好暂时安顿下来，等以后有时间再另寻他处。

1 月 28 日，李奇微的第 18 空降军首先发起进攻；1 月 29 日和 30 日，米德尔顿的第 8 军和许布纳的第 5 军也分别发起了进攻。

这次进攻行动又遇到了恶劣的天气，进攻的第一天，鹅毛大雪纷纷扬扬，一直下到深夜，紧接着又出现百年不遇的严寒，积雪普遍厚达半米，有的地方深及腰胸。冰雪覆盖着群山，堵塞了美军进攻需要经过的山谷和道路，淹没了德军埋设的地雷。尽管有冰雪的障碍，有地雷的危险，在前面打先锋的第 82 空降师和“大红一师”仍然猛打猛冲，在雪中辟路前进。这两支久经战火考验的队伍，以高昂的斗志和英勇顽强的姿态，并肩冲锋陷阵，其情景令人欢欣鼓舞，就好像看到两匹威风凛凛的赛马，并驾齐驱向终点冲去。

然而，进攻速度不可避免地渐渐慢了下来。到 2 月 1 日，美军沿整条 40 公里长的战线平均每天仅向前推进 9 公里，只到达“西部壁垒”附近。由于天气恶劣，美军无法大踏步地实施突击，柯林斯的第 7 军根本无法投入战斗去扩大战果。

2 月初，罗斯福、丘吉尔和斯大林决定在雅尔塔会晤。为了筹备这次会议，罗斯福和丘吉尔决定在马耳他与盟军参谋长联席会议碰头，就世界战略和盟军西线战略统一思想，以便把英、美的统一意见拿到雅尔塔会议上去。丘吉尔和布鲁克积极拥护蒙哥马利关于西线战略的观点，在盟军内部已是公开的秘密。

在马耳他举行的盟军参谋长联席会议上，美、英两方争论十分激烈。起初双方还讨论西线战略问题，很快便有人开始诽谤和进行人身攻击了。布鲁克在会上说：“艾森豪威尔受布莱德雷的左右，英军参谋部对此深感忧虑。”马歇尔当即冷冷地反驳道：“布鲁克先生，我们都应当感到忧虑的不是这一点，而是丘吉尔先生对艾森豪威尔将军所施加的压力。”

马歇尔还当场指出，罗斯福总统在他的建议下从未会见过艾森豪威尔，因为艾森豪威尔不只是一名美军将领，更重要的是，他还是盟军总司令。马歇尔知道布鲁克之所以反对艾森豪威尔及其战略计划，是因为蒙哥马利从中作梗，所以他借会议之机表示了他对蒙哥马利的反感，绝不接受蒙哥马利或别的什么人担任盟军地面部队总司令。

布鲁克见马歇尔态度坚决，并有几分动怒之意，只得做出让步。他放弃了坚持任命一名英国将领为盟军地面总司令的立场，并完全接受了艾森豪威尔的战略计划。

与此同时，布鲁克也得到了艾森豪威尔的书面保证，即艾森豪威尔在彻底肃清莱茵河以西的德军之前就渡河作战；在兵力和物资装备上优先保障蒙哥马利在北部发动的攻势；布莱德雷在中部发动的辅助突击必须名副其实，不能悄悄地变成主攻。

马歇尔以非凡的手腕驾驭了马耳他会议上的暴风骤雨，使艾森豪威尔及其战略计划取得了确定无疑的胜利。英国方面在艾森豪威尔面前玩的闹剧终于收场了。对布莱德雷来说，更重要的是马歇尔拒绝了布鲁克等人要求中部集团军群全部转入防御的主张。尽管蒙哥马利仍将率领盟军主力在北部发动大规模进攻，但布莱德雷的部队从中部突破莱茵河天险，向法兰克福－卡塞尔方向推进的作战计划，也作为辅助攻势，得到了盟军参谋长联席会议的批准。这样一来，蒙哥马利便不可能独享向柏林进军的殊荣了。

不过，马耳他会议上的激烈争论和紧张气氛，直接影响了布莱德雷已经在 1 月 28 日开始的中部作战行动。为了表达美方的诚意，并使蒙哥马利在 2 月 1 日开始行动，艾森豪威尔命令布莱德雷暂时停止进攻，说最重要的是封锁杜塞尔多夫以北的莱茵河；督促蒙哥马利及早实施进攻战役的第一阶段，即“真实”行动计划，最迟不能超过 2 月 8 日；同时要求“手榴弹”行动计划也要尽快开始执行，最迟不能晚于 2 月 10 日。

因此，艾森豪威尔要从布莱德雷的中部集团军群抽调若干兵力，去支援辛普森的第 9 集团军，使他的总兵力达到 11 个师。同时，为了直接支援辛普森的作战行动，艾森豪威尔还下令布莱德雷派出部队攻占罗尔河水坝，因为德军在走投无路时会炸坝放水，阻止辛普森集团军向前推进。

对于布莱德雷在罗尔河水坝以南的战区内是否要尽快行动，艾森豪威尔含糊其辞，没有明确指示，只是要求布莱德雷摆出积极防御的态势，这让布莱德雷颇为费解。经过一番揣摩后，布莱德雷对这个命令理解为，既要不断向莱茵河推进，又要悄无声息，不为外人所知。政治就是如此令人生厌！

强夺桥头堡大战

1945 年 2 月 4 日，在“真实”和“手榴弹”行动计划付诸实施之前，艾森豪威尔来到布莱德雷设在那慕尔的集团军群司令部，询问布莱德雷“快速”进攻计划的执行情况，得知进展还算顺利，但战绩并不辉煌。当艾森豪威尔得知布莱德雷的集团军群里，竟然有 15 个师直接受蒙哥马利控制指挥后，心情十分不快。

但是，布莱德雷也不能不承认，从军事角度来看，“真实”和“手榴弹”作战计划是当时最佳的方案。不过，他还是向艾森豪威尔表达了自己的担忧：如今蒙哥马利指挥着数量众多的美军，如果他再次权力欲膨胀，弄不好会再次出现吹捧蒙哥马利、贬低美军将领的宣传。艾森豪威尔安慰他说：“这种担心大可不必，因为总司令部曾经明确对蒙哥马利说过，要是第 21 集团军群再有人鼓舌，煽动反美宣传，蒙哥马利指挥下的美军部队将马上全部调回第 12 集团军群。”

2 月 6 日，蒙哥马利也来到了布莱德雷的司令部，迎接他的都是冷冰冰的面孔和目光。午餐时，布莱德雷对蒙哥马利以礼相待，但态度一点也不热情。蒙哥马利对这种明显的冷遇似乎毫不在意，反而谈笑风生，说话声音十分高亢。

午餐用过后，约见也宣告结束。艾森豪威尔和布莱德雷按事先安排的计划要去视察前线，临行之前，艾森豪威尔再次提醒蒙哥马利，要他用自己的全部影响力去防止英国新闻界再次掀起反美宣传。随后，他们匆匆离开布莱德雷的司令部，驱车来到巴斯托尼，巴顿已经从卢森堡赶到这里迎候。

早在 2 月 1 日，艾森豪威尔就发布命令要求巴顿的第 3 集团军摆出“积极防御”的姿态，巴顿似乎明白了这一命令的含义，于是率部马不停蹄地向莱茵河推进。艾森豪威尔和布莱德雷对巴顿的作战行动了如指掌，并没有责怪他，但一再告诫他在蒙哥马利实施“真实”和“手榴弹”行动计划期间，切不可喧宾夺主，把外界的注意力吸引到他身上来。

离开巴斯托尼后，布莱德雷和艾森豪威尔又到斯帕与霍奇斯会晤。他们了解到，霍奇斯对于许布纳进攻罗尔河水坝的战斗指挥不甚满意。霍奇斯得知第 78 师在水坝地区遭到德军的顽强抵抗后，立刻从李奇微的第 18 空降军调来第 82 空降师前去增援，随后又派出了克雷格的第 9 步兵师。

布莱德雷和艾森豪威尔在霍奇斯的司令部过了一夜，第二天又去看望辛普森以及即将参加“真实”和“手榴弹”作战行动的许布纳、柯林斯、安德森、吉勒姆和麦克莱恩等各位军长。之后，他们都回到各自的指挥位置，等待“真实”和“手榴弹”行动计划的正式实施。

2 月 8 日，执行“真实”行动计划的战斗如期打响。霍罗克斯指挥第 30 军，以 1400 门大炮猛轰德军防线，而后步兵和装甲部队发起冲击。但是，恶劣的天气给进攻部队带来了极大的困难。当天雨雪交加，寒风刺骨，道路异常泥泞，加上德军在美军必经之路上遍设地雷，进攻部队几乎寸步难行。发起进攻一个小时后，坦克大都深深地陷进泥潭里，只有步兵挣扎着慢慢地向前移动。与此同时，德军不顾恶劣的天气顽强抵抗，随着龙德施泰特不断地调兵遣将，德军防线上的兵力越来越多。这次战斗的地形条件之艰难困苦，是欧洲战场上任何战役都无法比拟的。

但是，恶劣的天气远没有罗尔河水坝的威胁可怕。第 9 步兵师师长克雷格亲临一线指挥作战，部队冲进了水坝地区，但德军已抢在他们之前炸毁了水坝。洪水冲开被炸毁的闸门，如瀑布般倾泻而下。洪水既使罗尔河暴涨，又灌满了罗尔山山谷，辛普森的第 9 集团军在洪水和泥沼中挣扎了两个星期，始终未能渡过罗尔河。

执行“真实”行动计划的加拿大克里勒的第 1 集团军，发起进攻几天后也陷入了困境。经过两个星期的浴血奋战，他们只向前推进了 43 公里，离预定目标还相距甚远。而美军被罗尔河的洪水所阻拦，无法支援他们，15 个美军师都面临着艰难的考验。

2 月 12 日是布莱德雷的 52 岁生日，部下简单为他庆祝了生日，他仍然十分想念家人。第二天，艾森豪威尔带着儿子约翰来到布莱德雷的司令部。约翰在一个刚从美国调来的师里担任排长。布莱德雷不赞成约翰到前线作战，战场上枪炮无眼，万一发生意外，势必影响艾森豪威尔的指挥，进而影响盟军作战。他决定把约翰安排在信息部，主要负责情报网的工作。

2 月 23 日，美军在原地停留两个星期后，终于又发起进攻，渡过了罗尔河。辛普森集团军在柯林斯的第 7 军的支援下，打了一个漂亮仗。第 9 集团军渡过罗尔河后，仅用两个星期就向前推进了 85 公里，抵达莱茵河畔的韦塞尔。辛普森的部队一举肃清了从杜塞尔多夫至韦塞尔的莱茵河西岸 55 公里范围内的残敌，俘获德军 3 万余人。辛普森的强大攻势动摇了克里勒当面的德军防线，加拿大军队乘德军惊慌失措之机，向前突进了 37 公里，与辛普森的部队在韦塞尔会师，并活捉德军 2.2 万人。

3 月 1 日，艾森豪威尔和布莱德雷来到马斯特里赫特的辛普森司令部。辛普森和他的参谋长穆尔，以及第 9 集团军的参谋人员都表示，他们对控制战局充满信心。他们保证能尽快攻占莱茵河的一座大桥，或派出舟桥部队架设浮桥，强渡莱茵河。艾森豪威尔对他们的渡河方案颇感兴趣，布莱德雷也认为这一计划不错，而在蒙哥马利的计划中根本就没有渡河方案。如果第 9 集团军能以较小的代价渡过莱茵河，对美军将是一个巨大的鼓舞。如果能占领一个桥头堡，或许将成为从根本上改变战局的关键一步。

辛普森及其军长们误认为艾森豪威尔已经批准他们强渡莱茵河，于是仔细研究了在杜塞尔多夫与芒德兰之间强渡莱茵河的可能性，制订了周密的渡河计划，确定了渡河后的攻击目标——向哈姆推进，占领鲁尔区的铁路枢纽和交通要道。然而，当辛普森把计划呈报蒙哥马利时，蒙哥马利断然予以否决。当时蒙哥马利正在研究强渡莱茵河的计划，初步确定了渡河的时间和地点，而且他将亲临河畔，指挥部队渡河。辛普森及其军长们对自己的计划被否定大为失望，他们认为，如果第9集团军按他们的计划于3月初强渡莱茵河，将大大出乎德军意料，必能大获全胜。

与此同时，柯林斯的第7军也取得了令人满意的战果。该军渡过罗尔河，完成掩护辛普森集团军进抵埃尔富特河和运河的任务后，一刻不停地抢渡埃尔富特河，向东疾进，逼近了莱茵河畔的科隆。这样一来，柯林斯对科隆形成了四面包围的态势。

3月1日，面对旗开得胜的局面，艾森豪威尔发出了一道最重要的命令。在此期间，布莱德雷经过与霍奇斯、巴顿详细讨论，拟定了一个代号为“伐木工”的作战计划，准备在“真实”和“手榴弹”行动计划之后实施。根据“伐木工”作战计划，霍奇斯和巴顿的两个集团军从当前地带向莱茵河进攻，彻底歼灭摩泽尔河以北和莱茵河以西的科隆－科布伦茨－特里尔这个三角地带里的全部德军。如果这一计划能够成功，将有力推动战局的发展，在蒙哥马利率领盟军主力强渡莱茵河之前，盟军部队将全部集结于莱茵河一线。

布莱德雷后来说，“伐木工”作战计划不是他别出心裁，而是艾森豪威尔于2月20日授权他制订的，这一计划完全可行，绝对不会干扰蒙哥马利强渡莱茵河的计划。

同一天，艾森豪威尔召蒙哥马利和布莱德雷到埃因霍温会晤，口头批准了“伐木工”作战计划。

3月3日，布莱德雷以2个集团军5个军的兵力，开始实施“伐木工”作战计划。德军起初还企图抵抗，但很快就被打得七零八落，溃不成军。到 3 月 7 日，仅仅 4 天时间，美军的先遣装甲部队就到达了科隆至科布伦茨之间的莱茵河沿岸。

丘吉尔和布鲁克于 3 月 2 日前往欧洲战区，向蒙哥马利、克里勒和辛普森祝贺“真实”和“手榴弹”作战计划的胜利，并准备与艾森豪威尔、蒙哥马利、布莱德雷商讨最后击败德国的战略计划。3 月 3 日，当他们视察马斯特里赫特和亚琛之间的美军辛普森所部时，部队正向齐格菲防线推进。丘吉尔兴致大发，立即命令车队停止前进，随后，他走到一个德军的碉堡前，下了车，微笑着对周围的人说：“我们都到西部壁垒小便去。”

3 月 5 日，丘吉尔和布鲁克来到艾森豪威尔设在兰斯的司令部，与艾森豪威尔、布莱德雷等人共进午餐。下午，他们一起商讨战略大计。丘吉尔身穿陆军上校制服，嘴里叼着大雪茄，亲切地向艾森豪威尔和布莱德雷打招呼，并赞扬了布莱德雷在诺曼底战役中的突出表现。

这个时候，盟军的 5 个集团军已进抵奈梅亨和科布伦茨之间的莱茵河沿岸。这次战略会商的主要目的是确定强渡莱茵河，向德国纵深推进的战略问题，以及南部战区的德弗斯集团军推进到莱茵河一线，肃清萨尔地区摩泽尔河以南的德军残部的辅助作战行动。

蒙哥马利大规模强渡莱茵河的作战计划的代号为“强盗”，定于 3 月 24 日开始实施。投入这一作战计划的总兵力为 32 个师，其中包括 12 个美军师、12 个英军师和 8 个加拿大师。

按照蒙哥马利的渡河计划，美军实际上是被排除在主攻任务之外的。他打算只让辛普森集团军的安德森第 16 军的两个师参加渡河作战，而把其他两个军和第 9 集团军的 9 个师留作预备队。因此，在这次渡河作战中，辛普森实际上不指挥任何部队。辛普森得知蒙哥马利的安排后，大为震怒，立即找到登普西，和他的参谋长穆尔据理力争，最后说服蒙哥马利改变了原来的想法，让第 9 集团军在莱茵贝格独立作战。

除此之外，蒙哥马利还打算把霍奇斯第 1 集团军的大部分兵力纳入“强盗”作战计划。按照艾森豪威尔的要求，霍奇斯第 1 集团军以 22 个师的兵力，守住莱茵河西岸的科隆 – 波恩 – 雷马根一线。

在制订渡河计划时，蒙哥马利要求第 1 集团军至少拨出 10 个师归他指挥，作为“强盗”作战计划的预备队，以便在渡河受挫时进行支援，或在渡河成功后扩大战果。加上第 1 集团军的 10 个师，蒙哥马利直接指挥的部队可达 42 个师，而布莱德雷除了巴顿的第 3 集团军之外，手中再无一兵一卒。

艾森豪威尔没有明确否定蒙哥马利的建议。他对蒙哥马利说，如果想把第 1 集团军的主力留作预备队，应当把整个集团军建制全部接过去，布莱德雷第 12 集团军群司令部也去参加“强盗”作战计划，负责指挥第 1、第 9 集团军。艾森豪威尔的建议把蒙哥马利弄得哑口无言，最后不了了之。盟军最高统帅部给布莱德雷下达的正式命令是，随时准备以第 1 集团军不少于 10 个师的兵力，在鲁尔区以北建立桥头堡。

南线作战计划的代号为“低音”，主要任务是肃清萨尔地区的德军，使德弗斯的第 6 集团军群进抵莱茵河。

其中，帕奇的第 7 集团军担任主攻，首先在萨尔突破齐格菲防线，法军第 1 集团军承担支援任务。巴顿将率领部队进行佯攻，渡过摩泽尔河南下，拖住德军，从而减轻帕奇的压力。

布莱德雷对“低音”作战计划信心不足。由于“科尔马口袋”战役的影响，布莱德雷对德弗斯的指挥能力产生了怀疑，当然，他更不相信法军第 1 集团军的司令官德·塔西尼。布莱德雷预计，由于希特勒下令寸土必争，德军将死守“西部壁垒”这一防线，德弗斯的集团军群必然会遇到残酷的战斗。因此，他建议把巴顿渡过摩泽尔河南下的佯动变成主攻，把德军引诱到巴顿和帕奇之间，肃清“西部壁垒”后方的残敌。尽管德弗斯表示反对，担心巴顿和帕奇的两个集团军之间发生冲突，但艾森豪威尔还是同意了布莱德雷的建议。

布莱德雷立即调整了计划：埃迪的第 12 军和沃克的第 20 军担任南下战役的主攻；米德尔顿的第 8 军负责围歼科布伦茨之敌，建立立足点，伺机渡过莱茵河。布莱德雷没有把这一计划通告蒙哥马利。

经过这番调整，布莱德雷对“低音”作战计划又建立起了信心。如果“低音”作战行动顺利，他的主力部队就可以通过法兰克福和卡塞尔，向德国的纵深地带推进。一旦巴顿和帕奇肃清萨尔－帕拉蒂纳特的德军，布莱德雷打算把第 3 集团军和第 7 集团军合兵一处，以 26 个美军师和 1 个法国集团军向法兰克福地区全力出击。这样势必动摇霍奇斯对面的德军防御，使霍奇斯能够渡过莱茵河，与布莱德雷指挥的第 12 集团军群会师。如果艾森豪威尔再把霍奇斯的第 1 集团军交给布莱德雷指挥，布莱德雷手中的兵力将增加 12 个师，达到 4 个集团军约 40 个师。如果蒙哥马利的渡河战役受挫，布莱德雷向卡塞尔的大规模进攻，将有利于蒙哥马利打破僵局，顺利渡河。

然而，这只不过是布莱德雷的如意算盘。3 月 7 日傍晚，平克·布尔带着紧急任务来到那慕尔。原来，盟军最高统帅部再次决定，第 12 集团军应增援德弗斯的第 6 集团军群。这一次是冲着“低音”作战计划来的，布尔提出的增援兵力是：1 个装甲师、2 个步兵师、7 个炮兵营和其他各种部队。布尔知道，辛普森的第 9 集团军已抽调给蒙哥马利执行“强盗”作战计划，巴顿的第 3 集团军要执行“低音”作战计划，因此，这些增援部队只能从霍奇斯的第 1 集团军中抽调。根据盟军最高统帅部的指示，第 1 集团军应把“不少于 10 个师的兵力”留下来作为“强盗”作战计划的预备队。因此，布尔要求将第 1 集团军的其余部队全部作为德弗斯的增援部队。

布莱德雷对这个安排很不满意，认为第 1 集团军的战斗力比任何部队都要强，让第 1 集团军担负增援任务，简直是大材小用。想到这里，他气愤地与布尔争论起来。就在布莱德雷愤愤不平之际，霍奇斯打来电话，告诉他第 9 装甲师已经占领了雷马根的鲁登道夫铁路桥。听到这个令人振奋的消息，布莱德雷欣喜若狂地说：“要牢牢地固守住桥头堡。”接着，他放下电话，转身笑着对布尔说：“玩你的球去吧，布尔！霍奇斯已经控制了横渡莱茵河的大桥。”

这样的结果让布莱德雷感到有些激动。几个星期以来，蒙哥马利一直在为他的大规模“强盗”作战计划做准备，离发起进攻还有两个星期。与此同时，美军不甘落后，终于抢在蒙哥马利之前控制了莱茵河的一座大桥，得到了一个有利的时机。如果能顺利渡过莱茵河，就等于从右翼将钢针戳进德国，实现布莱德雷早先提出的“两路突击”计划。

雷马根对岸的地形很不理想，不利于军事行动。那边有座韦斯特沃德山，森林密布，易守难攻。美军必须绕过这座山。幸而在莱茵河那边有一段南北走向长约10公里的公路。如果霍奇斯能在雷马根对岸建立起坚不可摧的桥头堡，抵御敌人的反击，再抢占这段公路，布莱德雷就有办法让美军南进林堡，然后沿拉恩河东进入德国腹地。

在这次“低音”作战行动中，巴顿的任务是向东南推进到莱茵河畔的美因茨和沃尔姆斯。霍奇斯则向拉恩河推进，打破莱茵河东岸德军在美因茨的防御，使巴顿在遭到顽强抵抗的情况下，顺利渡过莱茵河。一旦渡过莱茵河，巴顿就掉头向北，突破法兰克福，进抵吉森，与霍奇斯会师。接着，两军一起在右翼形成一把坚强的铁锤，向卡塞尔砸去。

这个计划要获得批准是非常困难的。艾森豪威尔虽然很赞赏通过法兰克福从右翼砸进一把铁锤的策略，但目前他正在北面坚定不移地实施主攻计划，而不是在中部和南部实施“积极防御”的计划。况且，蒙哥马利一直反对这样做。如果艾森豪威尔现在批准这个计划，蒙哥马利肯定会发难。

不过，现在情况有些不一样了，霍奇斯已经渡过了莱茵河，这是一次千载难逢的好机会。布莱德雷必须充分利用这一有利条件，才能争取主动。因此，他决定让霍奇斯以重兵固守雷马根大桥，绝不能后退，以增加总部批准他计划的筹码。

随后，布莱德雷亲自给艾森豪威尔打了个电话。当时艾森豪威尔正与李奇微、加文、泰勒和其他空降部队的将领们一起用餐。布莱德雷把霍奇斯占领雷马根大桥，以及自己下一步的打算和盘托出，艾森豪威尔不由得欣喜若狂，激动地大声说：“布莱德雷，好极了！”

布莱德雷告诉艾森豪威尔，他想马上派4个师做渡河准备。没想到艾森豪威尔不仅痛快地答应下来，而且在电话里大声地说：“行！必须立即做好一切渡河准备，它是我们得到的最佳突破口！”

艾森豪威尔给予布莱德雷充分授权，并嘱咐道：“你要保证守住这座桥头堡，我将全力支援你。”

艾森豪威尔下达这道命令时并不了解布莱德雷的真实意图，起初，他只把雷马根桥头堡当作对蒙哥马利“强盗”计划的支援，当作是吸引蒙哥马利正面德军的一种有限进攻。

第二天，艾森豪威尔发电报给美、英参谋长联合委员会，通报了这个消息，并补充说：“布莱德雷正在紧急调遣部队，以便建立具有足够空间的桥头堡，对敌军构成最强大的威胁，支援北面的主攻。”蒙哥马利得知这一消息后也非常兴奋，把这看成是对自己的有力支援。

德军方面，希特勒愤怒地撤了西线总司令龙德施泰特的职，代之以凯塞林。凯塞林的首要任务是从美军手里夺回雷马根桥头堡阵地，为此，他让莫德尔指挥从意大利调来的步兵师、坦克师，直扑美军的桥头堡。

为了夺回桥头堡，德军调来了重型火炮和飞机，还动用了浮水雷和蛙人。由于进攻不太顺利，他们又向大桥发射了 11 枚 V－2 飞弹，这是德军在第二次世界大战中唯一一次使用这种飞弹。尽管大桥被炸毁了，但霍奇斯指挥部队顽强地抗击德军，在莱茵河的东岸站稳了脚跟。为方便部队过河，霍奇斯还下令搭建了一些浮桥。

归属第 3 军的伦纳德第 9 装甲师很快便占领了鲁登道夫大铁桥。由于第 3 军军长米利金作战经验欠缺，指挥不力，霍奇斯决定撤换他，布莱德雷经过考虑，把米利金调到第 13 装甲师担任师长。随后，他向艾森豪威尔推荐由詹姆斯·范佛里特继任第 3 军军长并得到了同意。范佛里特是布莱德雷的老同学，此前只是一个小小的团长，但他在战斗中表现勇猛，指挥得当，因此，布莱德雷决定提升他。

3 月 9 日，法国阿尔方斯·朱安将军来到布莱德雷设在那慕尔的司令部，向布莱德雷、霍奇斯、辛普森、巴顿、杰罗以及部分空军将领授勋。授勋以后，布莱德雷私下会见了 4 位美国集团军司令，这是布莱德雷第一次有机会与他们会晤。

布莱德雷要求他们保守秘密后，说明了自己下一步的作战计划，即从雷马根桥头堡出发，向卡塞尔右翼发起全面进攻。

巴顿等人听了都很兴奋。布莱德雷提醒他们，这个计划虽然已经向盟军最高统帅部提出，但还没有得到批准，蒙哥马利在北部是主攻，第1集团军仍然要留大概10个师作为战略预备队。最后，布莱德雷鼓励大家说："你们只管前进，不能后退，其余的事情我来处理。"

当天傍晚，布尔从盟军最高统帅部给布莱德雷打来电话，告诉他艾森豪威尔已经批准了他的计划。布尔在电话里大声说："艾森豪威尔要我告诉你，你必须死守雷马根桥头堡，同时争取扩大战果，尽快向前推进。命令你立即动用5个师的兵力，投入作战。"

布莱德雷深受鼓舞，回道："我马上执行任务，5个师不行，我就再增加1个师，争取把这个桥头堡从大桥向前推进16公里，到达前面的公路。"

4天后，也就是3月13日，艾森豪威尔正式下达了书面命令："占领莱茵河东岸的雷马根桥头堡作为立足点，以支援'强盗'和'低音'作战行动，第12集团军群必须固守这一桥头堡，由此出发，向法兰克福挺进。"

这个命令是第二次世界大战中最重要的命令之一。这一次，艾森豪威尔没有跟美、英参谋长联合委员会商量，便对既定战略方针做了重大修改。毋庸置疑，艾森豪威尔的命令将使布莱德雷的辅助作战行动变成主攻。

抢渡莱茵河

为了巩固雷马根桥头堡，并扩大布莱德雷右翼攻势的战果，艾森豪威尔计划对卡塞尔地区进行一次大规模空袭。同时，艾森豪威尔还打算把美军第82、第101空降师，以及英军的1个空降师集中起来进攻卡塞尔，占领一个空降着陆场，以便再运去4~7个正规师。

这次空降和空运行动的主要目的是阻止德军在卡塞尔地区建立防线，以便霍奇斯和巴顿的两个集团军能够顺利向卡塞尔推进。

但布莱德雷反对在卡塞尔地区使用空降部队，这主要是因为，莱茵河上架起的浮桥数量有限，大批部队过河后会再次遇到后勤补给的问题，布莱德雷希望把用来空投部队的飞机转用于运输汽油和其他补给品，而且地面部队可以迅速突进，在空降部队着陆之前就到达卡塞尔。

在布莱德雷的反对下，艾森豪威尔只好搁置了这个计划。

3 月 9 日至 16 日，布莱德雷的部队逐渐扩大了雷马根桥头堡，准备向东南突击。根据形势的变化，布莱德雷又调整了部署，让许布纳的第 5 军在莱茵河担任预备队，柯林斯的第 7 军和范佛里特的第 3 军担任主攻。

由于调整部队耽误了几天时间，布莱德雷和艾森豪威尔都受到了批评，说他们行动太慢，过于谨小慎微。但布莱德雷知道，这是一次重要的作战行动，一旦失败，美军就可能丧失分享最后胜利的机会，绝不能仓促行事。向雷马根突击必须与巴顿的“低音”作战行动配合起来，在巴顿扫荡东南、出击美因茨、渡过莱茵河之前，绝不能冒险从雷马根出击，否则第 1 集团军会走得太远，把翼侧暴露给德军，容易遭受挫折。

除此之外，蒙哥马利发起“强盗”作战行动后，希特勒必然会全力以赴去对付他，到时再从雷马根桥头堡向外突击更为合适。因此，第 1 集团军的行动在一定程度上取决于巴顿的行动。

3 月 13 日，巴顿命令拥有 6 个师的沃克的第 20 军开始实施“低音”作战行动。一天后，加强到 6 个师的埃迪的第 12 军渡过了摩泽尔河。当沃克逼近“西部壁垒”时，首先遇到了德军的顽强抵抗。而远在北部的埃迪只遇到了轻微的抵抗；休·加菲指挥的第 4 装甲师一路势如破竹，向美因茨和沃尔姆斯迅速推进。到 3 月 20 日，巴顿的部队就到达了这两座城市的郊外，德军的“西部壁垒”防线动摇了。

3 月 15 日，共辖 3 个军 14 个师的帕奇的第 7 集团军也在南线发起了进攻。起初，德军的抵抗相当强烈，美军每前进一步都要付出高昂的代价。但当巴顿的部队推进到“西部壁垒”后面时，德军意识到自己被包围了，凯塞林连忙下令撤退。随后，帕奇的进攻开始顺利起来，迅速通过了“西部壁垒”和萨尔。在巴顿和帕奇这两支美军之间，有9万多德军一度被包围，但又巧妙地溜走，撤到了莱茵河东岸。

战事全面展开后，艾森豪威尔因肩负重任，操劳过度，一下子病倒了。参谋长史密斯建议他休息一下，但他放心不下前线的战事，又没有人可以说话，于是就请布莱德雷过来陪陪他。自上次见面以后，布莱德雷已经将近半个月没有见过艾森豪威尔了，他觉得有必要就一些情况当面与艾森豪威尔交流一下。

3月18日，布莱德雷飞往兰斯与艾森豪威尔见面。布莱德雷这次是有备而来，他在闲谈时要求进一步扩大美军在雷马根一带的作战规模。当时他已经把作战行动命名为“航行”作战计划。艾森豪威尔同意让许布纳的第5军渡过莱茵河，使雷马根桥头堡的兵力由5个师增加到10个师。

另外，由于巴顿集团军的进展已经大大超出布莱德雷的预料，所以，艾森豪威尔同意让巴顿也渡过莱茵河，推进到美因茨附近，之后继续向北推进，与霍奇斯的第1集团军在吉森附近会师。接着，两个集团军向卡塞尔合力并进。这样一来，布莱德雷显然不能为蒙哥马利预留10个师的预备队了。

布莱德雷坦率地向艾森豪威尔说明了这个问题。艾森豪威尔为难地说：“如果明确取消这道命令，蒙哥马利一定会找麻烦。”因此，他要求布莱德雷再想想办法。

布莱德雷权衡再三，最后表示，如果蒙哥马利提出要这10个师，他不准备从霍奇斯的第1集团军中抽调，而是从巴顿或德弗斯的集团军里抽调。艾森豪威尔同意了。

3月21日，艾森豪威尔正式批准了布莱德雷的“航行”作战计划，并下令说：“低音”和“航行”作战行动要猛打猛冲，渡过莱茵河，在法兰克福地区建立起坚固的桥头堡，而后全力向东推进，直指卡塞尔。

这下，布莱德雷的心终于踏实了。他陪艾森豪威尔说了一天的话后，赶往巴顿在卢森堡的司令部。巴顿和霍奇斯都在那里等着他，他们一起讨论了“航行”作战计划的最后实施方案。布莱德雷告诉霍奇斯，让许布纳渡过莱茵河，把他的兵力增加到 10 个师，继续扩大雷马根桥头堡。从 3 月 23 日起，开始实施作战计划。

布莱德雷要求巴顿继续前进，在奥彭海姆附近渡过莱茵河。他了解巴顿的个性，开玩笑地对他说：“要跑步前进，首先到达吉森，与霍奇斯会师。如果你在莱茵河受阻，那么作为蒙哥马利预备队的 10 个师就从你的集团军里抽调。”

巴顿知道布莱德雷不只是在开玩笑，他的性格从来就不甘心落后于人，因此更铁了心要打好这一仗。布莱德雷安排完这一切，第二天按照与艾森豪威尔的约定，赶到戛纳与他会合。

头两天，艾森豪威尔的精神很不好，总是睡觉，但稍事休息后，他的精神便开始恢复了。布莱德雷也不再跟他谈论严肃的战事，而是陪他打打桥牌。

3 月 22 日，看到艾森豪威尔已无大碍，布莱德雷心里挂念着“航行”作战计划，于是返回那慕尔。

这一天，巴顿在自己的作战区域内，切断了莱茵河上所有德军的退路，并俘获 1.1 万名德军。这时，巴顿得知第 10 装甲师和第 7 集团军已经接上了头，完成了对德军的包围。战场形势一片大好，巴顿认为不需要再等下去了。在没有真正得到上级授权，没有任何空中支持和地面炮火掩护的情况下，他发出了攻渡莱茵河的信号。

当天晚上 11 时，整编第 5 师以两个营的兵力开始渡河，几乎没有遇到什么抵抗。到第二天拂晓时分，一共有 6 个营渡过了河，伤亡仅 34 人。随后，巴顿又把一个师的兵力运过河去，从而建立起了美军的第二个桥头堡阵地。

起初，巴顿对这次渡河行动保持沉默，3 月 23 日清晨，布莱德雷正在吃早餐，突然接到了巴顿的电话，巴顿在电话里有些神秘地说：“布莱德雷，不要告诉任何人，我已经过河了。”

布莱德雷听了简直不敢相信自己的耳朵，他努力控制自己兴奋的心情，说道："我的天啊！你是说渡过莱茵河了吗?"

"当然，昨天晚上，我的一个师悄悄地渡过河去了，附近的德国兵很少，他们还蒙在鼓里。所以，现在不要公开这个消息，在我们弄清战局发展前景之前，一定要保密。"巴顿在电话那头说。

巴顿说的是实话。埃迪的第12军的第5步兵师在奥彭海姆附近渡过了莱茵河，加菲的第4装甲师紧跟其后。根据"航行"作战计划的规定，布莱德雷当即命令巴顿向奥彭海姆桥头堡调去10个师的兵力。

当天深夜，当巴顿确信自己的部队已经渡过莱茵河，牢牢地站住了脚时，才给布莱德雷打电话。"布莱德雷!"他的声音里充满了胜利的喜悦，随即放开嗓门略带颤抖地高喊，"务必向全世界宣布，我们已经渡过了莱茵河……我要让全世界都知道，我的第3集团军已经在蒙哥马利之前渡过了莱茵河。"

"据说还发生了一件与这次渡河有关的趣事，"巴顿后来写道，"第21集团军群定于3月24日渡过莱茵河。为了迎接这一惊天动地的战斗，丘吉尔先生写了一篇演讲稿，祝贺蒙哥马利元帅发动现代史上第一次攻渡莱茵河的战斗。这篇演讲稿事先已经录制好，之后由于英国广播公司方面的失误，被播放了出去，尽管第3集团军过河已经36个小时了，结果闹出了大笑话。"

布莱德雷马上把这个消息转告艾森豪威尔，艾森豪威尔非常高兴，指示布莱德雷举行一次记者招待会，介绍一下情况。于是，布莱德雷当天就在自己的司令部举行了记者招待会，仔细回顾了"伐木者"和"低音"作战行动，接着介绍了雷马根桥头堡的战斗，最后公布了巴顿在奥彭海姆渡过莱茵河的特大新闻。的确，美军这一仗打得干净利落，在没有空中轰炸及缺乏空降部队支援的情况下，能够渡过莱茵河，是个了不起的战果。

3月23日晚上，蒙哥马利的部队在北面开始大规模强渡莱茵河，展开了与德军的最后决战。

大部队渡河前，艾森豪威尔经过一段时间的休养，直接飞往辛普森的司令部进行视察。他和辛普森向前移动到莱茵河沿岸的贝格的安德森的第 16 军司令部，视察渡河战役的开始。丘吉尔和布鲁克也从伦敦飞抵蒙哥马利设在文洛的司令部，视察英军部队。他们来到登普西的第 2 集团军的阵地，观看莱茵河上的战斗。蒙哥马利指挥的部队开始实施渡河作战计划后，德军起初进行了抵抗，但很快便溃不成军，狼狈逃窜而去，辛普森的第 9 集团军几乎不费吹灰之力就渡过了莱茵河。

在蒙哥马利发起“强盗”作战行动的当天傍晚，艾森豪威尔离开前线，飞往那慕尔会见布莱德雷。他虽然缺乏睡眠，但精神饱满，对战争的进程十分乐观。布莱德雷简要介绍了“航行”作战计划的有关情况，请他确定开始实施的日期，霍奇斯和巴顿正整装待发。艾森豪威尔批准了“航行”作战计划，随后，布莱德雷命令霍奇斯于 3 月 25 日从雷马根桥头堡出击，命令巴顿向法兰克福推进。

艾森豪威尔也致电盟军参谋长联席会议，通报了“航行”作战计划。他在电报中说：“由于第 1、第 3 集团军英勇顽强地冲锋陷阵，使我们以极低的代价赢得了两个桥头堡。这样就可以迅速地扩大战果，便于支援主攻，有助于北部的战斗，从而更有效地扩大战果……北部的所有兵力都已部署完毕，要不了几个星期，他们就能确保占领莱茵河东岸。我正在指挥各条战线展开最强有力的攻势，打算以最快的速度，巩固每一点胜利成果。”

布莱德雷向卡塞尔推进的“航行”计划，进行得异乎寻常的顺利。霍奇斯的第 1 集团军以柯林斯的第 7 军、范佛里特的第 3 军为先锋部队，从雷马根桥头堡向外出击，以惊人的速度向拉恩山谷全力推进。罗斯的第 3 装甲师在 3 天之内抵达吉森，风驰电掣地直指马尔堡。巴顿的第 3 集团军打先锋的是埃迪的第 12 军，他们在发起攻击当天便抵达吉森，按计划与第 1 集团军会师。沃克的第 20 军快速跟进，会师后加入埃迪进攻的行列，两个军一起向卡塞尔进攻。

在这次进军途中，巴顿不听劝阻，在没有事先向上级请示的情况，打算派兵袭击位于法兰克福以东汉梅尔堡的战俘营，因为他的女婿约翰·沃特在突尼斯被德军俘虏后，正关押在那里。部下建议巴顿多派一些军队，但巴顿认为德军不堪不击，只派出一小队人马。结果，营救行动虽然成功了，但也付出了巨大的代价。第一次派出的部队几乎全被消灭，沃特也身受重伤，后来才被另一支部队救出。事后，巴顿受到了艾森豪威尔的严厉批评。出于对巴顿的私人感情及对其作战勇猛、果敢的赞赏，艾森豪威尔没有向马歇尔汇报此事。

不管怎样，对美军来说，长期以英军为主攻的局面终于结束了，美军和布莱德雷以切实的战绩争取到了主导地位。蒙哥马利从此无法再独占鳌头了。

第十二章　凯歌高奏不争功

激战易北河

现在的盟军可以说上下一心，莱茵河之战也告一段落，但战争还远未结束。

1945 年 3 月 26 日，为了彻底征服纳粹德国，布莱德雷、霍奇斯、巴顿在雷马根与艾森豪威尔会晤后，提出了一个作战计划，因为这个计划主要由布莱德雷提出，因此又称为“布莱德雷计划”。不过，布莱德雷并没有独占功劳，他谦虚地承认自己只是提出了计划的重要部分，并补充说这个计划是他和艾森豪威尔共同构想出来的。

在制订计划的过程中，布莱德雷首先考虑的是苏联红军已经推进到波兰华沙附近的维斯杜拉河东岸，正准备发起全面进攻，长驱直入，渡过奥得河①，一举拿下德国法西斯的老巢柏林。为了实现这一宏伟计划，斯大林已经集结了 10 个集团军共 70 个师的兵力，外加 2 个航空兵集团军。这 10 个集团军里有大量摩托化步兵旅，并装备了美式卡车，机动性很强。苏联红军经过波兰进入德国，到达奥得河，沿途的地形平坦开阔，对机动作战非常有利。

苏联红军的攻势令人生畏，仅仅 6 个星期，他们就从奥得河抵达尼斯河。

---

① 奥得河：发源于捷克东北部北摩拉维亚州境内的奥得山北坡，先向北流，在俄斯特拉发以北约 25 公里处进入波兰境内，然后转向西北流，至艾森胡腾斯塔特转向北流成为德国与波兰的界河，最后在什切青附近注入波罗的海什切青湾。

希特勒认为盟军在阿登突出部战役中伤亡惨重，不足为惧，于是从西线抽调兵力部署在东线 320 公里的战线上，以阻挡苏联红军的强大攻势。由于气候转暖、冰雪融化、道路泥泞，加上德军拼死抵抗，苏联红军暂时放慢了进攻的速度。朱可夫的部队强渡奥得河后，在距离柏林 56 公里左右的地区停了下来。此时盟军距柏林还有 160 多公里，随着战线的东移，补给线逐渐拉长，物资供应再度紧张起来。

艾森豪威尔和布莱德雷都认为，在盟军抵达柏林之前，柏林早就落入了苏联的手里。此前希特勒在阿登的反击，使得盟军耽误了 6 个星期的时间。德国已到了大厦将倾的时候，所有人都在等着纳粹政府倒台。但是，百足之虫死而不僵，想要攻占柏林绝非易事，必须付出血的代价。在这种情况下再去拼死抢占柏林，显然是不明智的做法。

他们还考虑到，盟国已经商定，在战争胜利后，德国将分别由美、英、法、苏占领。苏占区将包括直到易北河以西 144 公里范围内的德国东部。布莱德雷不愿意牺牲美军士兵的生命，去换取必须交给苏联的德国领土，因此，他对越过易北河以后的战略，包括占领柏林，并不热心。其次是防止希特勒可能退到德国南部深山负隅顽抗的问题。根据情报部门侦察，希特勒打算在奥地利阿尔卑斯山建立避难所，并在那里指挥游击战争。报告称："阿尔卑斯山由于地形的性质，实际上是无法攻入的。那里有着天然的屏障，有着迄今为止所发明的最有效的秘密武器。在那里，军火在不怕轰炸的工厂中生产，粮食和装备储藏在巨大无比的地下洞穴里，一支精心挑选的年轻部队将接受游击战争训练，那里足以装备和指挥整个地下军从占领国手中解救德国。"尽管这份报告有夸大的成分，但是德军组织"民族堡垒"并不是不可能。所以，布莱德雷坚信，盟军必将在德国南部深山里与德军决一死战。

另外，布莱德雷还担心纳粹分子在德国北部建立堡垒，希特勒可能指挥在荷兰和德国的部队，撤到丹麦、瑞典，直至挪威，在北欧血战到底。

基于以上原因，艾森豪威尔和布莱德雷在制订夺取最后胜利的作战计划时，考虑到柏林是政治目标，所以把它放在很次要的地位。这个计划的基本出发点是，以最快的速度、最低的代价，干净、彻底地全歼法西斯德国的武装力量。在夺取欧洲战场上的决定性胜利之后，再调兵遣将对日作战，全面打败轴心国。

计划的主要内容是：辛普森的第 9 集团军向南推进，霍奇斯的第 1 集团军向北推进，两个集团军形成南北夹击之势，完成对鲁尔区的德军的围歼，最后在帕德博恩－卡塞尔地区会师。之后，辛普森的第 9 集团军立即归还布莱德雷指挥，布莱德雷将指挥第 1、第 3、第 9 集团军，从卡塞尔地区发动大规模全面进攻，穿过德国中部，直抵易北河，与苏军隔岸相对。蒙哥马利将率英国第 2 集团军和加拿大第 1 集团军，掩护布莱德雷的北侧，向北挺进，渡过易北河，直抵丹麦边境。德弗斯的第 6 集团军群将掩护布莱德雷的右翼，同时向东南推进，直抵奥地利。

在这个计划中，布莱德雷被安排在中间作为主力，而在北部的蒙哥马利降到辅助地位，与在南部的德弗斯一样。布莱德雷心里很清楚，对于这个计划，无论是伦敦还是蒙哥马利，都不会感到满意。

正当布莱德雷和艾森豪威尔最后审定这份作战计划时，马歇尔来电建议他们用几个强大的纵队，沿卡尔斯鲁厄－慕尼黑或纽伦堡－林茨一线，以正面突击向东推进。这是一个侧重于向东南推进的作战行动，与最后的计划有些不同。但是，从马歇尔的来电可以看出，他已经同意了最后的作战计划，只是对一些细节问题有所改动。这使布莱德雷和艾森豪威尔颇为高兴。

3 月 28 日上午，布莱德雷下令开始实施该计划攻占鲁尔区的第一步；同时，柯林斯的第 7 军在马尔堡、范佛里特的第 3 军在他的右翼向前推进。布莱德雷告诉霍奇斯，让柯林斯掉头向北，全力以赴向帕德博恩推进。打先锋的是罗斯的第 3 装甲师，他的部队在一天内急行军 144 公里，是这场战争中一天行程最远的一次，创造了辉煌的战绩。4 月 1 日，罗斯的部队占领了帕德博恩。不幸的是，罗斯在这次战斗中牺牲了，使得这场光辉的胜利黯然失色。

就在布莱德雷命令霍奇斯掉头向北，突击帕德博恩时，艾森豪威尔收到了蒙哥马利的一封信。蒙哥马利在信中概述了他的作战计划，即以最快的速度，全力以赴地向易北河一线推进，并夺取通向柏林的高速公路。由于攻占柏林的机会已经让给了苏联，所以艾森豪威尔有意限制蒙哥马利向莱茵河进军，他不仅不让蒙哥马利指挥美军第 9 集团军，还清楚表明盟军的主要突击方向不是柏林，而是莱比锡和德累斯顿。他甚至打电话通知蒙哥马利说："你与布莱德雷在卡塞尔－帕德博恩地区会师后，应马上把第 9 集团军归还布莱德雷指挥。布莱德雷将负责攻占鲁尔区，并肃清那里的残敌，紧接着沿埃尔富特－莱比锡－德累斯顿一线发起总攻，直到与苏联红军会师。你的任务是掩护布莱德雷的北翼……德弗斯掩护布莱德雷的南翼，并准备在战局许可时继续前进，与苏联红军在多瑙河会师。"

为了协同与苏联红军的行动，艾森豪威尔还通过美国驻莫斯科军事使团，给斯大林捎去了一封私人信件，把计划通知了斯大林，并要求了解苏联的作战计划。

艾森豪威尔还将此信抄送盟军美、英参谋长联合委员会，这是他第一次正式公布他与布莱德雷制定的新战略。

不出所料，这个战略刚一公布，立即在伦敦引起了强烈反响。在布鲁克的指使下，英军参谋长们联名致电马歇尔，首先指责艾森豪威尔直接与斯大林打交道，而后从军事上对新战略提出指责，说这个作战计划贬低了占领德国北部海港的必要性。丘吉尔也认为这个作战计划有两大缺点：

首先，如果实施这个计划，蒙哥马利的第 21 集团军群在北部的作用将被降到无足轻重的地位。

其次，在柏林问题上，不能仅从军事上考虑，还要从政治上认识到这座城市的重要性，让苏联独自占领柏林是完全错误的。

但艾森豪威尔坚持要从军事上考虑最后的作战计划，他据理力争，逐条解释。对于把柏林留给苏联红军的决定，艾森豪威尔毫不含糊地表明了自己的观点，他写信给马歇尔说："柏林本身再也不是一个特别重要的目标了，现在最重要的是要大量地歼灭德军。"

艾森豪威尔对蒙哥马利说得更直接："在我看来，柏林除了它的地理位置之外，已无任何意义。我对它一点也不感兴趣。”

关于把第 9 集团军归还布莱德雷，以及在中部向莱比锡发起主攻的理由，艾森豪威尔明确指出，这样安排并没有忽视蒙哥马利在北部战线的作用，实际上，蒙哥马利的任务十分艰巨，他不仅要攻占德国北部的港口，而且要渡过易北河下游，占领卢贝克，并在基尔运河一线封锁丹麦。

最后，罗斯福出面调解了这场争论。4 月 1 日，罗斯福给丘吉尔写信说：“马歇尔全面衡量了这个作战计划，认为它是适当的、正确的。他本人完全支持艾森豪威尔。我们就不要在这个问题上争论不休了。”

罗斯福的话一锤定音，英国终于让步，争论宣告收场。

4 月 4 日，夜里 12 时刚过，艾森豪威尔按作战计划命令辛普森的第 9 集团军归布莱德雷指挥。布莱德雷高兴极了，这样第 12 集团军群便拥有了 4 个集团军，约 130 万兵力，这是第二次世界大战期间，也是美军史上最大的一个集团军群。布莱德雷马上把司令部从那慕尔迁到卢森堡，以便就近指挥部队。

布莱德雷的当务之急是扫荡鲁尔区。据情报估计，在鲁尔区被包围的德军约有 15 万人（实际上更多），由莫德尔指挥。布莱德雷命令辛普森和霍奇斯派 3 个加强军执行这一扫荡任务，余下的部队积极准备向易北河和穆尔德河前进。在美军的强大攻势下，被围困在鲁尔区的德军很快就崩溃了，不战而降，约有 32 万人被俘。莫德尔见大势已去，跑到一片树林里开枪自杀了。

布莱德雷分秒必争，继续挥师东进，从卡塞尔到易北河，共推进了 190 公里。他把第 1、第 3、第 9 集团军部署在南北长达 230 公里的战线上。霍奇斯的第 1 集团军在这次攻势中担任主攻，目标是位于穆尔德河以东 19 公里的莱比锡。辛普森向易北河挺进，占领对岸的桥头堡，并准备向柏林或东北方向继续挺进。巴顿的主攻目标是克姆尼茨地区的穆尔德河。

按照计划，新的进攻应在 4 月 14 日前后开始实施，目标为鲁尔区的德军完全被歼灭，不再对后方构成威胁。但布莱德雷已经等不及了，早在歼灭鲁尔区口袋里的德军前，他就派出了许多小部队，轻装向东挺进，实际上已经正式发动了进攻。因此，到4月6日至7日，担负新的作战任务的各个部队，大多数已经开始行动，并且基本没有遇到什么抵抗，进展比较顺利，只有少数部队遇到了决心死战到底的小股德军的反抗。柯林斯的第7军不太幸运，在哈尔茨山脉遇到了约7万德军的顽强抵抗，经过整整一个星期的激战，他们才终于使德军举手投降。

到4月13日，3个集团军的先遣部队都已抵达易北河或穆尔德河一线。辛普森的第2装甲师首先抵达易北河畔的马格德堡南部。4月14日，吉勒姆的第13军抵达距柏林不到85公里的易北河畔的维藤堡和唐格明德。辛普森抢占了易北河对岸的一个桥头堡，第2装甲师首先渡过易北河，第30步兵师的部分部队也渡过易北河，加强已占领的桥头堡。当天，第83步兵师的先头部队在偏南几公里的巴比渡过了易北河，牢牢地守住并扩大了桥头堡。至此，德军在易北河的防线已被全线突破。

抵达易北河后，布莱德雷准备开始实施东进作战计划的第二阶段，阻止德军向阿尔卑斯山和挪威溃逃。艾森豪威尔也来到布莱德雷的司令部，对这些计划进行最后的复审。

蒙哥马利对这一作战计划毫无热情，他虽然在莱茵河桥头堡集结了20个英国师和加拿大师，以及1500辆坦克，沿韦塞尔－汉堡一线朝东北方向进攻，但进展非常缓慢，如同蜗牛一般。4月11日，当辛普森的先头部队抵达易北河畔时，登普西的先头部队才到策勒，离易北河还有96公里。很明显，蒙哥马利对放弃柏林和失去第9集团军耿耿于怀，因此对这次行动没有兴趣，更缺乏紧迫感。

为了让蒙哥马利尽快行动起来，布莱德雷和艾森豪威尔乘飞机去看望了他。当天，蒙哥马利、登普西、辛普森和布莱德雷举行了会晤，协商最后的作战计划。蒙哥马利再次对作战计划提出了异议，他自信地说，他抵达卢贝克后，转向东南去攻打柏林是非常容易的事情，但不知道为什么不允许他这样做。

布莱德雷认为，蒙哥马利的一通牢骚，实际上是对他所担负任务的不满。蒙哥马利表示愿意在最后胜利之际，只承担封锁丹麦边境的任务。布莱德雷当即指出："攻占柏林的计划早就被取消了，并征求过你的意见。现在的问题是，我们应如何完成既定的作战计划。"

蒙哥马利顿时哑口无言。为了给蒙哥马利一个台阶下，布莱德雷提出，蒙哥马利可以不再承担掩护第 12 集团军群北翼的任务，而且，如果蒙哥马利在渡河时有困难，辛普森的第 9 集团军可以随时调拨给他使用。蒙哥马利知道继续纠缠这个问题毫无意义，他拒绝了布莱德雷的提议，反而说："如果你们不同意我的意见，那么索性把辛普森在易北河的战线往北推一点，我们就可以节省出兵力，完成其他任务。"

布莱德雷考虑了一下，在征求辛普森等人的意见后，当即表示同意。随着战局的发展，攻克柏林的问题再次提到了盟军的议事日程上。

4 月 11 日，苏联红军并没有按照预定时间对柏林发起总攻。此时盟军已经接近了柏林，辛普森的部队已经进抵到距柏林不足 100 公里的地方，他的 3 个军 13 个师共计 33 万人马，随时可以向柏林进发。辛普森本人对攻打柏林也有点跃跃欲试，他多次请示布莱德雷说，如果命令下达，他马上可以派麦克莱恩和吉勒姆的 2 个军向柏林发起进攻。

这显然有很强的诱惑力，布莱德雷努力克制着自己。尽管辛普森已逼近柏林，但仍然存在很多问题，不容有半点疏忽。各个部队从莱茵河起，已经向前推进了 362 公里，补给问题日益突出，尤其汽油更为缺乏。据布莱德雷估计，攻打柏林还得付出 10 万美军士兵的生命，美军显然还没有做好准备。

艾森豪威尔也赞同布莱德雷的分析，所以他下了最后决心，让苏联红军去攻打柏林，只有在苏联红军无力攻克时，盟军才去直接进攻柏林。

布莱德雷确定了基本的战略后，把注意力转向南部战线，以摧毁希特勒在阿尔卑斯山的防御阵地。本来布莱德雷打算让霍奇斯的第 1 集团军去执行这项任务，但巴顿的第 3 集团军已经抵达莫德尔河一线，距离阿尔卑斯山很近，所以，布莱德雷决定让巴顿继续向东南推进，直抵林茨和多瑙河。德弗斯负责掩护巴顿的右翼，通过纽伦堡和慕尼黑向东挺进。

4 月 12 日，艾森豪威尔和布莱德雷飞往巴顿设在赫斯费尔德的司令部，当面向巴顿下达了作战任务。当天晚上，他们在巴顿的司令部住下。巴顿渴望率领部队进攻柏林，甚至在很多场合发过牢骚，说一旦允许，他将要进军柏林。借此机会，艾森豪威尔也反复劝说他，攻打柏林没有什么战术和战略价值。但艾森豪威尔的话犹如“对牛弹琴”，巴顿根本听不进去，他当面对艾森豪威尔说：“艾克，我不明白你是怎样想的。我们最好攻占柏林，再迅速东进，打到奥得河。”

这天晚上，他们三人一直谈到深夜，直到午夜时分才各自回房睡觉。巴顿回到他的指挥室，打开收音机，调到英国广播公司的频道收听定时节目。一位播音员正在播送一份惊人的新闻公报：罗斯福总统去世了。巴顿急忙跑到布莱德雷的房间，告诉他这个消息。布莱德雷顿时睡意全无，立即穿好衣服，和巴顿一起来到艾森豪威尔的房间。

罗斯福总统是一位极具影响力的政治家，尤其深受美国军人的爱戴。他们为罗斯福总统没能看到大战结束而深感惋惜，三人沉浸在悲痛之中，相对无言。

罗斯福总统病逝后，哈里·杜鲁门[①]继任总统。他缺乏与丘吉尔、斯大林打交道的经验，在处理军务时常常征询马歇尔的意见。4 月中旬，经马歇尔推荐，霍奇斯和巴顿被提升为四星上将。不久，米德尔顿、沃克、海斯利普、吉勒姆、柯林斯等几位军长也荣升为三星将军。

最后的胜利

回首历史长河，每一个国家、每一个时代，都要经历“萌芽——发展——高潮——衰亡”的过程。法西斯也是如此，如今纳粹德国已经回天乏术，到了濒临崩溃的边缘，再也没有起死回生的能力了。苏联红军与柏林的距离越来越近，兵败如山倒，希特勒心里明白，他的末日马上

---

① 哈里·杜鲁门（1884—1972）：美国民主党政治家、第 32 任副总统，在罗斯福总统因病逝世后成为第 33 任美国总统。任期内出现了很多产业纠纷、丑闻以及苏联间谍案，导致声誉受损，最后只得放弃竞选连任，但今天的历史学者仍视他为最出色的美国总统之一。

就要到来了。

根据古德里安后来在军事法庭上交代，希特勒在最后时刻和他围绕苏联战场的形势大吵了两个小时。愤怒的希特勒下了一道总命令，把德国的军事、工业、运输和交通设施以及所有储备物资统统毁掉，以免落入敌人之手。命令最后说："一切指示与本命令相抵触者均属无效。"这就是说，所有能使德国人民在战败后维持生存的东西都不能保留。

与此同时，纳粹还发出了一道同样野蛮的命令——将德国东部和西部的人口，包括外国工人和战俘在内，移至德国中部。这样一来，数以百万计的人必须徒步行走。对他们的生存，没有准备任何东西，而且也没有办法准备。假如这一命令得以实施，数以百万计的没有在战场上死去的德国人，将在这次迁徙中死去。

而德国人民之所以能够幸免于难，除了盟军进展神速之外，还多亏了斯佩尔和一些军官的努力。他们直接违抗希特勒的命令，四处奔走，以免那些死心塌地服从命令的军官和纳粹党徒炸毁重要的交通设施、工厂和商店。

为了尽快攻占柏林，迫使德国无条件投降，苏联红军制订了完善的计划，他们调动了大量军队，包括白俄罗斯第 1、第 2 方面军和乌克兰第 1 方面军，总兵力在 250 万人以上。他们还拥有 41 600 门大炮和迫击炮、6250 辆坦克和强击火炮、7500 架飞机。

希特勒心里很清楚，柏林是守不住了，但他并不打算投降，他要血战到底。为此，他下令当地居民、战俘和被强制到德国服劳役的外国工人，在奥得河一线和柏林周围构筑防御工事。他们在柏林以东建成了三道防御阵地：第一道北起沃林湖东岸，沿奥得河延伸到尼斯河一线；由此往西 15 ~ 30 公里是第二道防线，以泽劳弗高地为主要阵地；再往西 15 ~ 30 公里为第三道防线。此外，环绕柏林城筑成了三层防御圈：最外一层距离市中心为 38 ~ 65 公里，沿着当地的湖泊、河川构成；第二层距离市中心 20 ~ 30 公里，主要利用郊区的森林筑成；第三层沿着柏林的环城铁路修建而成。他们还把柏林市区划分成 9 个防御区，分兵防守。希特勒集结到柏林附近的兵力将近 100 万人，在柏林市内还组织了近20万人的守备队。

1945年4月15日，美军发起最后的总攻。蒙哥马利在北部继续向易北河挺进，渡河之后，向基尔－卢贝克一线突击；在中部，布莱德雷命令第1、第9集团军扼守易北河与穆尔德河，建立牢固的桥头堡；在南面，布莱德雷命令巴顿“奋力向前推进”，在多瑙河与萨尔斯堡和苏联红军会师。德弗斯也将向南进攻，以掩护巴顿的右翼。扼守易北河的辛普森感到灰心丧气，他离柏林仅咫尺之遥，却一直不能发动进攻。

4月16日，苏联红军开始向柏林发起总攻。朱可夫从奥得河发起攻势，科涅夫强渡尼斯河，这两个方面军把柏林围得水泄不通，隔绝了柏林与外界的一切联系。

太阳从乌云背后探出了笑脸，布莱德雷把注意力集中在巴顿的多瑙河战役上，这是美军在欧洲战场上的最后一场大战。他对兵力部署进行了调整。考虑到第8军军长米德尔顿的左膝受到关节炎的折磨，他决定把第8军调到霍奇斯的第1集团军，而把范佛里特的第3军从鲁尔区调到巴顿的第3集团军。

另外，第12军军长埃迪因患有高血压和心脏病，身体每况愈下，经常在阵地上晕倒、休克。布莱德雷决定把他送回国去治疗，并欢迎他康复后随时归队。第12军军长由埃迪手下的第5装甲师师长勒鲁瓦·欧文继任，欧文对第12军的情况比较熟悉，很快就上手了。

4月19日，巴顿展开了行动，指挥第3、第12、第20军飞速向东南挺进，一个星期之内，3个军已经全部抵达多瑙河畔。沃克和范佛里特率领的2个军在渡过多瑙河后，分别向林茨和萨尔斯堡进军，只有欧文的第12军仍留在多瑙河北岸。

在巴顿的右翼，德弗斯的第6集团军群向东南推进，穿过纽伦堡，直指奥地利边境。帕奇的第7集团军也在纳粹党徒的老巢纽伦堡打了一场硬仗，于4月20日占领了纽伦堡。帕奇的右翼是法军德·塔西尼的第1集团军，德·塔西尼从黑森林发起攻击，通过斯图加特，直逼瑞士和奥地利边境。

布莱德雷大刀阔斧地调整部署，让海斯利普的第15军承担范佛里

1945 年 4 月 16 日，进入德国纽伦堡的美军

特的第 3 军的任务，攻击萨尔斯堡和贝希特斯加登①附近的希特勒秘密隐蔽所。

几天后，马克·克拉克的第 15 集团军群从意大利向北进军，在布伦内罗山口与布莱德雷的部队会师。

在与德军的最后决战中，布莱德雷的部队进展迅速，行动果敢，以很小的伤亡全歼了德国南部的敌人，并攻占了慕尼黑、斯图加特和纳粹党的两个重要圣地——纽伦堡和贝希特斯加登，扩大了美军的占领区，进一步巩固了战线。

4 月 20 日，苏联红军开始炮轰柏林。从 4 月 21 日开始，白俄罗斯第 1 方面军从东面和北面、乌克兰第 1 方面军从南面和东南，面向柏林突击，与德军在郊区展开激战，并冲入柏林市区。在柏林市内激烈巷战的

---

① 贝希特斯加登：位于德国巴伐利亚州东南部的阿尔卑斯山脚下，距离奥地利萨尔斯堡 20 公里。

同时，德第 9、第 12 集团军和第 4 装甲集团军很快被苏联红军消灭了。

柏林到处火光冲天、炮声隆隆，红军战士在威力极大的炮群和坦克支援下，人人奋勇向前，到 4 月 29 日，红军战士已推进至市中心。

苏军攻克柏林，红军战士把胜利的红旗插到柏林国会大厦。1945 年 5 月，德国法西斯宣布无条件投降

值此生死存亡的关键时刻，希特勒命令党卫军向柏林南郊的苏联红军发起全面反攻，同时要求柏林的所有德军必须全部投入战斗。他在命令中说："所有按兵不动的司令，都要在 5 小时内被处决，保证只剩最后一个人也要投入战斗！"

然而，希特勒显然要失望了，德军大多数官兵选择了逃生，连希特勒身边的指挥官也跑得无影无踪了。希特勒绝望地尖叫道："末日来临了！所有人都背叛了我。除了背叛、撒谎、腐化和懦弱之外，什么也没有。一切全完啦！"

这时，有人劝希特勒离开柏林，到南方去，因为那里还有大量完整的集团军，还可以组织抵抗。但希特勒已经没有这个勇气了，他决心留在柏林，和他的第三帝国一起走向灭亡。他叫来秘书，当场指示：元首将留在柏林，保卫到底。然后下令把这一指示向德国和全世界广播出去。

出乎希特勒意料的是，危难时刻，第三帝国的第二号人物戈林和最忠诚的党卫队全国总队长希姆莱也背叛了他。4 月 23 日，戈林从上萨尔斯堡给希特勒来电询问他现在能否接管德国的全部领导权。希特勒气得浑身发抖，当即下令解除戈林的职务，并命令党卫军就地逮捕他。希姆莱则背着希特勒悄悄与美国方面联系，表示德国愿意投降。希特勒快被气疯了，他冲着人群不断喊叫："把他们统统枪毙！把他们统统枪毙！"希特勒焦躁不安地度过了生命中的最后几天。

眼下，布莱德雷最关心的是与苏联红军会师的问题，因为和德军的彻底崩溃一样，盟军与苏联红军会师同样是非常重要的问题，也是最后胜利的象征。每一支部队都迫切希望先与苏联红军会师，因为这是具有历史意义的事件。最后抢得头功的是霍奇斯的第 1 集团军。

原来，早在 4 月 23 日，霍奇斯手下的第 69 步兵师师长埃米尔 · 莱因哈特少将就与武尔岑市市长进行了投降谈判。武尔岑在穆尔德河东岸的莱比锡正东面，该师的第 273 步兵团在 4 月 24 日渡过穆尔德河，接管了这座城市。

易北河与穆尔德河的汇合处是德绍，南距武尔岑 60 多公里。盟军与苏联红军初步商谈时，曾决定以易北河为分界线，后来考虑到穆尔德河较易北河的正南正北方向更为明显，于是，盟军提出在德绍以南，以穆尔德河为分界线。对于这个小小的变动，苏联红军没有立即通知他们的前线部队。

让人迷惑不解的是，第 273 步兵团在向武尔岑推进时并没有发现苏联红军，为此，团长查尔斯 · 亚当斯专门派出一支巡逻队，由阿尔伯特 · 科茨布带领，从武尔岑向东寻找苏联红军。由于时间已晚，他们没走多久，天就黑了下来，只好回来过夜，准备第二天继续寻找。

4 月 25 日，第 273 步兵团的巡逻队继续寻找苏联红军，上午 11 时

30分，巡逻队走了大约10多公里后，发现了一个苏联骑兵正被几个外国劳工包围着。科茨布马上带着翻译走过去，询问他的指挥官在哪里。苏联骑兵向东挥了挥手，示意其中的一位波兰劳工当向导，接着便疾驰而去。

在波兰劳工的带领下，科茨布向易北河畔的斯特雷拉走去。通过望远镜，他看见河对岸有许多苏联士兵，于是打了几发绿色信号弹，然后带队登上一艘抢来的帆船过了河。在易北河东岸，一名苏军少校和另外两名苏联人会见了科茨布，这是苏联红军和美军第一次正式见面。此后，该团的另外几个巡逻队也先后与苏联红军在易北河畔接触。4月26日，莱茵哈特与苏联红军第58步兵警卫师师长弗拉基米尔·鲁萨科夫将军在托尔高正式会面。

布莱德雷对霍奇斯的第1集团军首先与苏联红军会师感到由衷的高兴。

美军和苏联红军在托尔高正式会师后的第二天，为了在该地区与苏联红军广泛接触，布莱德雷命令许布纳的第5军从卡尔斯巴德－比尔森一线，向南推进，直到捷克斯洛伐克边境地区。

4月28日晚上，希特勒在地下室里收到消息：朱可夫的部队离总理府只有一条街了，可能在30个小时以后，即4月30日早晨发起突击。于是，他做出了他一生中最后一个决定——在黎明时与他的情妇爱娃·布劳恩结婚。结婚仪式很简单，气氛也非常凄凉。希特勒回顾了自己传奇的一生，痛斥了那些背叛他的朋友和支持者。4月30日早晨，希特勒指定海军元帅卡尔·邓尼茨[①]作为他的继承人，组建新政府。他已经做好了自杀的准备。随后，他像往常那样细嚼慢咽地吃了早餐，然后把新婚妻子叫到身边，一起和身边的人道别。接着，他带着爱娃回了卧室。

---

① 卡尔·邓尼茨（1891—1980）：德国海军元帅，“二战”期间曾任德国海军总司令、总统兼武装部队最高统帅，发明了“狼群战术”，使盟军损失了2491艘舰船。希特勒自杀前在遗嘱里任命他为德意志帝国总统和国防军最高统帅。

戈培尔、马丁·鲍曼[1]等希特勒的铁杆“粉丝”守在元首的卧室外。下午3时30分，卧室里传来一声枪响，之后就是死一般的沉寂。希特勒的亲信戈培尔、鲍曼等人轻轻推开门走进去，只见希特勒的尸体趴在沙发上，还在流血。他对着自己的嘴开了一枪。爱娃躺在他的身旁，手里还有残留的毒药。第二次世界大战罪有应得的元凶之一，终于魂归西天。

由于战事紧张，众人把希特勒和爱娃的尸体搬到花园里焚化。火焰升起时，在场的纳粹党徒纷纷举起左手，跟他们的元首告别。仪式还未结束，苏联红军的炮弹又落在了花园里，纳粹们四散逃命。

同一天，李奇微命令第82空降师强渡易北河，其他部队也随后跟进。过河后，李奇微没有停下来休息，马上下令朝东北方向疾驰近百公里，直抵维斯马。他们赶到了苏联红军的前面，抢先俘获了36万名德国官兵，其中包括大约50名将级军官。

第82空降师是布莱德雷的老部队，他曾经担任该师师长。听说自己的旧部俘获了德军整个集团军群和全部装备，他十分兴奋，为他们的辉煌战绩感到自豪。

在北部，蒙哥马利缓慢地向前推进。登普西的第12军于4月27日攻占了不来梅，但因弹药消耗量过大，蒙哥马利只得推迟了横渡易北河攻占卢贝克的计划。直到艾森豪威尔派李奇微前来增援，加上柏林陷落、希特勒丧命，蒙哥马利才重新开始行动，登普西迅速拿下了卢贝克，逼近基尔。

莱茵河到卢贝克一战是蒙哥马利指挥的最后一次战役，也是最能体现他谨小慎微的指挥风格的一次战役。也许是他不想在最后关头出现失误，毁了自己的“一世英名”，在整个战役中，他的态度很不积极，一切都按照常规进行，就连追击敌人也显得有些漫不经心。

到1945年5月1日，美军第1、第9集团军已经跨越了穆尔德河和

---

① 马丁·鲍曼（1900—1945）：纳粹党秘书长、希特勒私人秘书，掌握着纳粹党的钱袋子，人称“元首的影子”。“二战”结束后，他神秘失踪，但纽伦堡国际法庭仍然在1946年10月判他死刑。

易北河，并按照命令停在那里。在南部，第 7 集团军已经深入巴伐利亚和奥地利。在北部，蒙哥马利的部队已经接近汉堡和吕贝克。巴顿的第 3 集团军也已经前进到奥地利和捷克斯洛伐克，但是他被禁止进入首都布拉格，这是艾森豪威尔做出的一个有争议的决定之一。

在丘吉尔的煽动下，英军参谋长们敦促美国参谋长联席会议强迫艾森豪威尔在苏联红军到达以前，解放布拉格和捷克斯洛伐克。杜鲁门为此征询马歇尔的意见，马歇尔就此事询问艾森豪威尔，艾森豪威尔表示，他认为苏联红军会在巴顿到达之前解放布拉格，因此他选择让第 3 集团军停在比尔森附近的战前边界。马歇尔支持他的决定，“就我个人来说，抛去后勤的、战术的或是战略的影响，我不愿意为了纯粹的政治目的而拿美国人的生命冒险”。

但是，第 3 集团军已经占领纽伦堡，前进到多瑙河，而且跨越捷克斯洛伐克边界几个星期了，他们已经做好了向捷克斯洛伐克和奥地利进军的准备。巴顿恳求批准他继续前进，但是被坚决回绝，他的上级画了一条界线，未经允许，第 3 集团军不得越过这条线。布莱德雷以为可以在 24 小时之内解放布拉格。5 月 4 日，艾森豪威尔终于授权第 3 集团军越过捷克斯洛伐克的边界，但是不许超过比尔森。同一天，美军第 7 集团军和从意大利向北挺进的第 5 集团军在奥地利的伯伦纳山口会合。

布莱德雷知道巴顿可能会违抗命令，于是在 5 月 6 日打电话重申了艾森豪威尔的命令。“听着，乔治，停下！”巴顿勉强遵从了。这个决定导致了丘吉尔一直担心的事情。一场由捷克斯洛伐克抵抗力量组织的反对布拉格党卫军的起义被残酷镇压了，当时第 3 集团军距现场仅 60 多公里，却被命令不得干预。

在意大利，德军指挥官冯·维廷霍夫不顾希特勒战斗到底的命令，在 5 月 2 日率部向盟军无条件投降。

5 月 5 日，苏联元帅科涅夫①邀请布莱德雷参加他们举办的一次庆

① 科涅夫（1897—1973）：苏联元帅，在“二战”中与朱可夫、罗科索夫斯基并称为苏联陆军的“野战三驾马车”之一。擅长步炮协同作战，能把强大的炮兵火力和步兵高速度下出其不意的进攻完美地结合起来。

贺胜利的宴会。出于友好和好奇心，布莱德雷接受了邀请，还带去了一辆崭新的吉普车作为礼物。宴会在易北河东岸托尔高附近的科涅夫方面军司令部举行，身材魁梧的科涅夫用丰盛的食物、伏特加和葡萄酒盛情款待盟军的高级指挥员，并请了一个芭蕾舞团来助兴。宴会后，科涅夫赠给布莱德雷一匹哥萨克良马和一支枪柄雕刻精美的俄式手枪。

当时，第三帝国的政府已由德国海军元帅邓尼茨接管。他努力拖延时间，想把德军和平民百姓从苏占区转移到盟军占领区。但艾森豪威尔拒绝拖延，邓尼茨只好派代表到盟军司令部商量投降事宜。

1945 年 5 月 7 日凌晨 2 时 41 分，德国政府代表在盟军最高统帅部作战室签署了无条件投降书。早晨 5 时左右，艾森豪威尔用电话通知布莱德雷："一切都已顺利完成，德国已经签署了投降书，我们正在打印传真公报。"

当时布莱德雷住在福斯特诺夫饭店的"鹰"战术司令部里，他马上把这个令人振奋的消息通知他的 4 位集团军司令巴顿、霍奇斯、辛普森和杰罗。战争终于结束了，所有人都欢呼起来。布莱德雷克制住激动的情绪说："德国的投降书还未生效，你们要坚守岗位，提高警惕，不要冒险，以免造成不必要的伤亡。"

但是，斯大林对兰斯投降仪式感到不满，认为在兰斯签署的投降书只是德国法西斯武装力量无条件投降的初步议定书，只有记载德国法西斯军队真正投降，并停止在东、西方的任何抵抗的文件，才算是最终文件。

确实，兰斯投降书签署后，东线的德军还在继续抵抗。5 月 7 日早晨，苏军总参谋长安东诺夫发函要求 5 月 8 日在柏林正式签署无条件投降书，用来代替在兰斯签署的临时议定书。

艾森豪威尔很快做出了答复，同意盟军代表们于 1945 年 5 月 8 日赴柏林签署德国武装力量无条件投降书。

5 月 8 日，苏联元帅朱可夫在柏林主持了正式的德国无条件投降仪式，凯特尔元帅代表德国政府在投降书上签了字。

军事投降书的内容如下：

一、我们这些签名者代表德国最高统帅部，同意我们的陆、海、空军所有的武装力量以及现在由德军统帅部指挥的一切力量向盟国远征军最高统帅部，同时向红军最高统帅部无条件投降。

二、德国统帅部要立即命令陆、海、空军所有的司令官和德军统帅部指挥下的所有兵力，于 1945 年 5 月 8 日中欧时间 23 时 01 分停止军事行动，停留在此时他们所在地点，彻底解除武装，向当地的盟军司令官或作为盟军最高统帅部代表的军官移交他们的全部武器与军用物资，不许破坏与损坏机车、轮船、飞机及其发动机、躯体及有关设备，以及作战用的车辆、装备、仪器和一切军事技术装备。

三、德军最高统帅部要立即派出合适的指挥官，保证执行盟国远征军最高统帅部和红军最高统帅部以后所发布的一切命令。

四、本投降书将不妨碍盟国或以它们名义签订的、适用于整个德国与德国武装力量投降的其他总文件进行替换。

五、若德国最高统帅部或其指挥下的某一武装力量不按这一投降书形式，盟国远征军最高统帅部以及红军最高统帅部将采取他们认为必要的惩罚措施或其他行动。

该投降书自 1945 年 5 月 9 日 0 时开始生效。

至此，欧洲战事彻底结束了。回首这场旷古未有、惨绝人寰的人类大浩劫，布莱德雷不禁思绪万千，心潮难平。欧洲战场上的一幕幕，就像电影的慢镜头似的一一在他的脑海再现：炮火纷飞，士兵们端着枪冲锋陷阵；枪林弹雨，士兵们一个接一个地倒在地上；在炮弹无情的轰炸下，士兵们残肢横飞，血肉模糊；在坦克冷漠的外壳前，士兵们脑浆迸溅、肝胆涂地……美军的鲜血染红了大半个欧洲，美军的足迹遍布各个战场，纳粹德国的灭亡有美国人的一份功劳！胜利的喜悦无法掩盖残酷战争所带来的伤亡，布莱德雷内心悲喜交加，他深深地明白取得这场战争胜利的艰辛和代价，这份喜悦来之不易！

第十三章　发挥余热解危机

战后的人生转折

时间如白驹过隙，温柔的春姑娘刚刚拎着裙角离开，火辣辣的夏小伙就奔过来了。对德作战胜利后的一段时间，布莱德雷事务繁杂，整天忙于应酬。

1945 年 5 月 17 日，作为一种军事礼节，布莱德雷邀请科涅夫前来卡塞尔参加聚会，以答谢几天前苏联的盛情款待。为了活跃聚会的气氛，布莱德雷专门邀请陆军专业演出队前来表演，为会议助兴。但他觉得这些节目都无法与苏联芭蕾舞团相媲美，于是又临时增加了一个吉特巴舞，这种舞由 5 名护士和陆军妇女队员以及 5 名士兵表演，有点接近俄罗斯民族舞，科涅夫看得津津有味。

在招待会上，按照外交礼节，科涅夫宣读了斯大林的指示，然后将一枚苏联一级苏沃洛夫勋章别在布莱德雷的胸前。

招待会接近尾声时，艾森豪威尔突然从他的司令部兰斯打来电话，非常认真地说："布莱德雷，我知道你今天正忙于接待科涅夫，等他离开后，你马上到我这里来，在我这里过夜，我有事要和你商量。"

布莱德雷正沉浸在喜悦之中，一时搞不清楚发生了什么事情，但从艾森豪威尔的口气，他感觉事情非同一般。科涅夫走后，他马上起程飞往兰斯。当他来到艾森豪威尔的司令部时，艾森豪威尔正坐在安乐椅上，悠闲地和他的部下喝酒。见到布莱德雷后，艾森豪威尔把一份电报向他挥了挥，说："布莱德雷，你最好先把这杯烈性酒干了，再看看这份电报。”

布莱德雷端起一杯威士忌一饮而尽，然后坐下来看电报。原来，这是马歇尔发给艾森豪威尔“亲启”的一份密电，里面全是令人震惊的消息。最重要的消息是，马歇尔说他打算“催促”杜鲁门总统在两个月内免去他的职务。这个消息来得很突然，布莱德雷和艾森豪威尔一直以为在打败日本之前，马歇尔不会退职。这意味着艾森豪威尔将被召回国内，接替马歇尔出任陆军参谋长。这对艾森豪威尔来说也是个很意外的消息，因为他早就明确表示过，他对陆军参谋长这个职务不感兴趣。

第二个消息是关于布莱德雷本人的。马歇尔已经想好了要给布莱德雷安排的新工作。他在电报中说，杜鲁门正在着手处理退伍军人管理局的问题，并且希望任命一位具有相当资历和威望的人来领导这个单位，时间可能是一至两年。杜鲁门指名让布莱德雷来担任，马歇尔同意了。

布莱德雷失望极了。首先，他一点也不了解退伍军人管理局，更不想干这种与军事无关的费力不讨好的工作。他宁愿在太平洋战区降职当个集团军司令。如果非要去华盛顿坐办公室，他感兴趣的只有陆军参谋长一职。然而，这是由总统提名、马歇尔也赞成的任命，他又怎么可能拒绝呢?

当天晚上，布莱德雷和艾森豪威尔互相吐露了各自的想法。艾森豪威尔承诺将尽力帮助布莱德雷早日当上陆军参谋长。如果马歇尔退役，杜鲁门提名他担任陆军参谋长，他将谢绝这一任命，然后推荐布莱德雷去担任这一职务。如果杜鲁门坚持让他出任该职，他也只打算干2年，然后就辞职，让布莱德雷继任陆军参谋长。艾森豪威尔认为，为今之计，布莱德雷应当答应去退伍军人管理局任职，以争取杜鲁门的好感和信任，为日后出任陆军参谋长打好基础。

6月2日，布莱德雷乘飞机从巴黎出发，经亚速尔和百慕大群岛来到纽约。玛丽专门从华盛顿赶到纽约来迎接他，他们驱车前往沃尔多夫阿斯托里亚饭店。随后，他们又赶到西点军校，参加1915届毕业生的30周年校友聚会活动。6月4日，他们乘飞机到费城，参加那里隆重的庆祝胜利的游行活动。游行结束后，他们回到西点军校，出席了6月5

日举行的学员毕业典礼。布莱德雷应邀发表了演说，并给 852 名毕业生颁发了毕业文凭。

6 月 7 日，布莱德雷乘飞机来到华盛顿，打算拜访马歇尔和杜鲁门总统，以便当面了解新任务。

原来，1945 年年初，《太平洋市场报》《世界报》上连续刊载多篇文章，对退伍军人管理局的工作提出了尖锐的批评，说退伍军人管理局是一个不人道的官僚机构，管理人员都是些平庸之辈，官样文章一大堆，缺乏民主，独断专行，根本不关心老弱病残的退伍军人。国会为此成立了一个调查组，通过调查，发现该局确实存在许多缺点，必须加以改造。迫于舆论压力，6 月 7 日，退伍军人管理局局长海因斯向杜鲁门递交了辞呈。杜鲁门在记者招待会上宣布由布莱德雷接替海因斯的职务。

当天下午，布莱德雷拜访了马歇尔，然后他们一起前往白宫去见杜鲁门总统。杜鲁门大概看出了布莱德雷的担心，在会谈中，他多次含蓄地保证，布莱德雷在退伍军人管理局的任期不会超过 2 年，而且将被正式授予四星上将军衔。在离开白宫的路上，马歇尔也鼓励布莱德雷，只要干好退伍军人管理局的工作，就不必担心自己的事业和前途。

由于杜鲁门总统和马歇尔的保证，布莱德雷的心情稍微好了一些。6 月 8 日，陆军部部长亨利 · 斯廷森专门为布莱德雷安排了一次记者招待会。布莱德雷引起了新闻记者的极大兴趣，记者们向他提出了各种各样的问题。布莱德雷每问必答，详细地介绍了战争情况。在谈到美军士兵时，他自豪而夸张地说："美国陆军是世界历史上举世无双的精锐部队，一两名美军士兵足以抵挡 50 ~ 100 名德军士兵，是他们赢得了战争的胜利。"他的讲话赢得了一片掌声。

6 月 9 日，布莱德雷和妻子玛丽应邀乘飞机回到自己的家乡密苏里州，参加胜利庆典。为了表示对这位老兵的尊敬，马歇尔特意批准布莱德雷的女婿比尤克马放假，陪同他参加有关活动。这是布莱德雷第一次有机会与女婿接触，比尤克马的男子汉气概令他印象深刻。

布莱德雷已经 12 年没有回过家乡了。这 12 年中，世界大战突然爆

1945年3月12日，布莱德雷晋升为四星上将（当时军衔）

发，人类在枪林弹雨中痛苦挣扎，成千上万的青年死在战场上。而他也从一名默默无闻的普通军人，变成了家喻户晓的传奇英雄。

当布莱德雷乘坐的飞机在机场着陆时，全城男女老少倾巢出动，前来欢迎他。当地政府特意将这一天称为“布莱德雷将军日”，迎接的场面热闹非凡、动人心弦。密苏里州州长菲尔·唐纳利率领一批有身份的人士，陪同布莱德雷前往莫伯利。他们到达莫伯利时，欢迎的场面达到了高潮，亲朋好友都像迎候久别重逢的儿子一样前来欢迎布莱德雷。布莱德雷应邀发表了演说，他回顾了自己经历的战争，简要地说：“我们虽然取得了胜利，但战争是残酷的，它给人类带来了空前的浩劫，我们绝不能让悲剧重演。”

当天晚上，莫伯利高级中学1910届毕业生为了表达对布莱德雷的敬意，在马索尼克教堂举行了校友聚会。布莱德雷的亲友和其他有关人士都应邀参加。这是一次别开生面的烧鸡晚宴。在这次聚会上，布莱德雷见到了很多同学，大家相互介绍了自己的情况，最后发现，1910 届毕业生竟然全都健在。对此，大家开玩笑说，这大概是因为密苏里人都具有健壮的血统。布莱德雷的老伙伴库克·希克森曾经和他一起打过猎，知道布莱德雷有一手吹口哨的绝活，于是就提议请他学鹌鹑叫。布莱德雷盛情难却，即兴表演了一番，赢得了全场喝彩。

随后，布莱德雷又到圣路易斯参加庆祝游行活动。整个城市倾巢出动，学校也因此宣布放假。

天下没有不散的筵席，之后布莱德雷返回华盛顿，礼节性地拜访了杜鲁门总统、前任局长海因斯和退伍军人委员会主席约翰·兰金等人。杜鲁门对布莱德雷如此快接手工作，为政府分忧解愁表示感谢，他说："退伍军人管理局的工作十分繁重，事情千头万绪，你放心干就是了，政府将全力支持你的工作。"

布莱德雷在马歇尔为他准备的一幢位于弗吉尼亚迈尔堡将军路第 7 区的房子里住了下来。这幢房子舒适宜人，还配有勤杂人员和佣人，附近的设施比较齐全，有食堂、邮局、洗衣房和电影院等。布莱德雷夫妇对此非常满意，同时也很感激马歇尔。

自建国以来，美国对退伍军人的政策是给予一定的福利待遇。军人如果伤残，国家免费提供医疗服务，并根据伤残等级酌情发放抚恤金。伤残军人死后，由其遗孀或子女享受。但这些政策远远无法满足现实的情况，随着第二次世界大战这场人类历史上最大规模战争的结束，如何妥善安置退伍军人成了美国政府最头疼的问题。布莱德雷上任前不久，国会刚刚通过了一项《士兵权利法》，规定了参加过第二次世界大战的退伍军人可以享受的一系列福利待遇。

战前，美国约有 500 万退伍军人，其中很大部分是第一次世界大战时期的退伍军人。战局的发展大大出乎人们的意料，对日战争提前结束了，国防部原来精心制订的 3 年退伍计划成了一张废纸，退伍工作从 1945 年 10 月就仓促开始，到翌年 6 月，全国退伍军人达到了 1280 万人。在这种情况下，退伍军人管理局的工作不仅繁重、杂乱，而且牵涉面广，每办一件事或做出一个决定，都会遇到不同程度的阻力，有人提出批评，有人甚至公开反对，可谓费力不讨好，几乎所有事情都得从头开始。

到底应该如何安排处理好这一大批人员呢？布莱德雷上任后，思前想后，连续几个夜晚都没有睡好觉。为了顺利开展工作，他决定增加管理局的人手，实行分散管理，把权力完全下放。

9 月 15 日，布莱德雷决定在纽约、费城、亚特兰大、西雅图、丹佛等地的商业区附近成立 13 个分局，每个分局由一位总局的副局长兼任局长，就地招收工作人员，退伍军人优先录用。在 2 年的时间里，退伍军人管理局的工作人员由 6 万多人增加到 20 万人，大大提高了办事效率。

与此同时，布莱德雷凭借自己的威望，积极为退伍军人争取各种福利费用。在他的努力下，联邦政府拨给退伍军人管理局的费用逐年增加，1946 财年[①]为 45 亿美元，1947 财年为 63 亿美元，相当于当时 48 个州的总预算，约占联邦政府总预算的三分之一。在这些经费的保障下，退伍军人的生活得到了细致周到的照顾。凡是在第二次世界大战期间服役的伤残退伍军人，都能享受一定数额的抚恤金，但具体的人数却难以精确统计。该管理局原来估计享受抚恤金的人约占退伍军人总数的 10%，但实际申请抚恤金的人数达到了 25%。部分原因是第二次世界大战时期的军人服役时间长，伤残比率高。但也有很多人误解了享受抚恤金的标准，结果导致一些不够条件的人也来申请抚恤金。

如何才能严格把关呢？这是一个非常棘手的问题，布莱德雷和部下经过研究，决定扩招一批训练有素、精通业务的医务人员，组成 500 多个评审委员会，对提出申请的人逐个进行审查。最终，递交申请的人数多达 400 万人，但经评审委员会批准的只有一半左右。

为退伍军人提供福利补助只能起到一时的作用，要从根本上解决退

---

① 财年：指财政年度。美国政府的财年是从 10 月 1 日到次年 9 月 30 日。例如，1946 年是从 1945 年 10 月 1 日开始，直到 1946 年 9 月 30 日。

伍军人的生活，必须依靠他们自己。因此，布莱德雷千方百计地为退伍军人创造机会，在第二次世界大战的1500万名退伍军人中，约有一半人没有职业或没有什么正经职业。为了帮助他们就业及对社会做出有益的贡献，经管理局争取，美国政府要求全国大学向退伍军人敞开大门，让他们享受教育。国会原来规定退伍军人的最大入学年龄不得超过25岁，但绝大多数军人退伍后都超过了这个年龄，因此，布莱德雷建议放宽年龄限制。这样，美国高等院校在校学生由战前不足130万人，到1947年猛增到230万人，其中有125万是退伍军人。哈佛大学、斯坦福大学等名牌大学一改不招收军人的制度，率先大量招收退伍军人，为其他大学树立了榜样。这就使退伍军人受教育的问题慢慢得到了解决。

为了解决退伍军人找到工作之前的生活问题，布莱德雷要求管理局设立失业补助金，每星期20美元，领取补助金的时间最长不超过8个星期，之后必须自谋生路。

为了鼓励退伍军人购买住宅、农场或做生意，布莱德雷还指示管理局向退伍军人提供一定数额的贷款。为了保证贷款给真正需要贷款的退伍军人，发放贷款的形式不是将实物直接贷给本人，而是面向能为需要借贷的退伍军人提供物质保障的有关部门，管理局直接把钱付给它们。比如住房，管理局把钱付给建筑公司，由这些公司为退伍军人提供住房，然后，退伍军人再将贷款逐步偿还管理局。这样做不仅在很大程度上解决了退伍军人的住房问题，也大大促进了建筑业的发展。

为了提高退伍军人的医疗保障水平，布莱德雷把管理局的医院都附属于一级医学院，利用这些医学院的技术、人才和设备，为退伍军人提供较好的医疗服务。不过，在解决这个问题时，情况还有些复杂，因为管理局的医院大多分散在穷乡僻壤，远离大中城市，无法与医学院建立联系。经过与各方面人员及各个部门协商，管理局采取措施，将新建医院尽量安排在医学院附近，酌情把一些老医院从偏僻的地区迁出来。后来，管理局的70所新建医院和扩建的大多数医院都分布在比较适当的地方，并与全国77所著名医学院中的63所建立了附属关系。管理局医院治愈了88.2万名伤病员，其中，第二次世界大战的退伍军人占四分之三。

这样，需要治疗的伤病员都得到了必要的医疗护理，极大地缓解了社会压力。

除此之外，退伍军人管理局还设立了名医顾问委员会，对提高医疗技术、医治重伤员起到了很大作用。为了使伤病员尽量做到生活自理和恢复工作能力，管理局在恢复伤残退伍军人健康的基础上，鼓励私人行业训练和雇用残疾退伍军人。这一尝试取得了巨大的成功，许多残疾军人通过训练，都能承担一定的工作。比如约瑟夫·布格瓦钟表制造学校1946年的第一届毕业生中，有20人获得了合格证书。这些学习成绩突出的人，不仅能胜任一定的工作，增加自己的经济收入，也增强了他们对生活的信心和勇气。

总的来说，退伍军人管理局的工作是繁重、琐碎的，布莱德雷在担任局长期间，尽自己最大的努力解决了许多棘手的问题。正如他自己所说："由于我在第二次世界大战期间在陆军中所处的地位，我不得不把成千上万的青壮年送上战场。我曾经在战场上听到过伤员们的悲鸣号叫，在战地医院里看见过重伤员经受着难以忍受的痛苦。我为他们重返家园已经尽了最大的努力，为他们提供了各种方便。在我的终身事业中，我感到再也没有比这更使我心满意足的事情了。"

办法总比危机多

布莱德雷担任退伍军人管理局局长后，马歇尔应杜鲁门的要求，延长了4个月任期，直到1945年11月26日才离开陆军参谋部。12月3日，艾森豪威尔正式就任陆军参谋长，本来他想立即辞职让布莱德雷接替他，但杜鲁门要求布莱德雷在退伍军人管理局至少再干2年，于是，艾森豪威尔也决定任2年陆军参谋长，届时再由布莱德雷来接替他。

从1947年4月起，艾森豪威尔开始积极活动，采取种种措施，为布莱德雷接替自己的职务做准备。首先，他极力鼓动杜鲁门向国会建议通过一项提案，将布莱德雷正式晋升为四星上将。不久，他又授予布莱德雷第三枚功勋勋章，以表彰他在欧洲战场上的功绩。其次，艾森豪威尔征得杜鲁门的同意，把布莱德雷召回了陆军。尤其令布莱德雷高兴的是，在艾森豪威尔的安排下，他获准前往驻欧美军部队视察，以熟悉部队的情况。

1947 年 8 月 15 日，布莱德雷带着妻子玛丽从纽约起程，前往德国不来梅港。当时他即将接替艾森豪威尔出任陆军参谋长已经是个公开的秘密，因此，美军驻欧洲总司令卢修斯・克莱[①]亲自陪同他视察了部队。

作为陆军中最有头脑、最冷静也最具鼓动能力的将军之一，克莱在第二次世界大战期间担任过马歇尔的采购部部长。这是项棘手的工作，在政治上经常遇到各种麻烦，但克莱表现得非常出色。由于具备敏锐的政治嗅觉，克莱确实是在国际热点地区工作的理想人选。

此时，“冷战”危机已经初步显现，驻扎在欧洲的美军部队处于前沿地区，有很多事情必须谨慎处理。克莱既要协调美国与英国、法国在占领德国方面的政策分歧，又要对付苏联。

布莱德雷在柏林了解了军事动向，检阅了驻德美军部队，随后又访问了奥地利、意大利、西西里岛、瑞士、法国和英国。当时蒙哥马利已接替布鲁克出任英国陆军参谋长。在欧洲战场上，布莱德雷与蒙哥马利一直纷争不断，几次当面争吵，但现在战争已经结束，所有的争执和隔阂都随着时间的流逝而消失。蒙哥马利对于再次见到布莱德雷感到非常高兴，盛情款待了布莱德雷。

9 月 25 日，布莱德雷乘坐克莱的专机，经亚速尔和百慕大群岛回国，等待新的任命。

11 月 21 日，杜鲁门任命布莱德雷为陆军参谋长，退伍军人管理局的工作由小卡尔・格雷接手。但是，由于还有很多善后工作需要处理，艾森豪威尔暂时还无法交接工作。交接时间先是推迟到第二年 1 月，后来又推迟到 2 月。布莱德雷忙里偷闲，和玛丽一起在本宁堡住了一段时间，在那里打高尔夫球和狩猎，并度过了圣诞节。后来他们又乘火车去

---

① 卢修斯・克莱（1897—1978）：美国陆军上将，战后处置战败后的德国民政事务的第一位高级专员。

洛杉矶旅行。

1948 年 2 月 7 日，艾森豪威尔终于把工作与布莱德雷进行了交接。

布莱德雷原本打算担任一届陆军参谋长，到 1951 年年底就退休。但实际上，他当了 18 个月的陆军参谋长就得到了提升，成为美国陆军史上任期最短的一任参谋长。从这一方面来讲，他是幸运的，但又是不幸的。在短短一年半中，他遇到了前几任参谋长从未遇到的挑战——三次战争危机。

布莱德雷继任陆军参谋长时，美、苏关系已经开始恶化。昔日互相配合、共同抗击德国法西斯的盟友关系破裂了，双方都视对方为自己的主要敌人，展开了另一场“战争”，这就是现代历史上著名的“冷战”。

对于苏联，美国逐渐形成了一种新的方针，即后来所谓的“遏制”战略。美国出钱出枪，支持各国的反共政府或反共势力，防止共产党掌握政权。1947 年 3 月，美国出台了“杜鲁门主义”，首次公布了有关政策。当时马歇尔任国务卿，他和他的谋士们制定了对西欧实施大规模经济援助的战略，目的是把西欧各国扶植起来，作为对抗苏联的劲敌。这就是著名的“马歇尔计划”。

布莱德雷并不反对马歇尔提出的“遏制”战略，只是觉得有些玄乎。他认为事情没有这么简单，“遏制”战略显然应当以实力为基础。

然而，杜鲁门对军事开支做出了严格限制。这主要是因为，第二次世界大战使美国的国债达到了惊人的 2800 亿美元，而且间接的战争消费仍在不断增加，比如每年给退伍军人的福利费用便达 80 亿美元。为了减少政府开支，杜鲁门采取的一个重要方法是严格限制军费开支。到 1948 年，美国军队缩编到 160 万人，军费预算一年 100 亿美元，只够勉强维持日常开支。

布莱德雷出任陆军参谋长时，陆军的实际兵力只有 55 万余人，而且还在继续削减。说不好听的，陆军现在只是一支勤务部队，根本不是一支作战部队，毫无战斗力可言。55 万名陆军官兵中，一半驻在海外，执行军事占领任务；一半驻守国内，执行各种公差勤务。另有些陆军预备队，只能勉强执行作战任务。在这种情况下，布莱德雷的屁股还没有在陆军参谋长的位置上坐热，就接连遇到了希腊危机、朝鲜半岛危机、柏林危机等一系列事件的挑战。

希腊先是惨遭意大利法西斯蹂躏，继而受到德国的践踏。跟所有获得解放的国家一样，战后希腊的主要任务是恢复和建立一个稳定的政府。但情况远非如此简单，战争结束后不久，希腊爆发了内战，共产党领导的游击队不承认美、英扶持的政府，因此发动了游击战争，并不断获胜。英国马上派出部队援助希腊政府，企图扑灭游击队。但英国没有顺利地解决问题，不久更陷入了既无经费，也没有部队和武器装备的尴尬境地。1947 年 8 月，英军在屡战屡败的情况下，被迫从希腊逐步撤出军队。

这个消息在华盛顿引起了轩然大波，参众两院都有人强烈主张直接出兵希腊。这些人认为，一旦希腊沦为共产主义国家，总有一天，整个东地中海，甚至整个中东，都将沦为共产主义国家。那么，应该怎样解决希腊危机呢?

此时正是布莱德雷准备与艾森豪威尔交接陆军参谋长职务之际，参谋长联席会议举行专门会议对这个问题进行了研究，最后得出了一个结论：即使美国派出一定数量的地面部队到希腊去，但如果不在全国范围内部分动员国民警卫队和陆军预备役，也无法从根本上解决问题。所以，关于希腊危机的决策拖了很久，到 1948 年 2 月布莱德雷正式上任时，美国政府也没能拿出一个两全其美的决策。

希腊危机可以说是布莱德雷遇到的第一个令人头疼的问题，他对派兵一事十分为难，因为派兵事关重大。但是，如果放任希腊问题不管，美国的威信又会受到削弱。无奈之下，布莱德雷只好征询已经担任国务卿的老上级马歇尔的意见。马歇尔意味深长地说：“虽然我们手中没有消防设施，但我们必须玩火，没有其他的办法。”

马歇尔的意思是美国必须对希腊危机进行干预，绝不能袖手旁观。布莱德雷思前想后，终于想出了一个两全其美的解决办法，他打算派一个庞大的军事顾问团前往希腊，帮助希腊政府加快训练 7 个师的陆军，使其在较短的时间内达到实战水平，并紧急向希腊军队运送大批美式装备。为了加强军事指导，布莱德雷还钦点曾担任第 3 军军长的范佛里特领导美军顾问团。通过这一系列措施，希腊政府果然很快控制住了局面。

布莱德雷刚刚解决了希腊危机，朝鲜半岛又发生了问题。朝鲜半岛原本被日本占领，第二次世界大战行将结束之际，苏联对日宣战，挥师进入朝鲜，跟美军以“三八”线为界，朝鲜从此被一分为二。朝鲜是个冬天十分寒冷、人口稀少、土地贫瘠且多山的国家，但它与苏联、中国两个大国相连，与日本隔海相望，战略地位极其重要，“二战”后成为美、苏两个军事大国的斗争焦点。

布莱德雷担任陆军参谋长后，根据驻朝鲜半岛美军司令霍奇的要求，从驻日美军中抽调了 1 万人前往朝鲜，以控制南朝鲜。在强大武力的保障下，美国一手导演了南朝鲜选举。1948 年 5 月 10 日，由美国扶植的傀儡李承晚当选为总统。朝鲜问题暂时平静下来，但实质矛盾并没有得到根本的解决。

就在布莱德雷忙于调兵遣将控制南朝鲜之际，苏军突然完全控制了柏林的地面通道，凡是通过苏占区进入柏林的西方汽车、火车和驳船，都必须在检查后才能放行。美军驻欧洲总司令克莱感到这是一种莫大的侮辱，他马上给陆军参谋部发电报，气急败坏地声称：“如果苏联士兵敢踏上我们的火车，我就下令卫兵开枪。”

布莱德雷也意识到了事态的严重性。在这个敏感的时刻，一旦处理不当，便有可能挑起与苏联的全面战争，这是美国一心想要避免发生的事情。因此，布莱德雷给克莱发了一封措辞强硬的信，要求他谨慎行事。布莱德雷指出，就现在的局势而言，与苏联打一场全面战争，美国还没有做好准备。

在布莱德雷的要求下，国家安全委员会召集有关人员，举行了一系列非正式会议，就柏林危机进行研究讨论，最终决定采取克制态度。随后，布莱德雷正式给克莱发出命令：必须采取克制态度，设法使火车继续运行，但不要增加卫兵或武装，以免刺激苏联，除非苏联红军首先开枪，千万不要向他们开枪。克莱满腔怒火，但也不得不遵照指示行事。第二天，克莱小心地发出了一列火车，但在通过苏占区时，苏联红军依然不放行，争执的结果是苏联红军使火车脱轨，火车被迫停留了好几天。

美国接连向苏联发出了强硬的外交照会，对苏军的行为进行抗议。经过外交接触，苏联终于放松了一些限制，美军开往柏林的火车又可以通行了。

事情似乎到此结束了。但是，出乎布莱德雷意料的是，几天后，柏林危机又起了戏剧性的变化甚至几乎引起战争。

克莱宣布在美国占领的柏林地区实行货币改革，苏联对此提出了强烈抗议，双方的矛盾再次激化。6 月 18 日，柏林危机进入了一个新的阶段。当天，苏军采取报复措施，禁止美、英等国的一切车船通过地面通道进入柏林。此外，苏联还切断了输往西柏林的电源，完全封锁了美、英占领军。情况万分危机，因为西柏林只有 30 天的存粮和煤炭，几乎成为一座死城。

苏军全面封锁柏林之时，恰逢 1948 年美国总统大选，大部分政治家和新闻记者都认为，民主党没有任何理由赢得这次大选，早在大选正式开始前半年，杜鲁门争取连任失败的结局就已经注定了。新闻界甚至流传着一个奇怪的说法——谁赢得了共和党的总统候选人提名，谁就能够成为新的美国总统，11 月的大选投票只是走个过场罢了。

确实，共和党在这次大选中占尽优势。从 1933 年开始，民主党已经连续执政 16 年，很多美国人都认为是换执政党的时候了。民主党的伟大领袖罗斯福总统逝世后，继任的杜鲁门缺乏个人魅力，性格又很倔强，选民们对他没有什么好感，连党内元老都不怎么支持他。此外，共和党内部团结一致，竞选资金充足，而民主党则四分五裂，竞选经费十分匮乏。在 1946 年的国会中期选举中，共和党大获全胜，赢得了参众两院的多数议席。杜鲁门左支右绌，在很多事情上难以得到国会的合作。

6月21日，共和党提名托马斯·杜威[1]为总统候选人，随后，杜威选择了加利福尼亚州州长艾尔·沃伦作为自己的竞选搭档。3个星期后，民主党也推举杜鲁门作为下一任总统候选人，杜鲁门挑选的竞选搭档是参议员阿尔本·巴克利[2]。但南方的一些民主党人提名南卡罗来纳州州长斯特罗姆·瑟蒙德[3]为总统竞选人，而从民主党分裂出来的左翼的进步党则提名亨利·华莱士[4]为总统竞选人。这也意味着，仅在分裂的民主党内部，杜鲁门就面临着两位强有力的竞争者。有人通过对选民进行调查，认为杜鲁门"必败无疑"。

为了自己的政治生涯，杜鲁门不得不进行最后的斗争。他整天风尘仆仆地在全国各地穿梭往来，进行竞选，根本无暇处理公务。解决柏林危机的担子又一次落在了布莱德雷身上。他连续主持召开了多次紧急会议，研究有关对策。

6月27日，柏林危机达到高潮，陆军部部长肯尼斯·罗亚尔、海军部部长詹姆斯·福雷斯特尔、陆军部部长助理戈登·格雷、布莱德雷和来自五角大楼及国务院的6个人，在罗亚尔的办公室举行了一次极为重要的会议，就柏林问题进行讨论。会议要求与会者都要发表意见，以便制定相应的对策。从当时的形势来看，美军面临着三种选择：一是撤出柏林，二是与苏联打仗，三是通过外交途径解决。

参会者的意见各不相同，有人主张采取强硬对策，实行武装押运，用武力迫使苏联屈服。布莱德雷不同意这种做法，认为武装押运是不得

---

① 托马斯·杜威（1902—1971）：美国政治家，1943—1955年担任纽约州州长，1944年、1948年两度作为共和党候选人参选美国总统，但都败选。不过，他依然被视为美国历史上最杰出的政治家之一。

② 阿尔本·巴克利（1877—1956）：美国政治领袖，第35任美国副总统，20世纪30年代民主党新政的主要创建者之一，任国会议员近40年。

③ 斯特罗姆·瑟蒙德（1902—2003）：美国参议员。1948年获民主党总统候选人提名。1954年作为民主党人选入美国参议院。1964年加入共和党。曾竭力支持扩充军备和增加军费开支，坚决反对《公民权利法案》。1981年任参议院临时主席。

④ 亨利·华莱士（1888—1965）：美国政治家，曾任罗斯福政府的农业部部长、副总统，杜鲁门政府的商务部部长。他象征着新政民主党人的平民哲学，设计了整个20世纪30年代民主党政府引起争议的农业政策，但在1946年因为对苏联的外交政策而与民主党闹翻。

已的最后一招，只有当美国做好应付全面战争的准备时，才能那样做。如果武装押运导致美军和苏联红军交火，即使美军取胜，苏联也绝不会善罢甘休，他们必然会增加部队，实施反击，直至取胜为止。反之，如果美军初战失利，美国也不会甘心失败，同样会增加部队。如此一来，冤冤相报何时了。会议一直开到晚上 7 时，由于没有总统的指示，最终什么也没有定下来。

6 月 28 日，布莱德雷等人将讨论情况向杜鲁门作了汇报。杜鲁门认真听取了柏林危机的相关情况，以及 6 月 27 日会议所制定的几种应对方案。由于事关重大，他当时没有明确表态。

事情已经到了十万火急的地步，美国也做了最坏的打算，着手在英国和德国建立 B－29 轰炸机基地，准备一旦与苏联开战，就动用核武器。与此同时，布莱德雷等人连夜协商，找寻其他可能的解决办法。显而易见，如果美军继续留在柏林，还有最后一种办法，那就是从空中向柏林运送各类物资。福雷斯特尔、罗亚尔、戈登・格雷晋见杜鲁门总统，希望得到最后的答复。美军到底是撤出，还是战斗？杜鲁门被这件事搞得焦头烂额。

美军加大了从空中运送物资的规模，柏林的天空一时热闹非凡，各种大型运输机你来我往，穿梭不断。在布莱德雷的协调和指挥下，美军从美国本土抽调了部分大型运输机，并成立了一个专门的空运组织，负责柏林的空运。

苏联知道继续纠缠下去，对自己也没有什么好处，因而没有阻止空运。于是，美军飞机昼夜不停地向柏林运送物资，最多的一天向柏林运进了约 5600 吨食品和燃料。空前的柏林危机逐步得到了解除。

终于，布莱德雷的使命顺利完成了，他打算乘飞机返回美国。他在机场留恋地看着周围的一切，心中默默地与欧洲道别，与战争告别……

这次柏林危机使布莱德雷深刻地意识到，美国要实施遏制政策，必须扩大陆军的规模，增强战斗能力，提高战备水平。经与罗亚尔、戈登・格雷和柯林斯商量，布莱德雷决定对陆军进行改革，具体措施如下：

一是普及军事训练。方法是征集全国身心健康的青年，服役 6 个月，让他们接受全面的基础军事训练和部分专业训练，以建立一支切实可用的陆军预备役队伍。在紧急情况下，他们将在陆军的直接指挥下迅速投入战斗。

杜鲁门也很支持这件事，他在 1946 年 12 月组建了一个“蓝带”委员会专门对此进行研究。最后，委员会一致认为这是进行全国战备最合理、最有效而且最节省的方式。不过，很多教育界人士、宗教组织及和平主义者都反对在和平时期进行大规模军事训练。而且，只要是投票支持普及军事训练的国会议员，都不大可能进入下一届国会。在这种情况下，布莱德雷等人决定退一步，寻求其他办法。

二是实行征兵制。在和平时期实行征兵制一般很难得到支持，但现在军队兵源过于紧缺，而征兵是增加兵力的唯一途径。捷克斯洛伐克政变之后，杜鲁门在国会的一次特别会议上以严厉的口吻阐述了共产主义对自由世界安全的威胁，这次演说对陆军的发展起了很大作用。

三是把国民警卫队联邦化。第二次世界大战很好地证明了国民警卫队在国家遇到重大危机时毫无用处。布莱德雷本人曾经组建过陆军第 82 师和国民警卫队第 28 师，两相比较，陆军师在任何方面都强于国民警卫队。但是，取消国民警卫队几乎毫无希望，它已经在各个州和国会根深蒂固，其中认为美国在战后应该保持一支小规模常备军的观点就是：我们已经有了一支随时可以投入战斗的国民警卫队。

经过调查研究，戈登·格雷对国民警卫队存在的问题提出了解决的办法。那就是，当外来的严重紧急事态发生时，美国要依靠国民警卫队作为国防的有生力量，必须把它置于陆军的直接领导之下。但这个建议显然是行不通的。国民警卫队的政治势力过于强大，根本无法对它进行改革。于是，它继续维持原状：作为一个浪费财力、用处不大的摆设，给人一种很安全的错觉。

四是提高部队士气。第二次世界大战的经历，使布莱德雷的领导能力有了很大提高，他深信应该尊重士兵，摒弃一切“粗暴对待和不管不顾”低级军官和士兵的方法。尽管有人认为这是对士兵的一种纵容，这样训练出来的士兵无法打仗，但布莱德雷仍然坚持这样做。除此之外，他还努力提高陆军的待遇。战后严重的通货膨胀使得士兵们过着艰苦的生活。很多已婚士兵住在营区外面，住所简陋，为了维持生计，他们不得不去打零工。随军家属为此多有怨言，许多经验丰富的士官陆续离开了部队。面对这种情况，布莱德雷不断游说，终于在 1949 年成功提高了军人的工资。

荣升要职遇战端

时间转眼来到了 1949 年，布莱德雷又面临着职业生涯的一次大变动。

这年春天，国会颁布了几项法律，修改了 1947 年的《国家安全法》，其中包括把国家军事机构改为国防部，并正式设立参谋长联席会议主席这一职务，任期为 2 年（和平时期可连任两届），不过，主席在参谋长联席会议中没有正式的“投票权”。

当时，对于参谋长联席会议主席的人选，乔·麦克纳尼的呼声最高，当时他在制定军费预算、设置军队规模上与国防部部长路易斯·约翰逊配合密切。不过，麦克纳尼是一名空军上将，如果他出任参谋长联席会议主席，空军在参谋长联席会议中的力量将过于强大——两个空军上将、一个海军将军，加上布莱德雷。此外，路易斯·约翰逊对海军存有偏见，在这种情况下，选择一位来自中立的陆军、具有一定公众影响力的将领出任此职似乎更为合适。

这个人毫无疑问是艾森豪威尔。但是，当约翰逊提出这个建议时，艾森豪威尔果断地拒绝了，并向约翰逊推荐了布莱德雷。布莱德雷本来不想担任这个职位，但后来他改变了主意，这主要是出于他对国防部门的忧虑。当时，由于取消了超级航空母舰，海军可能会闹事。约翰逊一向行事鲁莽，而海军部部长弗兰克·马修斯则性格谦和、软弱，对军事知之甚少，他们不可能处理好这件事情。因此，他希望自己成为一个缓和的力量，平息这场争论。

布莱德雷很舍不得离开陆军，到现在为止，他只当了一年半的陆军参谋长，他对于自己重建陆军所取得的进展感到满意。值得欣慰的是，陆军副参谋长柯林斯的能力有了很大提升，而且他也同意接替布莱德雷出任陆军参谋长。他对海军和空军都没有偏好，而且对军队统一深信不疑。

7 月 29 日到 8 月 9 日，布莱德雷参加了他在陆军参谋长任职内的最后一次重大活动，作为参谋长联席会议成员赴欧洲旅行。这年 4 月，北大西洋公约组织在华盛顿成立了。布莱德雷这次出行，目的是征求各国对北约军事指挥机构的意见，为美国制订统一的作战计划和提供军事援助打下基础。他乘坐“独立”号总统座机，快速访问了 9 个国家，其间见到了许多“二战”时和他并肩作战的老战友，其中包括蒙哥马利。

1949 年 8 月 16 日，布莱德雷在约翰逊的办公室宣誓就任参谋长联席会议主席。与此同时，他还身兼另外两个重要职务——北大西洋公约组织军事委员会主席，以及该委员会下设的由美、英、法三国代表组成的常设委员会主席。这样一来，布莱德雷又增加了两个头衔，他的办公室也随之成为研究世界军事问题和制订作战计划的中心，办公桌上堆满了参谋长联席会议和北大西洋公约组织的各种文件。

布莱德雷的工作也繁忙起来，每天的工作时间很长很枯燥，经常有处理不完的事务，下班还要把文件包带回家，晚上抽空批阅。

1950 年 4 月，美国政府根据参谋长联席会议的建议，综合世界各国以及美国在政治、经济和军事方面的情况，提出了安全方面的相应政策，出台了《第 68 号国家安全法》，作为应付时局的基本依据。它强调以“武力对抗武力”，要求美国必须进一步加强武装力量建设，以避免出现“二战”结束后一度顾此失彼的现象。

鉴于美国面临的军事形势日益严峻，布莱德雷决定亲自到远东进行考察。远东战区总司令麦克阿瑟在西点军校担任校长时，曾经是布莱德雷的老上级，但布莱德雷当时只是一个默默无闻的普通教员，他们两人之间并没有什么来往。如今 30 多年过去了，布莱德雷已经登上了参谋长联席会议主席的宝座。此前，他曾致函麦克阿瑟，称赞他为美国做出了宝贵的贡献，并对自己担任陆军参谋长期间未能出访东京表示歉意。麦克阿瑟回信表示：他一直对此感到遗憾，希望布莱德雷在就任参谋长联席会议主席后能光临东京。

1950 年 1 月 29 日至 2 月 10 日，以布莱德雷为首的参谋长联席会议全体成员访问了东京。自 1922 年在西点军校共事以来，这是布莱德雷第一次见到麦克阿瑟，两人已阔别 28 年。现在麦克阿瑟已经 70 岁了，但仍然精神抖擞、思维敏捷、风度翩翩、举止得体。布莱德雷第一次有机会近距离观察麦克阿瑟，觉得他是一位超群出众的军人。不过，身为军事领袖，麦克阿瑟的致命弱点是热衷于自我炫耀，妄自尊大，目中无人，很少替与其共事的人着想，是巴顿和蒙哥马利式的人物。

访问期间，布莱德雷与麦克阿瑟交换了对远东事务的意见，其中包括朝鲜问题。当时，参谋长联席会议和国家安全委员会在战略上对朝鲜并不太感兴趣。从 1948 年韩国选举到 1949 年，美国军事人员除了留下少量的军事顾问外，已经全部撤出。但参谋长联席会议和麦克阿瑟支持李承晚建立军队，以便与日益壮大的朝鲜相抗衡。到布莱德雷一行访问东京时，韩国军队已经发展为 10 万人，编成了 8 个师。美国仅向这支部队提供了最低限度的军事援助。因此，韩国军队装备奇缺，也没有进行过正规训练。但美国的军事顾问却在那里打肿脸充胖子，不自量力地宣称，韩国军队不仅有能力维持国内秩序，而且有能力击败朝鲜发动的任何攻击。

6 月 25 日，布莱德雷匆匆回到华盛顿。连日的奔波使他感到非常疲劳，所以早早就上床休息了。但他刚躺到床上，还没来得及闭上眼睛，秘书便推门而进，给他送来一份加急电报，报告说：朝鲜爆发战争！

布莱德雷被这个消息惊得目瞪口呆，几乎一整夜都没有睡觉。第二天天刚亮，布莱德雷顾不上长途跋涉的劳累，赶到办公室与空军助理部长约翰·麦科恩、陆军参谋长柯林斯就朝鲜问题交换了意见。他们都认为，在没有得到更确切的情报之前，应当相信韩国军队能够应付局势。

这时，海军上将谢尔曼打来电话询问，参谋长联席会议当天是否要碰头讨论朝鲜问题。布莱德雷坚持认为，在得到进一步的情报前，召开参谋长联席会议不会有任何结果。

布莱德雷与约翰逊、谢尔曼等人在参加完一次军事会议后，准备当晚和杜鲁门总统会晤。布莱德雷顾不上休息，直接来到五角大楼的办公室，了解朝鲜前线的最新情况。

19 时 45 分，布莱德雷准时赶到白宫，与刚从密苏里州飞回来的杜鲁门见面。白宫当时正在进行大规模的内部整修，会议在布莱尔宫举行，包括杜鲁门在内，共有 14 人出席。会议详细讨论了朝鲜的局势。

布莱德雷说："我们必须在某个地方画出一条与共产主义的分界线，而朝鲜就是理想的时机和地点。"

不过，布莱德雷反对派出地面部队前往朝鲜，认为美军部署在远东的军事力量足以应付朝鲜危机。

由于朝鲜的形势越来越危急，杜鲁门不得不召集了第二次会议。布莱德雷因连日奔波，加上朝鲜突然出现意想不到的情况，他心力交瘁，身体一下子垮掉了。杜鲁门专门派医生为他检查了身体。随后，布莱德雷强打精神，赶到白宫参加会议。与会者除了迪安·腊斯克①因事未到之外，还是原班人马。此时，朝鲜的情况已经很明朗，韩国军队已全面溃退，朝鲜的坦克开到了韩国首都汉城（今首尔）的郊区。国务卿艾奇逊建议加强军事行动，全面动员美军驻扎在远东的海陆空军部队，为韩国军队提供最大限度的支援。

杜鲁门一脸疲惫地说："5 年来，我努力防止出现这种情况，但事已如此，我们必须竭尽全力支援韩国。"言下之意是向朝鲜派出地面部队。

布莱德雷和参会的军方人士对这种做法都没有把握，他们不赞成在没有充分准备的情况下就投入地面部队。布莱德雷说："如果我们向朝

---

① 迪安·腊斯克（1909—1994）：美国著名外交家，"二战"期间是史迪威主管情报的副参谋长，后任美国助理国务卿、第 54 任国务卿。他在担任助理国务卿时曾促成美国出兵朝鲜，在约翰逊政府进行越战时也是"最强硬的鹰派人物之一"。

鲜派出地面部队，必须进行动员，至少要把一些国民警卫队召入现役。”他建议等几天再采取这一重大行动。

会议结束后，布莱德雷匆匆返回五角大楼，用电传打字方式向麦克阿瑟传达了会议的决定——在朝鲜暂时只动用美国的海空力量，根据事态发展，再做下一步决定。这时，布莱德雷突然感到身体异常不适，医生为他做了全面检查，并要求他必须卧床休息。但当天有许多紧急情况，杜鲁门要向国会和公众发表讲话，因此布莱德雷必须前往白宫。当天上午，布莱德雷两次到白宫就杜鲁门的讲话提出意见，并参加了杜鲁门对国会领导人的情况介绍会。

中午时分，布莱德雷感到病情加重，加上医生坚决要求他卧床休息，他只得返回家中，在床上躺了 48 个小时。当他再次返回五角大楼时，参谋长联席会议已经决定向朝鲜投入有限的美军地面部队。新派遣的地面部队的主要任务是：为作战和勤务部队确保通信联络畅通，守住半岛南端的釜山港及空军基地。接着，参谋长联席会议成员又回五角大楼开会，拟定向朝鲜派兵的详细计划，并及时给麦克阿瑟下达了命令。

自布莱德雷参军以来，这是美国第四次参加真枪实弹的战争。随着美国投入朝鲜战争的兵力逐渐增加，麦克阿瑟也被任命为“联合国军”司令和远东美军总司令。但在杜鲁门看来，麦克阿瑟是个“爱慕虚荣、夜郎自大、追求高官厚禄”的五星将军，也是个不值得信赖的战区指挥官。另外，杜鲁门对国防部部长约翰逊也没有什么好感，早就想解除他的职务。所以，朝鲜战争一开始，杜鲁门就本能地把目光转到他最信赖的几位将军身上。

7 月 5 日，杜鲁门邀请时任美国红十字会主席的马歇尔和艾森豪威尔共进午餐，布莱德雷和谢尔曼也应邀出席。这是杜鲁门劝马歇尔和艾森豪威尔重返军界的第一步。杜鲁门想让马歇尔取代约翰逊担任国防部部长，艾森豪威尔则担任北约部队最高司令。布莱德雷作为杜鲁门最信任的主要军事顾问，经常往返于五角大楼和白宫之间，尽管杜鲁门没有明确说明，但他早已打算在必要时由布莱德雷接替麦克阿瑟的职务。

这一时期，朝鲜的战局对美军十分不利，在朝鲜人民军的强大攻势下，美军和韩国军队被迫节节后退。

面对美军在朝鲜损兵折将和国内的激烈批评，国防部部长约翰逊成了千夫所指的替罪羊。在杜鲁门的命令下，1950 年 9 月，约翰逊以“健康原因”为由辞职。随后，杜鲁门提名马歇尔担任国防部部长。尽管共和党对马歇尔发起攻击，但国会还是批准了总统的提名。

9 月 21 日，马歇尔正式宣布就职。随后，杜鲁门决定晋升布莱德雷为陆军五星上将。他把布莱德雷增加第五颗星的议案提交国会讨论，立即得到了参众两院的批准。

9 月 22 日，布莱德雷在白宫宣誓接受陆军五星上将军衔。杜鲁门主持了宣誓仪式，并亲自将新的五星徽章钉在布莱德雷的肩章上。由此，布莱德雷成为继马歇尔、阿诺德、麦克阿瑟和艾森豪威尔之后，参加过第二次世界大战的最年轻且是最后一名陆军五星上将。

此时，麦克阿瑟实施的仁川登陆冒险取胜，美军成功深入了朝鲜腹地。朝鲜人民军且战且退，但在汉城被美军攻占后，朝鲜人民军无力抵抗，只得撤回到“三八线”以北。

一连串的胜利使麦克阿瑟极度膨胀起来，变得目空一切。然而，美国的行动激怒了热爱和平的中国人民，加上美国战机频繁对中国东北边境地区进行轰炸、扫射和侦察活动，中国政府决定组建中国人民志愿军，支援朝鲜。

中国人民志愿军的到来，意味着麦克阿瑟的灾难也降临了。10 月 24 日，麦克阿瑟企图通过一次大规模的战役结束战争，于是下达了总追击命令，各部队渡过清川江，分兵数路向鸭绿江挺进，结果被中国人民志愿军通过穿插、分割战术各个击破。到 11 月底，麦克阿瑟的“圣诞节回国攻势”彻底宣告破产。

“战神”的傲慢与偏见使麦克阿瑟吃尽了苦头，他的威信一落千丈，连他都对自己失去了信心。他一方面发表特别公报，否认自己曾经发起过一次打到鸭绿江的攻势；另一方面致电美国参谋长联席会议，请求“由进攻转入防御”。

12 月 4 日，在中国人民志愿军的猛烈攻势下，麦克阿瑟下令放弃平壤，向“三八线”实施总退却。接着，双方在“三八线”上来回争夺，转入战略对峙。

1951 年 3 月 20 日，美国参谋长联席会议通知麦克阿瑟，“应当朝和平解决的方向进一步做外交上的努力”。麦克阿瑟收到电文后非常沮丧，但又很不甘心，但事态的发展已经超出了他的掌控。实际上，为了不丢人现眼，美国的盟军已经做好了撤出朝鲜战场的思想准备。但麦克阿瑟也不愿成为替罪羊，他据理力争，始终不承认自己的军事行动存在过错。他通过报刊发表的反击言辞，使杜鲁门政府处于十分尴尬的境地。杜鲁门气愤地对自己的顾问说：“麦克阿瑟在推卸责任，绝不能让这种情况继续存在下去。”

为了避免混乱，杜鲁门被迫取消了发表和平呼吁的安排，并下定决心撤掉麦克阿瑟的职务。不过，杜鲁门做事一向比较冷静，他需要把这件事处理得更圆滑一些。

4 月 6 日，杜鲁门召集马歇尔、艾奇逊、哈里曼和布莱德雷几员大将到白宫，专门花了一个小时左右讨论麦克阿瑟的问题。杜鲁门开场就问道：“我们现在应该怎么办?”参会人员面面相觑，不知道应该怎样回答。

最终，布莱德雷打破沉默，以一贯的谨慎表达了自己的看法，认为麦克阿瑟的举动确实是一个严重的犯上事件，应该给予必要的处罚，以维护军事纪律。但他建议暂缓行事，容许大家再研究一下，然后再做最后的决定。杜鲁门对此没有表示反对，他指示参谋长联席会议考虑这件事，互相讨论一下，然后他再听取意见。

经过几天的充分酝酿，参谋长联席会议一致同意解除麦克阿瑟的远东战区总司令之职，由李奇微继任，范佛里特则接替李奇微担任第 8 集团军司令。之后，杜鲁门举行了一次特别记者招待会，正式宣布了这个决定。

消息传到东京时，麦克阿瑟正与参议员沃伦·马格纳森等人共进午餐，一听到这个消息，他的脸上顿时失去了任何表情，呆若木鸡。仿佛过了一个世纪那么久，他终于摇摇晃晃地站起来，用人们勉强能听到的低音对自己的夫人说："琼，我们终于要回家了。"

麦克阿瑟丝毫没有怨天尤人或愤慨不平的表情或语气，很快便返回了华盛顿。范佛里特接替李奇微任第8集团军司令不久，就遇到了激烈的地面战斗。5月16日，中国人民志愿军又一次大举进攻，经过6天的激战，推进了近20公里。美军第8集团军损失惨重，被迫转入防御。

参谋长联席会议意识到，仅靠军事行动无济于事，于是重新拟订了一个行动计划，即一方面继续进行一定规模的军事行动，以建立一条更有利的防线；另一方面准备通过政治谈判，达成一项解决朝鲜问题的协议。

这一时期，艾森豪威尔再次赴欧洲担任欧洲盟军总司令，司令部设在凡尔赛附近，蒙哥马利是副总司令。因为身兼北大西洋公约组织军事委员会主席职务，布莱德雷成了艾森豪威尔名义上的上司。为表示对艾森豪威尔工作的支持，布莱德雷还专门飞往欧洲。

8月16日，布莱德雷宣誓连任参谋长联席会议主席。不到一个月，马歇尔也从国防部部长的职位上退了下来，他的继任者是鲍勃·洛维特。洛维特为人低调、头脑清醒，深受国会议员的尊重，而且从来没有受过守旧派的攻击，具有丰富的管理才能。布莱德雷对自己能在他手下任职感到十分荣幸。

1952年3月底，艾森豪威尔写信给杜鲁门，要求解除他的欧洲盟军总司令一职，以便他全力参加总统竞选。杜鲁门已经决定不再连任，因此非常支持艾森豪威尔的决定。4月11日，他批准了艾森豪威尔的请求。

脱下戎装的艾森豪威尔，开始涉足竞选总统的政治舞台，并一路过关斩将。在10月22日选举临近那天，艾森豪威尔在底特律发表了一次震撼世界的讲话。聪明的他利用"结束朝鲜战争"这个阶梯，取得了决定性的胜利，成功登上了总统宝座。

1953年1月21日，艾森豪威尔宣誓就任总统。在之后几个月的时间里，布莱德雷一方面领导参谋长联席会议制定新的国防计划和政策，进一步完善“大规模报复战略”；另一方面，根据艾森豪威尔关于设法解决朝鲜战争的指示和建议，就如何结束朝鲜战争提出各种研究报告。

3 月，参谋长联席会议拿出了一份最终报告，认为朝鲜战争不能无限期拖延下去，美国将在适当的时机对朝鲜使用核武器，打击影响军事行动的目标。艾森豪威尔对此基本同意。

随后，美国政府通过各种渠道把艾森豪威尔的主张转告了中国。美国代表在板门店停战谈判中也悄悄透露了美国政府的这一意图，想以此进行核讹诈。与此同时，美军在战场上继续发动新的攻势，参谋长联席会议则继续制订强硬的军事计划。但中国人民志愿军和朝鲜人民军采取积极主动的防御战，挫败了美军的恫吓政策和军事攻势。在世界舆论的强烈要求和国内厌战情绪的巨大压力下，美国不得不于 4 月 26 日重新回到板门店谈判桌上。7 月 27 日，《朝鲜停战协定》终于达成。

布莱德雷在担任参谋长联席会议主席的最后几天里，欣慰地看到了朝鲜战争的结束。

喜忧参半的退休生活

炎热的夏天即使放慢了脚步，也阻挡不住绵绵秋意，1953 年 8 月，布莱德雷的第二届参谋长联席会议主席任期届满。8 月 5 日，阳光灿烂依旧，只是少了些毒辣，多了些柔和。在这个美好的日子，担任美国总统还不到一年的艾森豪威尔，在白宫为布莱德雷颁发了他人生中的第四枚勋章——铜星勋章。

退休后，布莱德雷并没有“两耳不闻窗外事”，而是非常积极地参加官方组织的一些活动。8 月 13 日上午，布莱德雷应邀出席国家安全委员会第 159 次会议，会议由副总统理查德 · 尼克松①主持。艾森豪威

① 理查德 · 尼克松（1913—1994）：美国政治家，第 34 任副总统及第 37 任总统。他是美国历史上第一位在任期内辞职的总统，也是首位在任期间访华的美国总统。

尔因在丹佛休假，未能出席。国家安全委员会的每一个成员都发表了讲话，高度评价和赞扬了布莱德雷为国家做出的杰出贡献，令布莱德雷感动得热泪盈眶。当他离开会场时，国家安全委员会的全体成员都起立，以示敬意。

按理说一个退伍军人应该颐养天年，但布莱德雷却忙得像个陀螺一样，憧憬着一种与过去截然不同的崭新生活。他和全家一起搬离住了5年的一号住宅，把它交给继任者李奇微。这让他感到若有所失。他在军营里已经度过了整整42个春秋，在欧洲战场上，他率领百万大军，打败了不可一世的德国法西斯，建立了伟业丰功，但在最后的军旅生涯中，他不幸参与制定了入侵朝鲜的政策，尽管不断出谋划策、调兵遣将，最后还是以失败告终。尽管他是按退休制度正常离职的，但恰逢美国侵朝战争失败，难免给人留下话柄，也给他过去的赫赫战功蒙上了一层阴影。

按照美国的法律，无论是战争时期还是和平年代，五星上将都不退役，所以，布莱德雷的名字一直列在“现役”军人名册上并领取薪金。在20世纪70年代中期，布莱德雷的退休金是每年2万美元，后来增加到3万多美元。另外还有办公用房、旅行、配备军事助手等方面的津贴。

真是岁月催人老，布莱德雷从1953年退休到1981年去世，度过了28年的退休生活。在退休伊始，他和玛丽对于安居地的选择一度犹豫不决，直到1953年12月，他们才在贝弗利山的南洛地路租了一幢房子。

就在他们迁居的过程中，传来了一个不幸的消息：布莱德雷年仅28岁的女婿比尤克马在1954年1月19日因飞行事故而殉职，当时他驾驶的F－86喷气式战斗机栽进了弗吉尼亚州的詹姆斯河。布莱德雷考虑到女儿伊丽莎白一个人带着4个孩子，生活过得十分艰难，于是便请伊丽莎白母子暂时跟他们夫妇住在一起。因为一下子增加了5口人，现在的房子显得很紧张，布莱德雷便在贝弗利山的布莱沃德买了一幢较大的房子。

布莱德雷漂泊了半辈子，第一次真正拥有了自己的房产，并在此组成了一个大家庭，成员包括布莱德雷夫妇、女儿及外孙们，还有从1948 年起就一直跟随布莱德雷的两位勤务兵。

在洛杉矶居住的 3 年多时间里，布莱德雷主要忙于布洛瓦公司的管理工作，并在空闲时间和朋友们一起打高尔夫球、钓鱼和狩猎等。这些人有的来自工商界，有的是过去布莱德雷在军中的好友。布莱德雷还很喜欢赛马，这是“二战”后他在华盛顿养成的爱好。他把参加的每一场比赛都看作是另一种战场，尽管赢的机会很少，但他从不放弃努力。

1957 年的春天悄无声息地来临了，仿佛一夜之间，山青了，水绿了，花儿也现出了娇美的容颜。布莱德雷的女儿伊丽莎白开始了新的生活，她和一位名叫本杰明・多塞的律师结了婚，并且有了第五个孩子。为了亲近女儿和外孙们，布莱德雷也从洛杉矶搬到了华盛顿。他们在华盛顿西北部的斯普林峡谷购买了一套舒适的六居室住房。不久，伊丽莎白夫妇又有了第二个小孩，这是布莱德雷的第六位孙辈。

接下来的几年，布莱德雷生活得比较幸福稳定，除了处理布洛瓦公司的事务外，他还参加了一系列“退休者”的社会活动。他们经常结伴到迈阿密去过冬天并在那里赛马，还到全国各地去旅行、发表演讲及收集各种各样的荣誉证书、勋章等。后来，布莱德雷因为在西点军校打橄榄球时受过伤的膝盖旧伤复发，不得不中止了他所喜爱的高尔夫球、狩猎等运动。

时光如梭，一转眼便到了 1965 年秋天，凄冷的秋风扫得大地一片萧索。玛丽因患有溃疡病，后背经常酸疼，身体越来越差，终于，在两个月后，73 岁的玛丽没有抗过病魔的侵袭，死于病毒性白血病。

相濡以沫的人生伴侣走了，布莱德雷的心一下子空了，72 岁的他似乎一夜之间就垮了，被岁月用刀镌刻得刚毅的脸庞上挂满了忧郁和悲伤。

很多时候，人生犹如一幕幕戏剧，上一幕还是让人涕泗横流的悲剧，下一幕又成了令人欢欣的喜剧。不久，布莱德雷的晚年生活一改往日的孤单和苦闷，又迸发出了激情的火花，而促成这一转变的“火种”，便是动人的好莱坞女剧作家基蒂。

基蒂时年43岁，离过两次婚。“二战”期间，基蒂在日本冲绳岛当记者，是美国《星条旗》杂志的专栏作家，采访过布莱德雷。玛丽去世后，基蒂又获得了采写布莱德雷生活逸事的专访权。她用一个夏天对布莱德雷进行了更深一步的了解。就在这些接触的过程中，她与布莱德雷双双坠入爱河。

这一年的秋天姗姗来迟，太阳依旧高悬，只是没有了夏天的燥热。1966年9月12日，布莱德雷和基蒂在圣迭戈正式结为伉俪。布莱德雷的生活从此焕然一新，充满了活力。基蒂重新装修了布莱德雷在斯普林峡谷的住宅，修建了一个全玻璃封闭的日光浴室，内有温水游泳池，以便布莱德雷在这里锻炼膝部受伤的腿。

在这幢房子里，基蒂为布莱德雷及其西点军校的同学、工作时的同事举办家庭舞会，不时宾客盈门。

由于布莱德雷收集的奖章和装饰物特别多，塞满了晚礼服的口袋和旧鞋盒，基蒂专门联系了宾夕法尼亚州的一所陆军军事学院，布置了一个布莱德雷博物馆，把他的将军制服、奖章、收集的装饰物及各种各样的纪念品陈列在那里。

再婚后的布莱德雷幸福无比，经常陪基蒂到各地去采访。1967年夏天，在基蒂的建议下，布莱德雷和她一起奔赴越南战场进行采访，应约为《观察》杂志报道详细的战场态势而提供素材。他们在越南前线奔波了两个星期，累得筋疲力尽。

二人世界总是美好的，每天的生活也新鲜多变。1968年，他们将斯普林峡谷的房子公开拍卖，然后在贝弗利山的一座小山顶上购置了一幢专门为他们设计的住宅。

以后几年的岁月里，布莱德雷的生活其乐融融。基蒂仍然保持着与好莱坞的密切联系，五星上将的声誉使他们颇受好莱坞电影圈的注目。许多电影明星都与他们友好相处，为他举办了数不清的联欢活动，影星们都为身边有这样一位了不起的战争英雄而欣喜异常。

与基蒂这次美妙的婚姻还使布莱德雷晚年财源滚滚。基蒂经商意识很强，结婚后，布莱德雷也自然地被引入了她的经济活动圈。

当制片商弗兰克·麦卡锡为摄制影片《巴顿将军》来征求布莱德雷的建议时，基蒂很快说服麦卡锡租用布莱德雷的“二战”备忘录《一个士兵的故事》作为背景材料，并由布莱德雷和她担任该片的高级顾问。合同规定，除了支付一次性现款外，影片制成发行后再按盈利分成。果然，由大明星乔治·斯科特主演的《巴顿将军》上映后，获得了空前的成功。

仅这一项安排，基蒂就使她与布莱德雷得到了一笔数额可观的收入。基蒂将这些收入进行妥善的投资，同时他们的房产也在不断增值，另外几笔生意也颇为成功。他们立下了遗嘱，决定将全部财产留给布莱德雷基金会、布莱德雷博物馆和在西点军校设立的布莱德雷图书馆。此外，他们还在数学和军事历史这两个学科设立了布莱德雷奖学金。

病魔总是在人不设防的时候赶来凑热闹，1973 年 8 月中旬的一天早晨，布莱德雷被剧烈的胸疼惊醒了，基蒂发现他脸色苍白、大汗淋漓。布莱德雷知道自己肯定是心脏病发作，他感到自己快不行了，便向基蒂告别。基蒂一面叫救护车，一面对他进行紧急抢救，并按压胸部做口对口的人工呼吸，直到救护车赶来。在医院，医生发现布莱德雷肺部有多处危及生命的血栓，于是给他做了一种刚发明不久的新手术，终于使他成功逃脱了死神的魔掌。

1975 年 1 月，已经 82 岁的布莱德雷在下飞机时不小心摔了一跤，头上破了一个口子。由于头部受到碰撞，他得了脑血栓，大家赶紧把他送往加州大学洛杉矶分校的医疗中心，这一回，他又一次接近死亡的边缘。他绝望地拒绝他人帮助，但基蒂又一次使他挺了过来，她“命令”他绝不能输给死神，促使他“从绝望中走了出来”。这次抢救过来之后，布莱德雷不得不坐上了轮椅。

细心的基蒂担心布莱德雷会因久坐和生活单调而再次放弃生存的念头，于是把主要精力放在陪伴和照顾布莱德雷上。她设法使布莱德雷多参加活动，每天给他做理疗，陪他出去旅游，邀请他的朋友们来会餐、打扑克，努力使布莱德雷的生活充实、快乐。

在基蒂的精心呵护和鼓励下，布莱德雷又开始着手写作已经中断了一段时间的自传。1979 年夏末，由布莱德雷口述的自传《一位将军的一生》进入出版阶段。这部书的出版发行，使人们有机会详细了解他的一生。

这一年布莱德雷已经 86 岁，他仍然生活得很有规律，每天做几次理疗，每周进行几次户外活动，还定期到以色列、英国、法国等地访问观光，当然是在助手和医护人员的陪同下。人们看到晚年的布莱德雷仍是那样的和蔼可亲，忙个不停，尽情享受人间的乐趣。

生和死只有一口气之差。1981 年 4 月 8 日，布莱德雷在基蒂和医护人员的陪同下一起到纽约旅行，接受了社会科学院颁发的一枚金质奖章，没想到这成了他有生之年参加的最后一项活动。就在接受奖章仪式结束后不到 10 分钟，他突然脑血栓发作，离开了人世。

6 天后，在基蒂的陪同下，美国“空军一号”专机将布莱德雷的遗体运往首都华盛顿，在通往阿灵顿无名英雄墓地的道路两旁，无数群众自发地为这位五星上将送行，许多人泣不成声。

从 1911 年步入西点军校开始，布莱德雷度过了整整 42 年的军营生活、28 年的退休生活。在这几十年的岁月里，他的军营生活有功也有过，退休生活有喜也有忧。现在，他终于可以安息了，随着一捧捧泥土的落下，他静静地沉睡了……